普通高等教育"十四五"规划教材
会 计 精 品 系 列

财务会计学

王丽新　黄晓蓓／主　编

立信会计 出版社
LIXIN ACCOUNTING PUBLISHING HOUSE

图书在版编目（CIP）数据

财务会计学 / 王丽新，黄晓蓓主编. -- 上海：立
信会计出版社，2024.9. -- ISBN 978-7-5429-7680-2

Ⅰ. F234.4

中国国家版本馆 CIP 数据核字第 20242RM794 号

策划编辑   赵志梅
责任编辑   赵志梅
美术编辑   吴博闻

财务会计学
CAIWU KUAIJIXUE

出版发行	立信会计出版社			
地　　址	上海市中山西路 2230 号	邮政编码	200235	
电　　话	(021)64411389	传　　真	(021)64411325	
网　　址	www.lixinaph.com	电子邮箱	lixinaph2019@126.com	
网上书店	http://lixin.jd.com	http://lxkjcbs.tmall.com		
经　　销	各地新华书店			
印　　刷	上海万卷印刷股份有限公司			
开　　本	787 毫米×1092 毫米	1/16		
印　　张	14.5			
字　　数	353 千字			
版　　次	2024 年 9 月第 1 版			
印　　次	2024 年 9 月第 1 次			
书　　号	ISBN 978-7-5429-7680-2/F			
定　　价	46.00 元			

如有印订差错，请与本社联系调换

前 言
FOREWORD

随着全球经济的飞速发展,会计作为商业活动的核心部分,其重要性和复杂性日益凸显。为了适应这一变化,会计从业者不仅需要具备扎实的会计基础知识,还需要持续学习和更新知识。对于在继续教育学院攻读会计学专业的同学们来说,拥有一本既专业又实用的教材至关重要。基于这样的需求,结合近20年会计学继续教育的实践经验,北京市教委继续教育优秀教学团队编写了这本财务会计学教材。

本教材旨在帮助会计学专业学生全面理解财务会计学的基本理论和方法,构建扎实的会计知识体系,同时掌握财务会计实务操作技能,提高解决实际问题的能力。

本教材的特色体现在以下四个方面:

(1)实用性。本教材以最新的《企业会计准则》为依据,注重满足实用性要求。

(2)知识体系完整。本教材系统介绍了财务会计的基本理论、方法和实务操作,包括企业会计的六大会计要素核算和财务报表编制等。

(3)注重提升能力。本教材每章末尾设有多样化本章习题,如思考题、选择题、业务题和思政园地,旨在帮助学生巩固知识,提升实际操作和分析解决问题的能力。

(4)易于学习与掌握。本教材注重基础、突出要点,同时深入浅出,帮助学生轻松掌握财务会计学的核心知识。

此外,本教材还注重培养学生的职业操守意识,通过调研分析题目的设计,帮助学生树立正确的职业道德和守法经营理念,为未来职业发展奠定坚实基础。

本教材由王丽新、黄晓蓓担任主编,由宁美军、王放、刘桂春担任副主编。具体分工如下：王丽新负责第一、第十三章；黄晓蓓负责第二、第三、第五、第九章；宁美军负责第六章至第八章；王放负责第十章至第十二章；刘桂春负责第四、第十四章。本教材由王丽新总纂、定稿。

本教材为北京市教委继续教育会计学专业实践与创新教学团队成果之一，并得到了北京市教育委员会专项经费的资助和支持。

本教材可作为高等学校继续教育学院或高等职业技术院校财经类专业的教材使用，也可作为其他会计工作者业务学习或培训的参考用书。在编写过程中，编者参阅了诸多专家著述，得到了北方工业大学经济管理学院会计系全体教师特别是本课程群教师的指导和帮助，在此深表感谢。同时，也恳请读者对教材中的不妥之处提出批评指正，以便再版时修正。

编　者

2024 年 9 月

目 录
CONTENTS

第一章

总　　论

【本章要求】

掌握：会计基本前提、会计核算基础、会计信息质量要求、会计计量属性的基本内容。

熟悉：财务会计与管理会计的区别与联系。

了解：财务会计的目标。

第一节　企业财务会计概述

会计是以货币为主要计量单位，反映和监督一个单位经济活动的一种经济管理工作。在企业，会计主要提供企业财务状况、经营成果和现金流量信息，并对企业经营活动和财务收支进行监督。会计是随着人类社会生产的发展和经济管理的需要而产生、发展并不断完善起来的。随着人类文明不断进步，生产力不断提高，会计的核算内容、核算方法等也得到了较大发展。会计逐步由简单的计量与记录行为发展成为主要以货币单位综合地反映和监督经济活动过程的一种经济管理工作，并在参与单位经营管理决策、提高资源配置效率、促进经济健康持续发展方面发挥积极作用。

会计几乎有着与人类文明同样漫长的历史。"结绳记事"和"刻木记日"是会计的雏形。同时，会计随着社会生产的发展和经济管理的要求而不断发展并完善。20世纪50年代，传统会计逐步分为财务会计和管理会计两大分支。

一、财务会计的含义及其与管理会计的主要区别

财务会计是按照公认会计原则和会计法规制度的要求，运用会计学的基本理论和特有的

方法,将企业的财务状况和经营成果提供给企业的管理者和与企业有直接和间接经济利益关系的外部集团和个人的信息系统。财务会计与管理会计的基本信息资料都来源于企业的经济活动,所提供的会计信息都是企业管理当局必不可少的决策依据。财务会计与管理会计都以提高企业经济效益为根本目的,但也存在一些区别。其主要区别可通过表1-1进行概括。

表1-1   财务会计与管理会计的主要区别

项 目	财务会计	管理会计
报告对象	主要是企业外部信息使用者(对外报告会计)	主要是企业管理当局(内部报告会计)
提供信息的侧重	主要提供企业财务状况、经营成果和现金流量等信息	主要提供经营规划、预测、决策所需的相关信息
核算依据	遵循企业会计准则的规定,并符合会计信息的质量要求	可不受企业会计准则的严格约束
作用时效	主要反映过去和当前的信息	不仅分析过去的信息,而且注重面向未来的信息
信息载体的特征	信息载体是财务会计报告(又称财务报告),其种类及格式均有统一规定	信息载体是各种内部报告,种类及格式等无统一规定,灵活性强
报告时限	遵循企业会计准则的规定定期提供	不确定,根据实际需要不定期地提供
核算程序	相对固定	不固定

二、财务会计的目标

会计目标是指在一定的环境或条件下,会计活动所期望达到的境地。会计目标集中而现实地体现了会计活动的宗旨,为会计实践活动指明了方向,也在很大程度上影响着会计方法的产生和发展。我国《企业会计准则——基本准则》中将会计目标具体表述为,向财务会计报告使用者提供与企业财务状况、经营成果和现金流量等有关的会计信息,反映企业管理层受托责任履行情况,有助于财务会计报告使用者作出经济决策。

财务会计的目标主要是向信息使用者提供企业财务状况、经营成果和现金流量等方面的信息。内部信息使用者除掌握以上信息外,还需掌握单位的成本信息。会计主要通过定期编制财务会计报告的方式提供会计信息,因而在会计工作中,需要定期编制并提供资产负债表、利润表、现金流量表等基本会计报表,并符合决策有用性的质量要求。同时,在经营权与所有权分离的情况下,股东更关注其所投资企业可能的风险与报酬。因此,财务会计信息要反映受托责任的履行情况及其所面临的风险,应当为现实和潜在的投资者、债权人和其他信息使用者提供对决策有用的相关信息。

第二节   企业财务会计基本规范

为实现财务会计的目标,需要有一系列普遍遵循的理论基础和规范体系。在我国,这些内容在《企业会计准则——基本准则》中均已明确指出。

一、会计基本前提

会计确认、计量和报告的基本前提又称会计基本假设,是指对会计核算的时间范围、空间范围和计量标准等所作的合理推断。会计对象的确定、会计政策和方法的选择都要以会计确认、计量和报告的基本前提为依据,财务会计要在一定的假设条件下才能确认、计量、记录和报告会计信息。会计基本前提主要包括会计主体、持续经营、会计分期和货币计量。

(一) 会计主体

会计主体又称会计实体或会计个体,是指会计服务的特定单位。这个特定单位可以是一家企业,也可以是一家企业或一个单位的特定部分。该前提的基本含义在于,会计确认、计量、记录和报告用来说明特定单位个体所发生的交易或事项,对该特定单位个体的各项生产经营活动的记录和反映应当与其所有者、债权人和交易对方的活动相分离。它界定了会计工作的空间范围。

需要注意的是,会计主体与法律主体不是同一概念。一般来说,法律主体必然是会计主体,但会计主体不一定就是法律主体。会计主体可以是独立法人,也可以是非法人(如合伙企业);可以是一家企业,也可以是企业中的某一单位或企业中的一个特定部分(如企业的分公司、企业设立的事业部);可以是单一企业,也可以是由几家公司组成的企业集团。

(二) 持续经营

持续经营是指企业会计确认、计量、记录和报告应当以持续经营为前提。该前提的基本含义在于,会计主体的经营活动将按照现在的形式和既定的目标无限期地继续下去,在可预见的将来会计主体不会进行清算,其所拥有或控制的资产能够按预定的目标在正常经营过程中被耗用或出售,所承担的债务将正常偿还。持续经营界定了会计工作的时间范围。

只有在持续经营前提下,会计主体的资产和负债才有划分为流动的和非流动的必要,固定资产折旧、费用摊销等会计观念与方法才会产生。因此,持续经营是会计程序和方法选择的出发点。

(三) 会计分期

会计期间又称会计分期,要求企业应当划分会计期间、分期结算账目和编制财务会计报告。该前提的基本含义在于,可以把会计主体连续不断的经营过程划分为相等的时间单位,以便对企业的经营状况进行及时、连续的反映。

会计分期的目的在于将持续经营的生产经营活动划分为连续、相等的期间,据以结算盈亏、编制财务会计报告、提供会计信息。

我国的会计分期是按公历日历期间划分的,起止时间均按公历起讫日期确定。即我国的会计年度自公历1月1日起至12月31日止。相应地,会计中期的起止时间也是按公历起讫日期确定的。

(四) 货币计量

货币计量是指会计主体在会计核算过程中应以货币为计量单位,记录、计量与报告会计主体的经济活动过程及其结果。该前提的基本含义在于,为了全面完整计量会计主体的生产经营活动,会计核算客观上需要一种统一的、相对稳定的计量单位作为其计量尺度。

在会计核算工作中,除应明确以货币为主要计量单位外,还需要具体确定记账本位币,即以何种货币来核算。《中华人民共和国会计法》(简称《会计法》)规定,会计核算以人民币为记账本位币,业务收支以人民币以外的货币为主的企业,可以选定其中一种外币作为记账本位币,但编制的财务会计报告应当折算为人民币反映。

二、会计核算基础

会计核算基础又称会计处理基础或记账基础,是指确定收入和费用归属期间的标准。会计核算基础有收付实现制和权责发生制两种。

(一)收付实现制

收付实现制又称现金制,是以款项的实际收付为标准来确认本期收入和费用的一种会计处理基础。采用这种会计处理基础时,凡本期实际收到的款项或实际支付的各项费用,不论其是否应属于本期,都作为本期的收入和费用处理。反之,凡本期内未产生现金流入的收入或未曾支付的费用,即使应归属于本期,也不作为本期收入和费用处理。

(二)权责发生制

权责发生制又称应计制,是以款项的应收应付为标准来确认本期收入和费用的一种会计处理基础。采用这种会计处理基础时,凡应属于本期的收入,不论款项是否实际收到,都应作为本期的收入处理;凡不应属于本期的收入,即使款项已经实际收到,也不能作为本期的收入处理。同理,凡应属于本期负担的费用,即使款项尚未实际支付,也应作为本期费用处理;凡不应属于本期负担的费用,即使款项已经实际支付,也不应作为本期费用处理。我国企业会计准则规定,企业应以权责发生制为核算基础。

三、会计信息质量要求

任何单位生产的任何产品都有一定的质量要求。会计信息作为会计主体的一种特殊"产品"对外提供时,也必须明确其质量要求。根据我国《企业会计准则——基本准则》的规定,会计信息质量要求包括客观性、相关性、可理解性、可比性、实质重于形式、重要性、谨慎性和及时性。

(一)客观性

客观性又称可靠性或真实性,是指企业应当以实际发生的交易或者事项为依据进行会计确认、计量、记录和报告,如实反映符合确认和计量要求的各项会计要素及其他相关信息,保证会计信息真实可靠、内容完整。

客观性是会计信息最重要的质量特征,它要求会计信息应当具有真实性、可验证性和中立性。真实性要求会计信息与实际发生的会计事项相一致,会计记录和报告不能有任何隐瞒或者掩饰,会计信息只有真实有用,才能避免其使用者据以作出错误的判断;可验证性要求会计信息应经得起检验和复核,不同的人员采用相同的方法对同一事项进行复核,应当得出相同的结果,否则会计信息的真实性就值得怀疑;中立性要求会计人员应站在客观的立场上不偏不倚地提供会计信息,在会计信息的生成过程中不受任何人的指使或操纵,在信息中不存在企图取得预定结果或诱发特定行为的偏向。

任何单位不得编制和对外提供虚假的或者隐瞒重要事实的财务会计报告,单位负责人和会计机构负责人应当对本单位会计信息的真实性和完整性负责,并承担相应的法律责任。注册会计师、会计师事务所应当对其出具的审计报告负责。

(二) 相关性

相关性又称有用性,是指企业提供的会计信息应当与会计信息使用者的决策需要相关,且会计信息应有助于其使用者对企业过去、现在或者未来的情况作出评价或者预测。

会计信息要成为有用的信息,就必须与使用者的决策需要相关,否则就是无用的信息。例如,某连锁超市为了促销商品,在媒体上发布广告信息,称某品牌手机的售价在原价格的基础上直降 300 元,但是广告隐瞒了对该连锁超市原销售价格。这样的信息发布与消费者是否前往购买的决策几乎没有相关性,因为消费者在不清楚原销售价格的情况下很难作出该手机是否"便宜"的判断,该超市所发布信息的相关性就较差。会计信息必须符合相关性也是同样的道理。

会计信息的相关性要求会计信息应当具有预测价值和反馈价值。所谓预测价值,是指会计信息能够帮助会计信息使用者评价过去、现在和未来事项并预测其发展趋势,从而影响基于这种评价和预测作出的决策。所谓反馈价值,是指会计信息能对信息使用者以前的评价和预测结果予以证实或纠正,从而促使信息使用者维持或改变以前的决策。由此可见,会计信息是否具有预测价值和反馈价值,是会计信息是否具有相关性的两个重要标志。

(三) 可理解性

可理解性又称明晰性,是指企业提供的会计信息应当清晰明了,便于会计信息使用者理解和使用。企业提供会计信息的目的是对会计信息使用者的决策有用;如果企业提供的会计信息隐晦难懂、不易理解,就很难做到对决策有用。因此,企业应尽可能地提供清晰明了、便于会计信息使用者理解和使用的会计信息。只有这样,才能提高会计信息的有用性,进而实现会计的目标。

但会计信息毕竟是一种专业性较强的信息产品,在强调会计信息可理解性的同时,还应假定会计信息使用者具有一定的有关企业业务活动和会计方面的基础知识,并且愿意付出努力去研究这些信息。对于某些复杂的信息,如果其与会计信息使用者的经济决策相关,也应当在财务会计报告中予以充分披露,企业不能因该类信息会使某些使用者难以理解而将其排除在所应披露的信息之外。

(四) 可比性

企业提供的会计信息应当具有可比性。可比性包括两层含义:一是同一企业不同时期可比。这是指同一企业不同时期发生的相同或者相似的交易或者事项,应当采用一致的会计政策,不得随意变更,以便会计信息使用者了解企业财务状况和经营成果的变化趋势,从而全面、客观地评价过去、预测未来并进行决策。二是不同企业相同会计期间可比。这是指不同企业相同期间发生的相同或者相似的交易或者事项,应当采用一致的会计政策,以使不同企业按照一致的确认、计量和报告基础提供有关会计信息,确保会计信息的口径一致、相互可比,使之有助于会计信息使用者比较、评价不同企业的财务状况和经营成果等,据以作出科学合理的经济决策。

如果不同企业或者同一企业前后不同时期提供会计信息的口径不一致,会计信息使用者就难以作出恰当的比较和判断,也将降低会计信息的决策有用性。但强调会计信息的可比性和一致性,并不意味着企业不能变更会计政策。当客观经济环境发生变化时,或企业按照规定或者会计政策变更后可以提供更可靠、更相关的会计信息时,就有必要变更会计政策,以向会计信息使用者提供更为有用的信息。在此情况下,变更会计政策的有关情况(如变更的理由、变更的性质及其影响等)应当在附注中予以说明。注册会计师出具审计报告时,也要对变更事项作出特别的说明。

(五) 实质重于形式

实质重于形式是指企业应当按照交易或者事项的经济实质进行会计确认、计量、记录和报告,不应仅以交易或者事项的法律形式为依据。

例如,A 企业资金周转困难,在无其他任何筹资渠道的假设下,其与某商业银行签订了一份协议,将房产以 500 万元的价格出售给该商业银行。同时,双方约定 A 企业于 2 年后必须以 550 万元的价格回购该房产。从形式上看,A 企业出售了房产,会计上应进行固定资产出售的会计处理,但在经济实质上,这一行为仅是为了筹资的需要,A 企业将来必须回购该房产。会计上对由此获得的 500 万元应作为企业的负债核算,而不宜进行出售房产的会计处理,A 企业对此业务信息应当进行充分的披露。

(六) 重要性

重要性是指企业提供的会计信息应当反映与企业财务状况、经营成果和现金流量等有关的所有重要交易或者事项。

从理论上讲,如果企业会计信息的省略或者错报会影响会计信息使用者据此作出经济决策,该会计信息就具有重要性。在会计实践中,重要性的应用需要依赖职业判断;企业应根据自身所处的环境和实际情况,根据项目性质和金额大小来判断其重要性。一般而言,对企业的财务状况和经营损益有较大影响,进而影响会计信息使用者据以作出合理判断的重要交易或事项,必须按规定的会计方法和程序进行处理,并予以充分披露;对于次要的交易或事项,在不影响会计信息真实性和不至于误导会计信息使用者作出正确判断的前提下,可适当简化处理,以降低提供会计信息的成本。

(七) 谨慎性

谨慎性又称稳健性,是指企业对交易或者事项进行会计确认、计量、记录和报告应当保持应有的谨慎,不应高估资产或者收益、低估负债或者费用。企业提供的会计信息是会计信息使用者进行决策的重要依据,企业夸大资产或者收益、低估负债或者费用,会导致会计信息使用者盲目乐观,不利于防范投资风险、作出正确的投资决策。

(八) 及时性

及时性是指企业对于已经发生的交易或者事项,应当及时进行会计确认、计量、记录和报告,不得提前或者延后。

会计信息的时效性较强,如果会计信息不及时,即使会计信息是真实可靠的,也可能因时过境迁而失去其相关性,对进行决策也就不会有任何帮助。会计工作中及时性的要求主要体现在三个方面：一是及时收集会计信息，即在经济交易或者事项发生后，及时收集整理各种原始单据；二是及时处理会计信息；三是及时传递会计信息，即按照国家规定的时限，及时地将会计信息传递给会计信息使用者。

四、会计的计量属性

会计计量是指在会计要素确认的基础上，根据一定的计量单位和计量属性来确定某一项目金额的量化过程。根据我国企业会计准则的规定，会计的计量属性有历史成本、重置成本、可变现净值、现值和公允价值五种。

（一）历史成本

历史成本又称实际成本，是指资产按照购置时支付的现金或者现金等价物的金额，或者按照购置资产时付出的对价（为取得资产而付出的相应代价或所支付的成本）的公允价值计量。负债按照承担现时义务而实际收到的款项或者资产的金额，或者承担现时义务的合同金额，抑或按照日常活动中为偿还负债预期需要支付的现金或者现金等价物的金额计量。

历史成本计量是会计要素的基本计量属性。相对于其他计量属性而言，历史成本具有以下优点：①历史成本是买卖双方在市场上交易的结果，以销货发票等单据为依据，数据易于取得，具有可靠性；②历史成本具备可验证性，将来可以反复核查；③历史成本计量无须经常调整账目，会计程序简单，容易操作，有利于保证会计信息的可比性和可靠性。基于此，历史成本计量属性在企业会计核算中得到较普遍应用，成为会计要素的基本计量属性。但在物价发生较大变动的情况下，历史成本计量不能充分体现企业资产的现有价值，难以分清企业的经营成果和价格变动引起的资产持有损益，与会计信息使用者决策的相关性较差。由于历史成本计量属性固有的局限性，其他各种计量属性相应产生。

（二）重置成本

重置成本计量是指资产按照现在购买相同或者相似资产所需支付的现金或者现金等价物的金额计量。负债按照现在偿付该项债务所需支付的现金或者现金等价物的金额计量。例如，企业年初购买的一辆本田小轿车，实际成本为 26 万元，若资产负债表日（如月末、季末或年末）该型号轿车的市价为 23 万元，则该轿车本月月末的重置成本为 23 万元。重置成本计量属性考虑了物价变动的影响，但某些资产的重置成本确定较为困难。

（三）可变现净值

可变现净值计量是指资产按照其正常对外销售所能收到现金或者现金等价物的金额扣减该资产至完工时估计将要发生的成本、销售费用，以及相关税费后的金额计量。例如，某商场海尔空调的进货单价（实际成本）为 2 680 元，资产负债表日（如月末）该空调正常销售所能收回的现金（售价）为 2 820 元，销售该空调的估计销售费用为 30 元，假设不考虑其他影响因素，则该空调本月月末的可变现净值为 2 790 元。

（四）现值

现值计量是指资产按照预计从其持续使用和最终处置中所产生的未来净现金流入量的折现金额计量，负债按照预计期限内需要偿还的未来净现金流出量的折现金额计量。现值计量属性考虑了资金时间价值因素的影响，是最能体现资产定义的计量模式，但未来现金流量及其折现率的确定尚存在一些困难,易受人为因素的影响,因而现值计量的适用范围有限,一般适用于衍生金融工具资产的计量。

(五) 公允价值

公允价值计量是指资产和负债按照市场参与者在计量日发生的有序交易中,出售资产所能收到或者转移负债所需支付的价格计量。公允价值计量的前提条件是相关的有序交易在主要市场中进行。有序交易是指在计量日前的一段时期内,相关资产或负债具有惯常市场活动的交易。清算等被迫交易不属于有序交易。主要市场则是指相关资产或负债的交易量最大和交易活跃程度最高的市场。

会计要素的计量属性尽管有多种,但一般应当采用历史成本计量属性。只有在以历史成本计量难以达到会计信息的质量要求,进而影响会计信息的可靠性和有用性等情况下,为了向信息使用者提供决策更为相关的信息,才有必要采用其他计量属性进行计量。在采用重置成本、可变现净值、现值、公允价值计量时,应当保证所确定的会计要素金额能够取得并可靠计量;否则,不允许采用其他计量属性。

本 章 习 题

一、思考题

1. 会计基本前提有哪些?其基本内容是什么?为什么要明确这些前提?

2. 会计信息的质量要求包括哪些?各自的内容是什么?

3. 什么是权责发生制?企业会计核算为什么要以权责发生制为记账基础?

4. 会计的计量属性有哪些?选择时应注意哪些问题?

5. 财务会计与管理会计之间有何区别?

二、选择题

1. 会计分期前提存在的基础是( )。

A. 会计主体　　　　B. 权责发生制　　　　C. 持续经营　　　　D. 货币计量

2. 会计核算以实际发生的交易或事项为依据是会计信息质量要求的( )。

A. 客观性　　　　B. 可比性　　　　C. 相关性　　　　D. 重要性

3. 会计核算基础是( )。

A. 持续经营　　　　B. 货币计量　　　　C. 权责发生制　　　　D. 收付实现制

4. 在会计基本前提中,确定会计核算空间范围的前提( )。

A. 会计主体　　　　B. 持续经营　　　　C. 会计分期　　　　D. 货币计量

5. 会计要素最基本的计量属性是( )。

A. 可变现净值　　　　B. 历史成本　　　　C. 重置成本　　　　D. 公允价值

6. 下列各项中,属于会计基本前提的有( )。

A. 会计主体　　　　B. 持续经营　　　　C. 会计分期　　　　D. 货币计量

7. 会计中期包括( )。

A. 年度　　　　　　B. 半年度　　　　　C. 季度　　　　　D. 月度

8. 下列各项中,符合企业流动资产特征的有(　　　)。

A. 无形资产　　　B. 应收账款　　　C. 预付账款　　　D. 预收账款

9. 下列各项中,应归属于企业流动负债的有(　　　)。

A. 预付账款　　　B. 预收账款　　　C. 应付债券　　　D. 应付利息

10. 下列各项中,属于会计信息质量要求的有(　　　)。

A. 权责发生制　　B. 实质重于形式　　C. 谨慎性　　　D. 货币计量

三、思政园地

调研　某企业的财务会计相关制度和年度财务报告。

分析　某企业年度财务会计报告的会计信息质量要求落实过程中的重点和难点。

思考　应怎样结合行业特点不断完善某企业会计制度,同时兼顾会计信息质量要求和企业的健康发展。

第二章

货币资金

——◎ **【本章要求】**

掌握：库存现金和银行存款的核算与核对方法，各种银行转账结算方式适用范围、有关规定及其他货币资金的核算。

熟悉：货币资金的内部控制。

了解：货币资金的性质与范围，现金管理的主要内容与银行结算制度、银行存款转账结算的种类。

第一节　库存现金

货币资金是指企业拥有的、以货币形式存在的资产。货币资金是企业流动性最强的资产，也是唯一能够直接转化为其他任何资产形态的流动性资产。企业通过接受投资、取得借款、销售产品等经济活动，产生货币流入。企业购买原材料、购建长期资产、支付员工工资、进行外部投资等经济活动，形成货币支出。货币资金收支的循环往复，形成维持企业日常运行的"血液"。

从核算内容来看，货币资金具体包括库存现金、银行存款与其他货币资金。资产负债表一般以"货币资金"项目列示货币资金的合计数，应当根据"库存现金""银行存款""其他货币资金"账户的余额合计数计算填列。同时，企业应在报表附注"货币资金"中披露"库存现金""银行存款"与"其他货币资金"账户的期初与期末余额。

一、库存现金的定义

现金的概念有广义与狭义两种。广义的现金是指一切具有支付能力、可以自由流通与转让的媒介,以及其他可以支付的票证,如银行汇票、银行本票等。狭义的现金特指以纸币与硬币等形态存在的、由企业出纳人员保管的现金。我国的财务处理实务中使用的是狭义的现金概念,本教材也沿用这一概念,即本教材中的现金指企业的库存现金。

二、库存现金的日常管理

库存现金的日常管理应注意使用范围与内部控制两个方面。

(一)库存现金的使用范围

根据国务院颁发的《现金管理暂行条例》,企业可以使用现金的范围主要包括以下几方面:

(1)职工工资、津贴。

(2)个人劳动报酬。

(3)根据国家规定颁发给个人的科学技术、文化艺术、体育等各种奖金。

(4)各种劳保、福利费用和国家规定的对个人的其他支出等。

(5)向个人收购农副产品和其他物资的价款。

(6)出差人员必须随身携带的差旅费。

(7)结算起点(现行规定为1 000元)以下的零星支出。

(8)中国人民银行确定需要支付现金的其他支出。

在以上规定的范围之外,企业应该使用银行转账的方式进行结算。国家也鼓励开户单位和个人在经济活动中采取转账方式进行结算,减少使用现金。

为了维持企业的正常运转,企业的开户银行应该根据企业的实际需求核定企业的库存现金限额,一般为3~5天的零星开支需要量。边远地区和交通不便地区的企业,库存现金限额可以多于5天,但不能超过15天的日常零星开支。

(二)库存现金的内部控制

库存现金是流动性与流通性最强的资产,其丢失、被盗、被挪用的风险很大,因此,企业除了遵循《现金管理暂行条例》和控制库存现金的结算范围,还应该做好库存现金的内部控制。

货币收支业务的处理与记账岗位应当分离。出纳人员具体负责办理现金收支,除现金出纳外,公司其他部门和人员不得经手现金。出纳人员应认真审核各项资金业务的收付审批手续是否符合国家法律法规规定和企业业务流程规定,审核无误后办理现金收支。

针对现金收入的控制,要求企业每笔现金的收入都要有合理、合法的凭据,确保现金收入准确、及时地入账。企业所有现金收入均需要开具收款收据,以此来明确经济责任。所有现金收入均应当天入账,送存银行,在银行当天停止收款后收进的现金,则应当在次日送存银行。如当天送存银行存在困难,则须与开户行取得联系,经同意后,按照双方约定时间送存。

企业应该在国家规定的范围内支出现金;每笔现金支出要有严格的核准手续,每一笔付款的业务都需要有原始凭证,由经办人签字确认,分管主管同意,出纳人员才能付款。企业支付现金可以从本单位现金库存中支付或者从开户银行提取,不得从本单位的现金收入中直接支付(即"坐支")。需要"坐支"现金的单位,要事先报经开户银行审查批准,由开户银行核定"坐支"范围和限额,"坐支"单位必须在现金账上如实反映"坐支"金额。企业从开户银行提取现金的,应当如实写明用途,由本单位财会部门负责人签字盖章,并经开户银行审查批准后予以支付。

三、库存现金的财务处理

企业应设"库存现金"账户,用来核算库存现金的收付、结存情况。该账户的借方登记现金的增加数,贷方登记现金的减少数,期末余额一般在借方,反映库存现金的余额。为了强化对库存现金的管理,企业除设置"库存现金"账户对库存现金进行总分类核算外,还必须设置现金日记账进行序时记录。现金日记账一般采用三栏式订本账格式,由出纳人员根据审核以后的原始凭证或现金收款凭证、现金付款凭证逐日逐笔序时登记。每日营业终了计算当日现金收入、现金支出及现金结存额,并与库存现金实存数核对相符。月末,现金日记账余额应与现金总账余额核对一致。有多币种现金的企业,应当按照不同币种进行明细核算。

(一)库存现金的日常收付核算

企业收取现金时,借记"库存现金"账户,贷记有关账户;支付现金时,借记有关账户,贷记"库存现金"账户。

【例2-1】 2024年6月,ABC公司现金收付业务如下:

(1)将现金389 000元存入银行。

(2)签发支票,从银行存款账户取出15 000元现金。

(3)支付本月电话费150元。

ABC公司应编制会计分录如下:

(1)将现金存入银行时:

借:银行存款 389 000
　　贷:库存现金 389 000

(2)从银行提取现金时:

借:库存现金 15 000
　　贷:银行存款 15 000

(3)支付本月电话费时:

借:管理费用 150
　　贷:库存现金 150

(二)备用金的核算

备用金是企业、机关、事业单位或其他经济组织等拨付给非独立核算的内部单位或工作人员作为差旅费、零星采购、零星开支等的备用款项。

在实务中,企业对预支作为差旅费、零星采购等使用的备用金,一般按估计需用数额领取,使用后一次报销,多退少补。对于各部门零星开支使用的备用金,可实行定额备用金制度,即由指定的备用金负责人按照规定的数额领取,使用后按规定手续报销,补足原定额。根据重要性原则,如果企业备用金的规模不是很大,则企业可不单独开设备用金账户,而使用"其他应收款"账户进行核算。

以差旅费备用金为例,企业财务部门在拨付备用金时,根据拨付的款项,借记"其他应收款"或是"备用金"账户,贷记"库存现金"账户。费用发生后,按照"实报实销,多退少补"的原则,根据实际发生的费用,借记"管理费用""销售费用"等账户,按照之前拨付的备用金数额,贷记"其他应收款"账户。如果之前拨付的备用金金额超过实际发生的费用,员工或相关部门需要交回多余款项,则按照实际收到的现金,借记"库存现金"账户;如果之前拨付的备用金金额不足,则按照需要补付的金额,贷记"库存现金"账户。

【例 2-2】 ABC 公司销售人员 A 因公出差,借支现金 21 000 元。ABC 公司应编制会计分录如下:

借:其他应收款——A   21 000
     贷:库存现金   21 000

【例 2-3】 沿用[例 2-2]的资料,A 差旅费花了 25 000 元,经批准予以报销。交回相关的发票并补足现金垫款 4 000 元。ABC 公司应编制会计分录如下:

借:管理费用   25 000
     贷:其他应收款——A   21 000
         库存现金   4 000

【例 2-4】 沿用[例 2-2]的资料,A 差旅费花了 18 000 元,经批准予以报销。交回相关的发票并退回多余款项 3 000 元。ABC 公司应编制会计分录如下:

借:管理费用   18 000
    库存现金   3 000
     贷:其他应收款——A   21 000

四、库存现金的清查

为加强现金管理工作,防止出现差错,企业应强化库存现金的清查工作。出纳人员应每日清点库存现金实有数,企业也需定期与不定期地对库存现金进行清查核实。现金清查的主要方法是实地盘点库存现金的实存数,与现金日记账相核对,确定账存与实存是否相符。

在现金清查过程中,如果发现现金溢余,应按溢余金额,借记"库存现金"账户,贷记"待处理财产损溢——待处理流动资产损溢"账户;经查属于应支付给有关人员或单位的,借记"待处理财产损溢——待处理流动资产损溢"账户,贷记"其他应收款——应付现金溢余"账户;如果无法查明原因,则经批准后作为盘盈利得处理,借记"待处理财产损溢——待处理流动资产损溢"账户,贷记"营业外收入——盘盈利得"账户。如果发现现金短缺,则应按短缺金额,借记"待处理财产损溢——待处理流动资产损溢"账户,贷记"库存现金"账户;查明原因后,按现金短缺金额中应由责任人赔偿或保险公司赔偿的部分,借记"其他应收款——××人"或"其他应收款——××保险公司"账户,贷记"待处理财产损溢——待处理流动资产损溢"账户;待保险公司或责任人赔付后,借记"库存现金"账户,贷记"其他应收款"账户;属于无法查明的其他原因,在相关负责人批准后,借记"管理费用"账户,贷记"待处理财产损溢——待处理流动资产损溢"账户。

【例 2-5】 ABC 公司于 2024 年 9 月 30 日盘点现金,发现现金短缺 9 000 元。其账务处理如下:

借:待处理财产损溢——待处理流动资产损溢   9 000
    贷:库存现金   9 000

【例 2-6】 沿用[例 2-5]的资料。经查,ABC 公司盘亏的 9 000 元现金中,有 3 000 元需向责任人徐新追还。其余 6 000 元无从追还,计入管理费用。其账务处理如下:

借:其他应收款——徐新   3 000
    管理费用——现金短缺   6 000
    贷:待处理财产损溢——待处理流动资产损溢   9 000

【例 2-7】 ABC 公司于 2024 年 10 月 31 日盘点现金,发现现金溢余 2 000 元。其账务处理如下:

借:库存现金   2 000
    贷:待处理财产损溢——待处理流动资产损溢   2 000

【例 2-8】 沿用[例 2-7]的资料,该笔现金溢余原因不明,经批准计入营业外收入。其账务处理如下:

借:待处理财产损溢——待处理流动资产损溢   2 000
    贷:营业外收入——现金溢余   2 000

第二节 银 行 存 款

一、银行存款的结算方式

银行存款是指企业存放在银行或其他金融机构的货币资金,包括人民币与外币存款。实行独立核算的企业必须在银行开设账户。我国企业日常经营活动中发生的各项经济往来,除可在现金收支范围内使用现金结算外,均需通过银行办理转账结算。根据中国人民银行《银行结算办法》和《中华人民共和国票据法》(简称《票据法》)的有关规定,现行转账结算种类主要有银行汇票、商业汇票、银行本票、支票、汇兑、委托收款、托收承付、信用卡和信用证九种。

1. 银行汇票

银行汇票是指汇款人将款项交存当地银行,由银行签发给汇款人持往异地办理转账结算或支取现金的票据。银行汇票一律记名,付款期为1个月(不分大月、小月,一律按次月对日计算;到期日遇例假日顺延),对逾期的汇票,兑付银行不予受理,但汇票人可持银行汇票或解讫通知到出票银行办理退款手续。

汇款人需要使用银行汇票应按照规定填写银行汇票委托书一式三联交给出票银行,出票银行受理银行汇票委托书并收妥款项后,签发银行汇票。汇款人持银行汇票可向收款单位办理结算。收款单位对银行汇票审核无误后,将结算款项及多余金额分别填写在银行汇票和解讫通知的有关栏内,连同进账单送交开户银行办理转账结算。

银行汇票具有使用方便,票随人到,兑付性强等特点,同城、异地均可使用。无论单位还是个人,都可使用银行汇票进行款项结算。

2. 商业汇票

商业汇票是指收款人或付款人(或承兑申请人)签发,由承兑人承兑,并于到期日向收款人或背书人支付款项的票据。商业汇票适用于企业先收货后收款或者双方约定延期付款的商品交易或债权债务的清偿,同城或异地均可使用。商业汇票必须以真实的商品交易为基础,禁止签发无商品交易的商业汇票。商业汇票一律记名,付款期最长为6个月,允许背书转让,承兑人即付款人到期必须无条件付款。商业汇票将在本书第三章详细阐述。

3. 银行本票

银行本票是指申请人将款项交存银行,由银行签发给其凭以办理转账结算或支取现金的票据。单位或个人在同城范围内的商品交易等款项的结算可采用银行本票。银行本票一律记名,可以背书转让,不予挂失。银行本票的提示付款期限最长不能超过2个月。付款期内银行见票即付,逾期兑付银行不予受理但可办理退款手续。银行本票分为定额本票和不定额本票。定额本票面额分别为1 000元、5 000元、10 000元和50 000元。

4. 支票

支票是指出票人签发的,委托办理支票存款业务的银行在见票时无条件支付确定的金额给收款人或持票人的票据。支票适用于同城或同一票据交换区域内商品交易、劳务供应等款项的结算。支票分为现金支票、转账支票和普通支票。现金支票只能提取现金;转账支票只能用于转账;普通支票既可用于支取现金,也可用于转账。在普通支票左上角划两条平行线的为划线支票。划线支票只能用于转账,不得支取现金。支票一律记名,企业不得签发空头支票。

5. 汇兑

汇兑是指汇款人委托银行将款项汇给外地收款人的结算方式。汇兑分为信汇和电汇两种。信汇是指汇款人委托银行以邮寄方式将款项划转给收款人;电汇则是指汇款人委托银行通过电报方式将款项划转给收款人。汇兑适用于单位和个人在同城或异地之间的清理结算尾款、交易欠款、自提自运的商品交易,以及汇给个人的差旅费或采购资金等的结算,其手续简便、方式灵活,便于汇款人主动付款,收付双方不需要事先订立合同,其应用范围广泛。

6. 委托收款

委托收款是指收款人委托银行向付款人收取款项的结算方式,同城、异地均可使用。委托收款只适用于单位在已承兑的商业汇票、债券、存单等付款人债务证明办理款项结算时使用;手续简便、灵活,便于企业主动、及时收回款项;银行只承担代为收款的义务,不承担审查拒付理由的责任,收付双方在结算中如发生争议,则由双方自行处理。委托收款按款项划回方式可分为邮寄划回和电报划回两种,单位可根据需要选择不同方式。

7. 托收承付

托收承付是指收款人根据购销合同发货后委托银行向异地的付款人收取款项,由付款人向银行承认付款的结算方式。在异地用托收承付方式办理结算的款项必须是商品交易,以及因商品交易而产生的劳务供应的款项。收款人必须以持有商品已发运的证件为依据向银行办理托收,填制托收凭证,并将有关单证送交开户银行。开户银行审查无误后,将托收凭证及有关单证交付款人开户银行。付款人开户银行收到托收凭证及有关附件后,通知付款人。付款人在收到有关单据后,应立即审核。付款人可在承付期内根据实际情况提出全部或部分拒付理由,并填制拒付理由书,经过银行审查同意后,办理全部拒付或部分拒付。

8. 信用卡

信用卡是指商业银行向个人和单位发行的,凭以向特约单位购物、消费和向银行存取现金,具有消费信用的特制载体卡片。信用卡按使用对象不同,分为单位卡和个人卡。凡在中国境内金融机构开立基本存款账户的单位可申领单位卡,单位卡不得用于 10 万元以上的商品交易、劳务供应款项的结算,且一律不得支取现金。

9. 信用证

信用证是指开证银行依照申请人的申请开出的,凭符合信用证条款的单据支付付款承诺的一种结算方式。信用证结算适用于国际、国内企业之间商品交易的结算,只限于转账结算,不得支取现金。采用信用证结算方式,付款单位应预先把一定款项专户存入银行,委托银行开出信用证,通知异地收款单位开户银行转知收款单位;收款单位按照合同和信用证规定的条件发货或交货以后,银行代付款单位支付货款。

二、银行存款的账务处理

企业设"银行存款"账户核算银行存款的收付、结存情况。该账户借方登记银行存款的增加数,贷方登记减少数,期末余额在借方,反映银行存款余额。例如,企业使用现金支票提现,借记"库存现金"账户,贷记"银行存款"账户。企业使用转账支票支付款项,借记"管理费用"等账户,贷记"银行存款"账户。

企业除设置"银行存款"账户进行总分类核算外,还必须设置银行存款日记账,按照业务发生顺序逐日逐笔连续记录银行存款的收付,并随时结出余额。银行存款应按银行和其他金融机构的名称和存款种类进行明细核算。有外币存款的企业,还应分别按人民币和外币进行明细核算。

银行存款日记账一般由出纳人员根据收付款凭证进行登记,定期与银行存款总账账户核对。月末,企业应将银行存款日记账与银行对账单进行核对。

第三节　其他货币资金

一、其他货币资金的内容

其他货币资金是指除库存现金、银行存款外的其他货币资金。这类资金的存放地点和用途与库存现金、银行存款存在差异，因此企业需要对其单独进行核算。其他货币资金主要包括外埠存款、银行汇票存款、银行本票存款、存出投资款、信用证保证金存款和信用卡存款。

二、其他货币资金的财务处理

企业应设置"其他货币资金"总账账户，并下设"外埠存款""银行汇票存款""银行本票存款""存出投资款"等明细账户进行明细核算。企业存入微信钱包与支付宝余额宝中的货币资金，也可以使用"其他货币资金"账户进行核算。企业其他货币资金增加，借记"其他货币资金"账户，贷记"银行存款"账户；企业其他货币资金减少，借记有关账户，贷记"其他货币资金"账户。期末，"其他货币资金"账户借方余额，反映企业持有的其他货币资金。

（一）外埠存款

外埠存款是指企业到外地进行临时或零星采购时，汇往采购地银行开立采购专户的款项。当企业将款项委托当地银行汇往采购地开立采购专户时，借记"其他货币资金——外埠存款"账户，贷记"银行存款"账户；收到采购员交来供应单位发票账单等报销凭证时，借记"材料采购""原材料""应交税费——应交增值税（进项税额）"等账户，贷记"其他货币资金"账户；将多余的外埠存款转回当地银行时，根据银行的收账通知，借记"银行存款"账户，贷记"其他货币资金"账户。

【例2-9】　2024年1月4日，ABC公司向异地汇出100 000元打入采购专户，用于购买材料。2024年1月10日，企业会计部门收到采购专员寄回的发票凭证，在异地的采购专户购买材料50 000元，增值税税率为13%，已收到增值税专用发票，材料尚未到达企业。2024年1月15日，异地采购结束，采购专户余款划回ABC公司开户行。假设不考虑其他税费，ABC公司采用计划成本法进行核算。ABC公司的账务处理如下：

（1）2024年1月4日，将款项汇往异地采购专户时：

借：其他货币资金——外埠存款　　　　　　　　　　　　　　　　　　100 000
　　贷：银行存款　　　　　　　　　　　　　　　　　　　　　　　　　　100 000

（2）2024年1月10日，收到采购凭证时：

借：材料采购　　　　　　　　　　　　　　　　　　　　　　　　　　　50 000
　　应交税费——应交增值税（进项税额）　　　　　　　　　　　　　　6 500
　　贷：其他货币资金——外埠存款　　　　　　　　　　　　　　　　　56 500

（3）2024 年 1 月 15 日,采购专户余款划回公司时:

借:银行存款　　　　　　　　　　　　　　　　　　　　　　　　　　　43 500
　　贷:其他货币资金——外埠存款　　　　　　　　　　　　　　　　　　　　　43 500

（二）银行汇票存款

银行汇票存款是指企业为了取得银行汇票,按照规定存入银行的款项。申请汇票时,企业填写银行汇票申请书并将款项交付银行,借记"其他货币资金——银行汇票"账户,贷记"银行存款"账户。企业持银行汇票购货并办理结算,收到银行转来的银行汇票第四联及有关发票账单时,借记"材料采购""原材料""应交税费——应交增值税(进项税额)"等账户,贷记"其他货币资金——银行汇票"账户。汇票使用完毕退回多余款项或因汇票超过付款期等其他原因未使用而退还款项时,借记"银行存款"账户,贷记"其他货币资金——银行汇票"账户。

【例 2-10】 ABC 公司于 2024 年 1 月 20 日转存 250 000 元,向开户银行申请办理银行汇票,用于购买原材料。2024 年 1 月 25 日,公司购入原材料,用银行汇票结算,其中价款 200 000 元,增值税税率为 13%,已收到增值税专用发票,材料尚未到达公司。2024 年 1 月 27 日,多余款项退回开户行,公司已收到开户行转来的余款收账通知。ABC 公司采用计划成本法进行核算。ABC 公司的账务处理如下:

（1）2024 年 1 月 20 日,办理银行汇票时:

借:其他货币资金——银行汇票　　　　　　　　　　　　　　　　　　250 000
　　贷:银行存款　　　　　　　　　　　　　　　　　　　　　　　　　　　250 000

（2）2024 年 1 月 25 日,购买原材料时:

借:材料采购　　　　　　　　　　　　　　　　　　　　　　　　　200 000
　　应交税费——应交增值税(进项税额)　　　　　　　　　　　　　　26 000
　　贷:其他货币资金——银行汇票　　　　　　　　　　　　　　　　　　226 000

（3）2024 年 1 月 27 日,收到退回余款时:

借:银行存款　　　　　　　　　　　　　　　　　　　　　　　　　　24 000
　　贷:其他货币资金——银行汇票　　　　　　　　　　　　　　　　　　　24 000

（三）银行本票存款

银行本票存款是企业为了取得银行本票,按规定存入银行的款项。企业向银行提交银行本票申请书,将款项交存银行,取得银行本票后,根据银行盖章退回的申请书存根联,借记"其他货币资金——银行本票"账户,贷记"银行存款"账户;企业持银行本票在同一票据交换区采购货物时,借记"材料采购""原材料""应交税费——应交增值税(进项税额)"等账户,贷记"其他货币资金——银行本票"账户;企业因本票超付款期要求退款时,借记"银行存款"账户,贷记"其他货币资金——银行本票"账户。

（四）存出投资款

存出投资款是指企业已经存入证券公司但尚未进行投资的货币资金。企业向证券公司划出资金时,按照划出的金额,借记"其他货币资金——存出投资款"账户,贷记"银行存款"账户;购买股票、债券等时,借记"交易性金融资产""债权投资"等账户,贷记"其他货币资金——存出投资款"账户。

【例 2-11】 2024 年 2 月 1 日,ABC 公司向证券公司划出资金 200 000 元拟进行股票投资。2024 年 2 月 12 日,ABC 公司购买公允价值为 150 000 元的股票准备短期持有,假设不考虑相关税费。ABC 公司的账务处理如下:

（1）向证券公司划出资金时：

借：其他货币资金——存出投资款 200 000
　　贷：银行存款 200 000

（2）支付股票价款时：

借：交易性金融资产 150 000
　　贷：其他货币资金——存出投资款 150 000

（五）信用证保证金存款

信用证保证金存款是指采用信用证结算方式的企业为开具信用证而存入银行信用证保证金专户的款项。企业填写信用证申请表,将信用证保证金交存银行时,根据银行盖章退回的申请书回单,借记"其他货币资金——信用证保证金"账户,贷记"银行存款"账户;企业接到开证行通知时,根据供货单位信用证结算凭证及所附发票账单,借记"材料采购""原材料""应交税费——应交增值税（进项税额）"等账户,贷记"其他货币资金——银行本票"账户。企业将未用完的信用证保证金余额转回开户行时,借记"银行存款"账户,贷记"其他货币资金——信用证保证金"账户。

（六）信用卡存款

信用卡存款是指企业为取得信用卡按照规定存入银行的款项。企业应填制信用卡申请表,连同支票和有关资料一并送存发卡银行,根据存入金额,借记"其他货币资金——信用卡"账户,贷记"银行存款"账户;企业用信用卡购物或支付有关费用,收到开户银行转来的信用卡存款的付款凭证及所附发票账单时,借记"管理费用"等账户,贷记"其他货币资金——信用卡"账户;企业信用卡使用过程中,需要向其账户存续资金的,借记"其他货币资金——信用卡"账户,贷记"银行存款"账户。企业的持卡人如不需要继续使用信用卡,应持信用卡主动到发卡银行办理销户,销卡时,单位卡账户余额转入企业基本存款户,不得提取现金,借记"银行存款"账户,贷记"其他货币资金——信用卡"账户。

本 章 习 题

一、思考题

1. 国家规定的现金使用范围是什么？为什么要规定现金的使用范围？

2. 企业货币资金的特点是什么？拥有过多或过少的现金会对企业产生什么样的影响？

3. 现行国内转账结算方式有哪些？请作归纳总结，并比较各结算方式的异同。

4. 企业管理现金的重点是什么？

5. 其他货币资金的内容主要包括什么？

二、选择题

1. 我国会计上所说的广义的现金是指企业的（　　）。

A. 库存现金　　　　　　　　　　B. 库存现金和银行存款

C. 库存现金、银行存款和有价证券　　D. 库存现金、银行存款和其他货币资金

2. 某企业现金盘点时发现库存现金短缺 351 元，经批准需由出纳人员赔偿 200 元，其余短缺无法查明原因。下列关于现金短缺相关账户的处理中，正确的是（　　）。

A. 借记"管理费用"账户 151 元　　　B. 借记"其他应付款"账户 200 元

C. 借记"营业外支出"账户 151 元　　　D. 借记"财务费用"账户 151 元

3. 对于银行已经入账而企业尚未入账的未达账项，企业应当（　　）。

A. 根据银行对账单记录的金额入账

B. 在编制银行存款余额调节表的同时入账

C. 等有关单据到达时再进行账务处理

D. 根据银行存款余额调节表自制原始凭证入账

4. 在企业开立的多个银行账户中，可以办理提取现金以发放工资的账户是（　　）。

A. 专用存款账户　　B. 一般存款账户　　C. 临时存款账户　　D. 基本存款账户

5. 下列项目中，不属于"其他货币资金"项目的是（　　）。

A. 向银行申请的银行承兑汇票　　　B. 委托银行开出的银行汇票

C. 存入证券公司准备购买股票的款项　　D. 汇到外地并开立采购专户的款项

6. 企业因到外地临时采购而将款项汇往在采购地银行开立的采购专户时，应当借记（　　）账户。

A. "材料采购"　　B. "在途物资"　　C. "预付账款"　　D. "其他货币资金"

7. 现金溢缺的核算可能会涉及的账户有（　　）。

A. "其他应收款"　　　　　　　　B. "财务费用"

C. "营业外收入"　　　　　　　　D. "待处理财产损溢"

8. 企业的货币资金内部控制制度一般包括的主要内容有（　　）。

A. 货币资金收支业务的全部过程分工完成，各负其责

B. 货币资金收支业务的会计处理过程制度化

C. 货币资金收支业务与登记总账分开处理

D. 内部稽查人员对货币资金实施制度化的检查

9. 企业对于现金管理必须做到（　　）。

A. 出纳人员兼管会计档案　　　　　B. 日清月结

C. 保持大量库存现金　　　　　　　D. 出纳人员定期轮换

10. 下列属于其他货币资金核算内容的是（　　）。

A. 银行本票　　B. 银行汇票　　C. 外埠存款　　D. 存出投资款

三、业务题

1. 资料 ABC公司2024年现金清查情况如下：

(1) 1月31日,库存现金盘亏3 000元。经查,有500元应向出纳人员追偿,余下2 500元无法查明原因,批准作为管理费用处理。

(2) 5月31日,发现现金溢余600元,经反复核查无法查明原因,经审批同意作为营业外收入处理。

(3) 6月30日,发现现金溢余400元,经查为职工B的应付未付款项。

要求 编制上述业务批准处理前后的相关会计分录。

2. 资料 ABC公司2024年有关银行汇票的业务如下：

(1) 5月6日,企业向银行办理了8 000元银行汇票一张,并取得银行汇票和银行签章退回的银行汇票委托书存根联,其后将此银行汇票交由采购人员持往外地办理采购业务。

(2) 5月17日,上述采购人员返回并提交有关采购单据共计8 000元,购回材料一批(借记"材料采购"账户),后又收到开户银行转来的银行汇票第四联,表明汇票款项已用完。

(3) 5月20日收到银行通知,上月开出的银行汇票5 000元已逾期,款项予以退回。

要求 根据上述资料,编制有关会计分录(假设不考虑相关税费)。

3. 资料 ABC公司2024年9月发生的有关定额备用金的经济业务如下：

(1) 5日,开出现金支票,向总务部门支付定额备用金500元。

(2) 12日,总务部门向财会部门报销日常办公用品费200元,财会部门以现金支付。

(3) 25日,总务部门不再需要备用金,将备用金500元退回。

要求 根据以上业务,编制相关会计分录。

四、思政园地

调研 近几年货币资金管理典型案例。

分析 货币资金管理与核算制度是否存在漏洞。

思考 应如何提高会计人员的职业道德水平,以确保货币资金管理与核算的安全、合法。

第三章

应 收 款 项

第一节 应收票据

应收款项是指在活跃市场中没有报价、回收金额固定或可以确定的非衍生金融资产。金融资产是实物资产的对称，是指单位或个人所拥有的以价值形态存在的资产，通过从其他方收取现金或其他金融资产的权利为企业带来经济利益流入。企业所持有的现金、银行存款、应收账款、应收票据，以及其他方的权益工具，均为金融资产。

一、应收票据的概念与分类

（一）应收票据的概念

应收票据是指企业因销售商品、提供劳务等收到的商业汇票。商业汇票是一种由出票人签发的，委托付款人在指定日期无条件支付确定金额给收款人或者持票人的票据。商业汇票可以转让、贴现、融资，是一种常用的结算方式。

(二)应收票据的分类

1. **商业承兑汇票和银行承兑汇票**

按承兑人不同,应收票据分为商业承兑汇票和银行承兑汇票。

(1)商业承兑汇票是指由银行以外的付款人承兑的商业汇票。商业承兑汇票可由收款人签发,经过付款人承兑,也可由付款人签发并由付款人承兑,付款人负有到期无条件支付票款的责任。采用商业承兑汇票结算方式,付款人应于汇票到期前将款项足额存到银行,银行在到期日凭票将款项划转给收款人、被背书人或贴现银行。如到期日付款人账户存款不足支付票款,开户银行不承担付款责任,将汇票退回收款人、被背书人或贴现银行,由其自行处理,并对付款人处以罚款。

(2)银行承兑汇票是指由银行承兑的商业汇票。银行承兑汇票为在承兑银行开立账户的存款人或承兑申请人签发,并由承兑申请人向开户银行申请,经银行审查同意承兑的票据。采用银行承兑汇票结算方式,承兑申请人应持购销合同向开户银行申请承兑,银行按有关规定审查同意后,与承兑申请人签订承兑协议,在汇票上盖章并按票面金额收取一定的手续费。承兑申请人应于到期前将票款足额交存银行。到期未能存足票款的,承兑银行除凭票向收款人、被背书人或贴现银行无条件支付款项外,还将按承兑协议的规定,对承兑申请人执行扣款,并将未扣回的承兑金额作为逾期贷款,根据出票人尚未支付的汇票金额,按照每天万分之五计收利息。

2. **不带息票据和带息票据**

按是否计息,应收票据分为不带息票据和带息票据。

(1)不带息票据是指商业汇票到期时,承兑人只按票面金额向收款人或被背书人支付款项的票据。

(2)带息票据是指商业汇票到期时,承兑人除向收款人或被背书人支付票面金额外,还应按票面金额和票据规定的利息率支付自票据生效日起至票据到期日止的利息的票据。

由于我国目前商业汇票的最长期限为 6 个月,利息金额相对较低,会计实务中主要使用不带息商业票据,本教材也仅以不带息票据为例。

二、应收票据的核算

企业应设置"应收票据"账户。其借方登记取得的应收票据的面值,贷方登记到期收回票款或到期前向银行贴现的应收票据的票面余额,期末余额在借方,反映企业持有的商业汇票的票面金额。

应收票据取得的原因不同,其会计处理亦有所区别。企业收到债务人用于抵偿前欠货款而取得的应收票据,借记"应收票据"账户,贷记"应收账款"账户;因企业销售商品、提供劳务等而收到开出、承兑的商业汇票,借记"应收票据"账户,贷记"主营业务收入""应交税费——应交增值税(销项税额)"等账户;商业汇票到期收回款项时,应按实际收到的金额,借记"银行存款"账户,贷记"应收票据"账户。

【例 3-1】 ABC 公司于 2024 年 2 月 1 日向甲公司销售一批产品,货款为 200 000 元,满足收入确认条件,款项尚未收到,已办妥托收手续,适用增值税税率为 13%。ABC 公司的账务处理如下：

　　　　借：应收账款　　　　　　　　　　　　　　　　　　　　　226 000
　　　　　　贷：主营业务收入　　　　　　　　　　　　　　　　　　　　200 000
　　　　　　　　应交税费——应交增值税（销项税额）　　　　　　　　　 26 000

　　【例 3-2】　沿用[例 3-1]的资料，2024 年 2 月 15 日，ABC 公司收到甲公司寄来的一张 3 个月期的商业承兑汇票，面值为 226 000 元，用于抵付产品货款。ABC 公司应作会计处理如下：

　　　　借：应收票据　　　　　　　　　　　　　　　　　　　　　226 000
　　　　　　贷：应收账款　　　　　　　　　　　　　　　　　　　　　226 000

　　【例 3-3】　沿用[例 3-2]的资料，2024 年 5 月 15 日，ABC 公司上述应收票据到期收回票面金额 226 000 元存入银行。ABC 公司应作会计处理如下：

　　　　借：银行存款　　　　　　　　　　　　　　　　　　　　　226 000
　　　　　　贷：应收票据　　　　　　　　　　　　　　　　　　　　　226 000

三、应收票据的贴现

　　应收票据的贴现是指汇票持有人将未到期的商业汇票交给银行，银行受理，从票面金额中扣除按银行的贴现率计算确定的贴息后，将余额付给贴现企业，作为银行对企业的一种短期贷款的行为。从经济业务的实质来看，应收票据贴现是一种短期融资行为。其中，银行收取的利息，即贴现息可视为借款利息，记入"财务费用——贴现利息"账户。应收票据贴现的计算公式如下：

$$贴现利息 = 票据到期值 \times 贴现利率 \times 贴现期$$

$$贴现款 = 票据到期值 - 贴现利息$$

　　其中：

　　（1）票据到期值。不带息票据的到期值为票据面值，带息票据的到期值为：

$$带息票据的到期值 = 票据面值 \times (1 + 票面利率 \times 票据期限)$$

　　式中的票据期限是指从票据生效之日起到票据到期之日止的期间。

　　（2）贴现期。这是指从贴现日到票据到期日，即企业提前借出并使用资金的期间。其核算方法有两种：一种是按照月计算的"对日法"；另一种是按照天数计算，采用"算头不算尾"或是"算尾不算头"的方法。在实务中，为了计算统一，换算利率时统一将月设定为 30 天，年设定为 360 天。

　　（3）贴现款。这是指持票人贴现获得的款项，即票据到期值扣除了利息费用之后的金额。

　　【例 3-4】　ABC 公司于 2024 年 1 月 15 日销售一批货物，并收到一张面值为 42 000 元，承兑期为 6 个月的无息商业承兑汇票。2024 年 5 月 15 日，ABC 公司因急需资金向银行贴现，年贴现利率为 12%。假设该票据按月计算贴现息，则 ABC 公司可获得多少贴现款？

票据为无息票据,票据到期值等于面值,即 42 000 元。

该票据到期日为 7 月 15 日,5 月 15 日进行贴现,则贴现期为 2 个月。

贴现息＝42 000×12％×2÷12＝840(元)

贴现款＝42 000−840＝41 160(元)

【例 3-5】 沿用[例 3-4]的资料,假设该票据按日计算贴现息,则:

该票据到期日为 7 月 15 日,5 月 15 日进行贴现,如果按照"算头不算尾"的方法,则贴现期应为 61 天(5 月 17 天,6 月 30 天,7 月 14 天)。

贴现息＝42 000×12％×61÷360＝854(元)

贴现款＝42 000−854＝41 146(元)

第二节 应 收 账 款

一、应收账款的确认与计量

(一) 应收账款的确认

应收账款是指企业在日常经营活动中,由于销售商品或提供劳务等,而应向购货或接受劳务单位收取的款项,主要包括企业出售商品、材料、提供劳务等应向有关债务人收取的价款及代购货方垫付的运杂费等。

应收账款是伴随企业赊销行为形成的债权,应收账款的确认应以销售收入的确认为前提。例如,采用托收承付与委托收款方式进行结算的销售行为,基于权责发生制原则,企业即使没有现金流入,也需在确认收入时确认相应的应收账款。

(二) 应收账款的计量

应收账款的计量包括应收账款的入账价值和期末价值,本小节探讨应收账款的入账价值,期末价值将在第四节应收款项的减值中阐述。在正常赊销下,应收账款应按实际发生额计价入账,实际发生额包括销售商品或提供劳务的价款、增值税,以及代购货方垫付的各种包装费、运杂费等。在实务中,企业会使用销售折扣的方式推销产品或是加快回款速度,具体包括商业折扣与现金折扣两种,不同折扣方式对应收账款的入账价值影响不同。

1. 商业折扣

商业折扣是指实际销售商品或提供劳务时,将价目单中的报价打折之后提供给客户的方式。销售方的销售收入是按商业折扣后的价格来计算反映的,应收账款也按扣除商业折扣之后的金额入账。例如,ABC 公司年末大促,销售的甲商品每件原价为 100 元,凡是购买 2 件及以上的顾客可以享受 20％的商业折扣,一位顾客购买了 2 件甲商品,则 ABC 公司应确认 160 元的销售收入,并以此确认应收账款的入账价值。

2. 现金折扣

现金折扣是指企业采用赊销方式销售商品时,为了鼓励购货方早日偿付货款,规定一个短于信用期限的折扣期限的方式。如果购货方在折扣期限内付款,就能得到一定的现金折扣,即从应支付的货款总额中扣除一定比例的金额。现金折扣通常按照一定的形式表示。例如,"2/10,n/30"表示购货方应在 30 天(信用期)内付款,如果在 10 天内付款,则可以享受 2%的现金折扣。就销货方而言,现金折扣是为了提前收回货款,加速资金周转;对购货方来说,现金折扣本质上是一种理财收益。出现现金折扣时,企业有以下两种确认方法:

(1)总价法,即营业收入与应收账款按照发生现金折扣之前的总价款确认的方法。总价法是把现金折扣视为鼓励客户早日付款而给予的经济利益,因此在客户付款前不确认折扣金额。总价法可以比较完整地反映企业的销售过程,但可能会因为客户享受的潜在现金折扣高估收入与应收账款。

(2)净价法,即营业收入与应收账款按照扣除现金折扣之后的净额确认的方法。企业要根据客户以往的交易习惯、支付能力等,综合判断客户在折扣期限内是否会享受现金折扣优惠,合理预估交易价格。若认为客户极有可能在规定时间内付款,则收入确认需要扣除现金折扣的部分,这样可以更加公允、真实地反映实际收入,体现会计工作的谨慎性。

在附有现金折扣条件的情况下,企业选择总价法还是净价法进行会计处理,取决于对可变对价最佳估计数的判断。在总价法下,如果购买方能够在折扣期内付款,则企业应按购买方取得的现金折扣金额调减营业收入;在净价法下,如果购买方未能在折扣期内付款,则企业应按购买方丧失的现金折扣金额调增营业收入。

二、应收账款发生与收回的财务处理

企业应设置"应收账款"账户,并按照债务人进行明细核算。"应收账款"账户的借方登记应收账款的增加,贷方登记应收账款的收回及确认的坏账损失,该期末余额一般在借方,反映企业尚未收回的应收账款。如果期末余额在贷方,则反映企业预收的账款。

企业确认销售行为时,按照上述应收账款的计量原则,借记"应收账款"账户,贷记"主营业务收入""应交税费——应交增值税(销项税额)""银行存款"等账户;收回款项时,借记"银行存款"账户,如果有享受的现金折扣,则同时借记"财务费用"账户,贷记"应收账款"账户。

【例3-6】 2024 年 1 月 9 日,ABC 公司采用托收承付结算方式向乙公司销售一批商品,乙公司享受完商业折扣后的货款为 300 000 元,增值税额为 39 000 元,ABC 公司以银行存款代垫运杂费 6 000 元(对方开具普通发票),已办理托收手续。2024 年 1 月 15 日,ABC 公司收到银行的收款通知。ABC 公司应作会计处理如下:

(1)2024 年 1 月 9 日,销售实现时:

借:应收账款   345 000

   贷:主营业务收入   300 000

      应交税费——应交增值税(销项税额)   39 000

      银行存款   6 000

(2)2024 年 1 月 15 日,收回款项时:

借:银行存款   345 000

   贷:应收账款   345 000

【例3-7】 ABC公司于2024年3月18日向乙公司销售一批商品,开出的增值税专用发票上注明售价为50 000元,增值税额为6 500元。该批商品成本为26 000元。为及早收回货款,ABC公司和乙公司约定的现金折扣条件为"2/10,1/20,n/30"。假定计算现金折扣时不考虑增值税因素。ABC公司会计处理如下:

(1) 2024年3月18日,销售实现时,如果甲公司判断乙公司不是极可能(≥95%)在折扣期内付款,则应按照总价法确认收入:

借:应收账款		56 500
贷:主营业务收入		50 000
应交税费——应交增值税(销项税额)		6 500

如果乙公司在2024年3月25日付清货款,则按销售总价的2%获得现金折扣1 000元(50 000×2%),实际支付55 500元。

借:银行存款		55 500
主营业务收入		1 000
贷:应收账款		56 500

(2) 2024年3月18日,销售实现时,如果甲公司判断乙公司极可能(≥95%)在20天内付款,享受1%的折扣,则按照净价法确认收入:

借:应收账款		55 935
贷:主营业务收入		49 500
应交税费——应交增值税(销项税额)		6 435

如果乙公司在2024年3月30日付清货款,则:

借:银行存款		55 935
贷:应收账款		55 935

第三节 预付账款与其他应收款

一、预付账款

预付账款是指企业按照购货合同的规定,预先以货币资金或货币等价物支付给供货单位的款项。企业预付款项后,有权要求供货单位按照购货合同发货。与应收账款不同,应收账款是基于企业的销售行为产生对购货方现金流的债权,预付账款是基于企业购货行为而形成的对供货方材料、物品的债权,预付账款是企业被供货单位占用的资金。

企业应设置"预付账款"账户,核算企业按照购货合同规定预付给供应单位的款项。

企业因购货而预付的款项,借记"预付账款"账户,贷记"银行存款"账户;收到所购物资时,根据发票账单等列明应计入购入物资成本的金额,借记"材料采购"或"原材料""库存商品"等账户,按专用发票上注明的增值税额,借记"应交税费——应交增值税(进项税额)"账户,按应付金额,贷记"预付账款"账户。期末进行结算,需要补付给供应商款项时,借记"预付账款"账户,贷记"银行存款"账户;需要供应商退回多付款项时,借记"银行存款"账户,贷记"预付账款"账户。

根据重要性原则,预付款项情况不多的企业,也可以将预付的款项直接记入"应付账款"账户的借方,不设置"预付账款"账户。"应付账款"账户期末如有借方余额,则为预付账款。

企业的预付账款,如有确凿证据表明其不符合预付账款性质,或者因供货单位破产、撤销等原因已无法再收到所购货物的,应按预计不能收到所购货物的预付账款账面余额,借记"其他应收款——预付账款转入"账户,贷记"预付账款"账户。转入其他应收款后的预付账款,可按照规定确认坏账损失,计提坏账准备。

【例 3-8】 2024 年 1 月 30 日,ABC 公司订购某种原材料,按合同预付货款 1 000 元。2024 年 2 月 15 日,ABC 公司收到预购原材料,价款 2 000 元,增值税专用发票上注明的增值税额为 260 元;2024 年 2 月 28 日,用银行存款补付余款。ABC 公司应作会计处理如下:

(1)2024 年 1 月 30 日,预付款项时:

借:预付账款——某单位　　　　　　　　　　　　　　　　1 000
　　贷:银行存款　　　　　　　　　　　　　　　　　　　　　　1 000

(2)2024 年 2 月 15 日,收到预购货物时:

借:原材料　　　　　　　　　　　　　　　　　　　　　　2 000
　　应交税费——应交增值税(进项税额)　　　　　　　　　260
　　　贷:预付账款——某单位　　　　　　　　　　　　　　　　2 260

(3)2024 年 2 月 28 日,补付余款时:

借:预付账款——某单位　　　　　　　　　　　　　　　　1 260
　　贷:银行存款　　　　　　　　　　　　　　　　　　　　　　1 260

二、其他应收款

其他应收款是指企业除应收票据、应收账款、预付账款外的其他各种应收、暂付款项,反映了企业尚未收回的其他应收款项。其主要内容包括应收的各种赔款、罚款;应收出租包装物、固定资产、无形资产等的租金;支出保证金(押金);应向职工收取的各种垫付款;应收、暂付上级单位或所属单位的款项;以及上述内容没有包括的其他应收、暂付款等。

企业应设置"其他应收款"账户用来核算以上其他应收款业务。其借方登记各种其他应收款的发生,贷方登记其他应收款的收回,期末借方余额反映已发生但尚未收回的其他应收款。

第四节　应收款项的减值

一、应收账款的减值概述

商业信用在帮助销售企业扩大商品经营规模、提高竞争力的同时,也增加了企业应收账款的回收风险。如果信用受损,购货人因拒付、破产、死亡等原因应收账款无法收回或收回的可能性较小,就会形成坏账。企业需要对这类应收款项计提坏账,同时确认信用减值损失。

一般符合下列条件之一即可认为发生了坏账:①债务人被依法宣告破产、撤销,其剩余财产确实不足清偿的应收款项;②债务人死亡或依法被宣告死亡、失踪,其财产或遗产确实不足清偿的应收款项;③债务人遭受重大自然灾害或意外事故,损失巨大,以其财产(包括保险赔偿)确实无法清偿的应收款项;④超过法定年限(一般为 3 年)仍未收回的应收款项;⑤债务人逾期未履行偿债义务,经法院裁决,确实无法清偿的应收款项。

企业应于每个资产负债表日对外报送信息时,对应收款项进行减值测试,分析应收款项在整个存续期间的预期信用损失。对于信用风险特征有显著差异的单项应收款,可以单独确认预期信用损失,对于非重大的或是具有同样风险特征的应收款予以分类,在组合基础上计算预期信用损失。

二、坏账的估计及其账务处理

关于应收款项减值核算方法有两种:直接转销法和备抵法。

(一)直接转销法

直接转销法是指日常核算中不考虑减值损失,在确定应收账款无法收回时,直接将损失计入当期的损益,同时冲销应收款项的方法。直接转销法的优点是会计处理简单,但是该方法只有在坏账实际发生时才确认为费用,导致收入与相关的坏账不能同期确认,不符合权责发生制与配比原则。此外,使用直接转销法的企业在资产负债表上列示的应收账款余额包含了潜在的坏账金额,在一定程度上高估了资产,有悖于谨慎性原则,所以我国企业会计准则不允许采用这种方法。

(二)备抵法

备抵法是采用一定方法按期估计坏账损失,计入当期损益,同时建立坏账准备,待坏账实际发生时,冲销已提的坏账准备和相应的应收款项,使资产负债表中应收款项的金额能够客观反映应收账款的账面价值的方法。该方法符合权责发生制和谨慎性原则,因此,我国采用备抵法评估坏账。

采用备抵法的企业应当在资产负债表日计算按照应收账款类别与对应的违约损失率计算预期信用损失,计提坏账准备。企业应设置"坏账准备"账户进行核算。该账户为应收款项类账户的备抵账户,用来核算应收款项的坏账准备计提、转销等情况,"坏账准备"账户的贷方登记当期计提的坏账准备金额,借方登记实际发生的坏账损失金额和冲减的坏账准备金额,期末余额一般在贷方,反映企业已计提但尚未转销的坏账准备。期末应收账款账面余额减去坏账准备的贷方余额,反映企业应收款项未来的现金流量。

如果期末按应收款项余额计算的坏账准备余额大于当前坏账准备的账面余额,则企业应当将其差额确认为减值损失,借记"信用减值损失"账户,贷记"坏账准备"账户。如果期末按应收款项余额计算的坏账准备余额小于当前坏账准备的账面金额,则应按差额冲减已计提的坏账准备,借记"信用减值损失"账户,贷记"坏账准备"账户。企业发生确定无法收回的坏账时,应借记"坏账准备"账户,贷记"应收账款"等应收类账户以核销;已确认并转销的应收款项以后又收回的,应当按照实际收到的金额增加坏账准备的账面余额。已确认并转销的应收款项以后又收回时,应借记"应收账款""其他应收款"等账户,贷记"坏账准备"账户,表示对之前转销坏账的更正;同时,应借记"银行存款"账户,贷记"应收账款""其他应收款"等账户,也可以按照实际收回的金额,借记"银行存款"账户,贷记"坏账准备"账户。

备抵法下坏账准备的计提方法主要有应收账款余额百分比法与账龄分析法。

1. 应收账款余额百分比法

应收账款余额百分比法是根据期末应收账款的余额和估计的违约损失率估计坏账损失,计提坏账准备的方法。其中,违约损失率依据企业历史经验、当前状况和未来经济情况预测相关信息判断得出。

应收账款余额百分比法下坏账准备可按以下公式计算:

(1) 首次计提坏账准备的计算公式:

$$当期应计提的坏账准备 = 应收账款期末余额 \times 违约损失率$$

(2) 以后期间计提坏账准备的计算公式:

$$\text{当期应计提的坏账准备} = \text{当期按应收款项余额计算的坏账准备应有余额} - (\text{或} +) \text{"坏账准备"账户的贷方(或借方)余额}$$

【例 3-9】 2022 年 12 月 31 日,ABC 公司对应收账款进行减值测试,应收账款余额合计为 100 000 元,ABC 公司根据以往的经验、债务人的财务状况等因素确定按 10% 的综合比率计提坏账准备。假设 ABC 公司 2022 年坏账准备期初无余额,各年应收账款期末余额、坏账核销与收回的有关资料如下:

(1) 2022 年 12 月 31 日,应收账款余额为 100 000 元,按照 10% 的比率计提坏账准备,当期坏账准备的余额应为 10 000 元,由于坏账准备期初无余额,当期应计提坏账准备 10 000 元。

(2) 2023 年 4 月 15 日,确定有 2 000 元应收账款无法收回,予以核销。

(3) 2023 年 12 月 31 日,应收账款余额为 120 000 元,经减值测试,公司决定仍按 10% 计提坏账准备。

(4) 2024 年 4 月 20 日,收到 2023 年已转销的坏账 1 000 元并存入银行。

(5) 2024 年 12 月 31 日,应收账款余额为 90 000 元,经减值测试,ABC 公司决定仍按 10% 计提坏账准备。

ABC 公司应作会计处理如下:

(1) 2022 年 12 月 31 日,计提折旧时:

借:信用减值损失   10 000

    贷:坏账准备   10 000

(2) 2023 年 4 月 15 日,予以核销时:

借:坏账准备 2 000

    贷:应收账款 2 000

(3) 根据应收账款余额与坏账计提比例,2023 年其"坏账准备"账户的贷方余额应为 12 000 元(120 000×10%);计提坏账准备前,"坏账准备"账户的实际余额为贷方 8 000 元(10 000—2 000),因此本年年末应计提的坏账准备金额为 4 000 元(12 000—8 000)。2023 年 12 月 31 日,计提折旧时:

借:信用减值损失 4 000

    贷:坏账准备 4 000

(4) 2024 年 4 月 20 日,收到已转销的坏账并存入银行时:

借:应收账款 1 000

    贷:坏账准备 1 000

借:银行存款 1 000

    贷:应收账款 1 000

(5) 根据应收账款余额与坏账计提比例,2024 年其"坏账准备"账户的贷方余额应为 9 000 元(90 000×10%);计提坏账准备前,"坏账准备"账户的实际余额为贷方 13 000 元(12 000+1 000),因此本年年末应转回的坏账准备金额为 4 000 元(13 000—9 000)。2024 年 12 月 31 日,计提折旧时:

借:坏账准备 4 000

    贷:信用减值损失 4 000

2. 账龄分析法

账龄分析法是根据应收账款入账时间的长短,并结合以往的经验估计坏账损失,计提坏账准备的方法。从理论上来说,应收账款被拖欠的时间越长,收不回来的可能性就越大。企业应按照应收款项的账龄进行分组,分别估计违约损失率与坏账损失金额,各账龄组坏账损失额之和即为本期估计的坏账损失。账龄分析法的核算原理本质上与余额百分比法一致,只是对不同账龄的应收款项赋予不同的违约损失率。

本 章 习 题

一、思考题

1. 经营性金融资产有哪些特征?

2. 计提坏账准备的目的是什么?核算坏账有哪两种方法?它们各自有什么优缺点?

3. 简述商业折扣与现金折扣的会计处理差异。

4. 应收票据贴现应如何处理?

5. 企业应对哪些应收款项计提坏账准备？

二、选择题

1. 企业将持有的不带息商业汇票向银行申请贴现，支付给银行的贴现息应记入的账户是（   ）。

    A. "财务费用"   B. "管理费用"

    C. "投资收益"   D. "营业外支出"

2. 某企业采用托收承付结算方式销售商品，增值税专用发票上注明的价款为 500 万元，增值税额为 65 万元，代购货方垫付包装费 4 万元，运输费 3 万元(含增值税)，已办妥托收手续。不考虑其他因素，该企业应确认的应收账款的金额为（   ）万元。

    A. 565   B. 505   C. 572   D. 574

3. 企业未设置"预付账款"账户，发生预付货款业务时，应借记的账户是（   ）。

    A. "预收账款"   B. "其他应付款"

    C. "应收账款"   D. "应付账款"

4. 下列各项中，属于"其他应收款"账户核算内容的是（   ）。

    A. 为购货单位垫付的运费   B. 为职工垫付的房租

    C. 应收的提供服务款   D. 应收的销售商品款

5. 某企业年初"坏账准备"账户的贷方余额为 15 万元，本年收回上年已确认为坏账的应收账款 5 万元，经评估确定"坏账准备"账户年末贷方余额应为 35 万元。不考虑其他因素，该企业年末应计提的坏账准备为（   ）万元。

    A. 5   B. 10   C. 15   D. 30

6. 某企业于 2024 年 4 月 10 日销售商品收到 6 个月期不带息票据一张，面值为 50 000 元，于 6 月 10 日贴现，贴现率为 9%，按月计算贴现息，则该企业实际收到的贴现金额应为（   ）元。

    A. 48 500   B. 49 250   C. 52 250   D. 50 000

7. 带息应收票据贴现时，影响其贴现款的因素有（   ）。

    A. 票据面值   B. 票面利率   C. 贴现率   D. 票据期限

8. 下列各项中，在"坏账准备"账户贷方核算的内容有（   ）。

    A. 已发生的坏账损失

    B. 计提的坏账准备

    C. 已确认坏账的应收账款又收回的部分

    D. 期末调整坏账准备时，坏账准备为借方余额的

9. 在我国会计实务中，作为应收票据核算的票据包括（   ）。

    A. 银行汇票   B. 银行承兑汇票

    C. 银行本票   D. 商业承兑汇票

10. 企业的应收账款不应包括（   ）。

    A. 对职工或股东的预付款   B. 应收利息

    C. 超过 1 年的应收分期销货款   D. 应收销货款

三、业务题

1. 资料 ABC 公司于 2024 年 4 月 7 日向乙公司销售货物一批,合同约定乙公司签发并承兑一张面值为 40 000 元,期限为 3 个月的商业汇票。ABC 公司于 2024 年 5 月 12 日持票据向银行申请贴现,该票据不带有追索权,月贴现率为 9.15‰。

要求 计算贴现利息和贴现款,并编制有关贴现的会计分录。

2. 资料 ABC 公司从 2017 年开始计提坏账准备,有关业务如下:

(1) 2017 年 7 月月末,"应收账款"账户余额为 150 万元,经过减值测试,预计未来现金流量为 144 万元。

(2) 2020 年年末,"应收账款"账户余额为 200 万元,经过减值测试,预计未来现金流量为 192 万元。

(3) 2021 年 7 月 10 日,确认无法收回的应收账款共计 7 万元,列为坏账。

(4) 2021 年年末,应收账款余额为 250 万元,经过减值测试,预计未来现金流量为 240 万元。

(5) 2024 年 5 月 7 日,收回 2023 年 7 月 10 日已确认的坏账 5 万元。

(6) 2024 年年末,"应收账款"账户余额为 180 万元,经过减值测试,预计未来现金流量为 172 万元。

要求 根据上述资料,编制有关的会计分录。

四、思政园地

调研 某企业的应收账款管理现状。

分析 客户违约行为对企业和社会的负面影响。

思考 应建立怎样的信用政策,才能既符合企业发展战略又能降低坏账风险。

第四章

存　货

◎ 【本章要求】

掌握：存货取得的核算方法、存货发出的计价方法。

熟悉：存货的盘存制度、存货盘盈盘亏的处理方法、存货跌价准备的计提与转回的处理方法。

了解：存货的概念、分类和清查方法。

第一节　存货的初始确认和计量

一、存货的概念与确认条件

存货是指企业在日常活动中持有以备出售的产成品或商品、处在生产过程中的在产品、在生产过程或提供劳务过程中耗用的材料和物料等。存货区别于固定资产等非流动资产的最基本的特征是，企业持有存货的最终目的是出售，包括可供直接销售的产成品、商品，以及需经过进一步加工后出售的原材料等。

存货必须在符合定义的前提下，同时满足下列条件时，才能予以确认：

第一，与该存货有关的经济利益很可能流入企业。

企业在确认存货时，需要判断与该项存货相关的经济利益是否很可能流入企业。在实务中，企业主要通过判断与该项存货所有权相关的风险和报酬是否转移到了企业来确定。其中，与存货所有权相关的风险，是指由于经营情况发生变化造成的相关收益的变动，以及由于存货滞销、毁损等造成的损失；与存货所有权相关的报酬，是指在出售该项存货或其经过进一步加工取得其他存货时获得的收入,以及处置该项存货实现的利得等。

在通常情况下,取得存货的所有权是与存货相关的经济利益很可能流入本企业的一个重要标志。例如,根据销售合同已经售出(取得现金或收取现金的权利)的存货,其所有权已经转移,与其相关的经济利益已不再流入本企业,此时,即使该项存货尚未运离本企业,也不能再确认为本企业的存货。又如,委托代销商品,由于其所有权并未转移至受托方,因而委托代销的商品仍应当确认为委托企业存货的一部分。总之,企业在判断与存货相关的经济利益能否流入企业时,应主要结合该项存货所有权的归属情况进行分析确定。

第二,该存货的成本能够可靠地计量。

要确认作为企业资产组成部分的存货,企业必须能够对其成本进行可靠的计量。存货的成本能够可靠地计量必须以取得确凿、可靠的证据为依据,并且具有可验证性。如果存货成本不能可靠地计量,则不能确认为一项存货。例如,企业承诺的订货合同,由于并未实际发生,不能可靠确定其成本,就不能确认为购买企业的存货。又如,企业预计发生的制造费用,由于并未实际发生,不能可靠地确定其成本,就不能计入产品成本。

二、存货的分类

(一) 按其经济内容分类

(1)原材料。原材料是指企业在生产过程中经加工改变其形态或性质并构成产品主要实体的各种原料及主要材料、辅助材料、燃料、修理用备料(备品备件)、包装材料、外购半成品(外购件)等。为建造固定资产等各项工程而储备的各种材料,虽然同属于材料,但是用于建造固定资产等各项工程不符合存货的定义,因此不能作为企业的存货进行核算。

(2)在产品。在产品是指企业正在制造尚未完工的产品,包括正在各个生产工序加工的产品,以及已加工完毕但尚未检验或已检验但尚未办理入库手续的产品。

(3)半成品。半成品是指企业已完成一定生产过程的加工任务,已验收合格入库,但需要进一步加工的中间产品。

(4)产成品。产成品是指企业已完成全部生产过程并验收合格入库,可以按照合同规定的条件送交订货单位,或可以作为商品对外销售的产品。企业接受外来原材料加工制造的代制品和为外单位加工修理的代修品,制造和修理完成验收入库后,应视同企业的产成品。

(5)商品。商品是指商品流通企业外购或委托加工完成验收入库后用于销售的各种商品。

(6)周转材料。周转材料是指企业能够多次使用、逐渐转移其价值仍保持原有形态,不确认为固定资产的材料,如包装物和低值易耗品。应该注意的是,周转材料符合固定资产定义的,应当作为固定资产处理。

(7)委托代销商品。委托代销商品是指企业委托其他单位代销的商品。

(8)房地产开发企业购入的用于建造商品房的土地使用权。该使用权属于企业的存货。

(二) 按其存放地点分类

(1)库存存货。库存存货是指已验收合格并入库的各种存货。

（2）在途存货。在途存货是指货款已经支付、正在途中运输的存货，以及已经运达企业但尚未验收入库的存货。

（3）加工中存货。加工中存货是指企业正在加工的存货和委托其他单位加工的存货。

下列各项不属于存货：工程物资；已作销售处理但购买方尚未提货，不属于销售方的存货（属于购买方的存货）；接受外来原材料（尚未领用）；受托代销商品不属于受托方的存货。

三、存货的初始计量

存货应当按照成本进行初始计量。存货成本包括采购成本、加工成本和使存货达到目前场所及状态所发生的其他成本。

（一）外购的存货

企业外购存货主要包括原材料和商品。外购存货的成本即存货的采购成本，是指企业物资从采购到入库前所发生的全部支出，包括购买价款、相关税费、运输费、装卸费、保险费，以及其他可归属于存货采购成本的费用。

商品流通企业在采购商品过程中发生的运输费、装卸费、保险费，以及其他可归属于存货采购成本的费用等进货费用，应计入所购商品成本。商品流通企业也可以先进行归集，期末根据所购商品的存销情况进行分摊。对于已售商品的进货费用，计入当期损益（主营业务成本）；对于未售商品的进货费用，计入期末存货成本。企业采购商品的进货费用金额较小的，可以在发生时直接计入当期损益（销售费用）。

（二）通过进一步加工而取得的存货

通过进一步加工而取得的存货成本，由采购成本、加工成本，以及为使存货达到目前场所和状态所发生的其他成本构成。通过进一步加工取得的存货成本中，采购成本是由所使用或消耗的原材料采购成本转移而来的，因此，计量加工取得的存货成本，重点是要确定存货的加工成本。

1. 委托外单位加工完成的存货

委托外单位加工完成的存货，以实际耗用的原材料或者半成品，加工费、运输费、装卸费和保险费等费用，以及按规定应计入成本的税金，作为存货成本。其在会计处理上主要包括拨付加工物资、支付加工费用和税金、收回加工物资和剩余物资等环节。

需要交纳消费税的委托加工物资，收回后直接用于销售的，应将受托方代收代交的消费税计入委托加工物资成本；收回后用于连续生产的物资，按规定准予抵扣的，受托方代收代交的消费税记入"应交税费——应交消费税"账户的借方。

2. 自行生产的存货

自行生产的存货的初始成本，包括投入的原材料或半成品、直接人工和按照一定方法分配的制造费用。制造费用是指企业为生产产品和提供劳务而发生的各项间接费用，包括企业生产部门（如生产车间）管理人员的薪酬、折旧费、办公费、水电费、机物料消耗、劳动保护费、季节性和修理期间的停止损失等。在生产车间只生产一种产品的情况下，企业归集的制造费用可直接计入该产品成本；在生产多种产品的情况下，企业应采用与该制造费用相关性较强的方法对其进行合理分配。通常采用的方法有生产工人工时比例法、生产工人工资比例法、机器工时比例法和按年度计划分配率分配法等,还可以按照耗用原材料的数量或成本、直接成本及产品产量分配制造费用。

(三)其他方式取得的存货

企业取得存货的其他方式主要包括接受投资者投资、非货币性资产交换、债务重组、企业合并和存货盘盈等。

投资者投入存货的成本,应当按照投资合同或协议约定的价值确定,但合同或协议约定价值不公允的除外。在投资合同或协议约定价值不公允的情况下,应按照该项存货的公允价值作为其入账价值。

企业通过非货币性资产交换、债务重组、企业合并等方式取得的存货,其成本应当分别按照《企业会计准则第 7 号——非货币性资产交换》《企业会计准则第 12 号——债务重组》和《企业会计准则第 20 号——企业合并》等的相关规定来确定。但是,其后续计量的披露应当执行《企业会计准则第 1 号——存货》的规定。

盘盈的存货应按其重置成本作为入账价值,并通过"待处理财产损溢"账户进行会计处理,按管理权限报经批准后,冲减当期管理费用。

第二节　存货的取得和发出

一、存货的取得

在实务中,企业取得存货的方式有很多种:商贸企业以外购取得居多,而制造类企业则多是加工取得的存货。存货取得的途径不同,相应的账务处理也存在差别。

(一)外购取得的存货

企业外购取得的存货,其购买价款、相关税费、运输费、装卸费、保险费等合理费用均计入存货的成本,需要注意的是相关税费包括关税、消费税、资源税等,但不包括增值税。如果存货在入库前货物发生了毁损,发出存货单位收回了毁损的存货,则应当将这部分损失冲减已计入的成本;但如果毁损属于自然灾害,则应先将损失转入待处理财产损溢,待查明原因后再记入相关账户。

【例 4-1】 X 公司为增值税一般纳税人,适用的增值税税率为 13%。2024 年 4 月 1 日,X 公司购进 200 件商品,同时取得了增值税专用发票,商品单价为 113 元(含增值税),支付给运输公司运费 300 元,装卸费 200 元,款项已支付。不考虑运费、装卸费的增值税扣除问题。购进商品时,X 公司的相关账务处理如下:

X 公司该批存货的成本 $=200\times113\div(1+13\%)+300+200=20\,500$(元)

借:库存商品　　　　　　　　　　　　　　　　　　　　　　　　　20 500

　　应交税费——应交增值税(进项税额)　　　　　　　　　　　　　2 600

　　　贷:银行存款　　　　　　　　　　　　　　　　　　　　　　　23 100

（二）加工取得的存货

企业加工取得的存货,其成本中会包含为加工存货耗费的所有费用,如耗费的原材料、人工成本和生产车间的水电费等。每家企业的生产特点不同,其成本分配方法的选择也会存在差异。常见的成本分配方法包括约当产量法、定额比例法、直接分配法、交互分配法。分配的方法一经确定,就不得随意更改。

【例4-2】 2024年4月,X公司生产200件丙产品,当月领用A材料2 000千克,成本为20 000元;领用B材料500千克,成本为15 000元。当月支付给生产丙产品的工人工资为50 000元,用于生产丙产品的车间水电费为10 000元。丙产品完工入库时,X公司的相关账务处理如下:

$$丙产品成本＝20\,000＋15\,000＋50\,000＋10\,000＝95\,000(元)$$

借:库存商品		95 000
贷:原材料——A材料		20 000
——B材料		15 000
应付职工薪酬		50 000
制造费用		10 000

（三）投资者投入的存货

投资者有时会选择以存货入股。投资者投入存货以合同约定的价格入账,但是合同价格不公允的除外。合同价格不公允的应以存货的公允价值入账。

【例4-3】 X公司为增值税一般纳税人,适用的增值税税率为13%。2024年5月20日,Y公司以其持有的一批产品作为投资入股X公司,该批产品的公允价值为5 000 000元。X公司取得的增值税专用发票上注明的不含税价款为5 000 000元,增值税额为650 000元。2024年5月20日,X公司收到Y公司投资的产品时,应作账务处理如下:

借:库存商品	5 000 000
应交税费——应交增值税(进项税额)	650 000
贷:实收资本——Y公司	5 650 000

二、存货的发出

（一）存货发出的会计处理

1. 生产经营领用的原材料或周转材料

生产车间领用的原材料或周转材料,应按其账面价值计入产品生产成本,属于车间一般性消耗的,应按其账面价值计入制造费用;销售部门领用的原材料或周转材料,应按其账面价值计入销售费用;管理部门领用的原材料或周转材料,应按其账面价值计入管理费用;用于出租的周转材料,应按其账面价值计入其他业务成本;用于出借的周转材料,应按其账面价值计入销售费用。

企业应根据周转材料的消耗方式、价值大小和耐用程度等,选择适当的摊销方法,将其账面价值一次或分期计入有关成本费用。常用的周转材料摊销方法有一次转销法、五五摊销法和分次摊销法等。一次转销法是指在领用周转材料时将其账面价值一次性计入有关成本费用的一种摊销方法,适用于金额较小的周转材料。五五摊销法是指在领用周转材料时先摊销其账面价值的50%,待报废时再摊销其账面价值的50%的一种摊销方法。分次摊销法是指根据周转材料可供使用的估计次数,将其成本分期计入有关成本费用的一种摊销方法,分次摊销法的核算原理与五五摊销法相同,只是周转材料的价值是分若干次计算摊销的,而不是在领用和报废时各摊销一半。

2. 销售的存货

企业销售存货,应当将已售存货的成本结转为当期损益,计入营业成本。这就是说,企业在确认存货销售收入的当期,应当将已经销售存货的成本结转为当期营业成本。

3. 其他用途发出的存货

企业将存货用于非货币性资产交换(在非货币性资产交换以公允价值为基础计量的情况下),作为非同一控制下企业合并支付的对价、债务重组等,发出的存货应作为销售处理,按存货的公允价值确认销售收入,同时按存货的账面价值结转销售成本。

企业将存货用于非货币性资产交换(在非货币性资产交换以账面价值为基础计量的情况下),作为非同一控制下企业合并支付的对价等,应视同销售,按存货的计税价格计算增值税销项税额,连同存货的账面价值一并作为相关资产的成本或合并对价。

(二)存货发出的计价方法

企业应当根据各类存货的实物流转方式、企业管理的要求、存货的性质等实际情况,合理地选择发出存货成本的计算方法,以确定当期发出存货的实际成本。

根据企业会计准则的规定,企业在确定发出存货的成本时,可以采用先进先出法、月末一次加权平均法、移动加权平均法、个别计价法等方法计算确定发出存货的成本。现行企业会计准则不允许采用后进后出法确定发出存货的成本。

1. 先进先出法

先进先出法是以先购进的存货先发出(销售或耗用)这样一种存货实物流转假设为前提,对发出存货进行计价的方法。采用这种方法,先购入的存货成本在后购入存货成本之前转出,据此确定发出存货和期末存货的成本。

采用先进先出法计价,可以随时结转发出存货的成本,有利于均衡核算工作。但在存货收发业务较多,特别是一批发出存货涉及两批甚至几批收入的存货时,要用两个甚至几个单价计算,核算工作量较大。在物价持续上升时,期末存货成本接近于市价,而发出成本偏低,企业会高估当期利润和库存存货价值;物价下降时,企业则会低估当期利润和库存存货价值。

2. 月末一次加权平均法

月末一次加权平均法是指以期初结存存货的数量和本期收入存货的数量为权数,于月末一次计算存货的平均单价,据以计算当月发出存货和月末结存存货实际成本的方法。其计算公式与计算顺序如下:

$$加权平均单价 = \frac{期初结存存货实际成本 + 本期收入存货实际成本合计}{期初结存存货数量 + 本期收入存货数量合计}$$

$$期末结存存货实际成本＝期末结存存货数量×加权平均单价$$

$$\frac{本期发出}{存货实际成本}＝\frac{期初结存}{存货实际成本}＋\frac{本期收入}{存货实际成本}－\frac{期末结存}{存货实际成本}$$

在加权平均单价能够除尽时,为简化计算,本期发出存货的实际成本也可按下列公式计算:

$$本期发出存货实际成本＝本期发出存货数量×加权平均单价$$

$$期末结存存货实际成本＝期末结存存货数量×加权平均单价$$

采用月末一次加权平均法计价时,存货明细账中的发出栏和结存栏平时只登记存货数量,不登记金额,待月末时根据计算结果一次登记发出存货的总成本和结存存货的总成本。

采用月末一次加权平均法计价时,发出存货的单价和成本只在月末一次计算,可以简化日常核算工作。但平时账面上不能随时反映存货的发出成本和结存金额,不利于进行存货的日常管理与控制。

3. 移动加权平均法

移动加权平均法是指以每次进货的成本加上原有库存存货的成本,除以每次进货数量与原有库存存货的数量之和,据以计算加权平均单位成本,作为在下次进货前计算各次发出存货成本的依据的方法。其计算公式如下:

$$存货单位成本＝\frac{原有库存存货的实际成本＋本次进货的实际成本}{原有库存存货＋本次进货数量}$$

$$本次发出存货的成本＝本次发出存货数量×本次发货前的存货单位成本$$

$$本月月末库存存货成本＝月末库存存货的数量×月末存货单位成本$$

采用移动加权平均法能够使企业管理层及时了解存货成本的结存情况,计算出的平均单位成本及发出和结存的存货成本比较客观。但是由于采用该方法每次收货都要计算一次平均单位成本,计算工作量较大,故对收发货较频繁的企业不适用。

4. 个别计价法

个别计价法又称个别认定法、具体辨认法或分批实际法,是指注重所发出存货具体项目的实物流转与成本流转之间的联系,逐一辨认各批发出存货和期末存货所属的购进批别或生产批别,分别按其购入或生产时所确定的单位成本计算各批发出存货和期末存货的成本的方法。

采用这种方法,一般要求不同批次的进货应分别存放,发出存货时必须指明进货的批次。由于是按实际进货单价计算发出存货的成本,故这种方法的计算结果最为准确,也符合实际情况,但在存货收发业务频繁时,个别计价的业务量较大。

综上所述,发出存货的各种计价方法中,除月末一次加权平均法是在月末一次计算和结转外,其余方法都是在发出存货时随时计算发出材料的成本。但由于假定条件不同,所计算的发出存货的实际成本和期末结存存货的成本也不同,会影响企业的当期损益。因此,企业在进行存货核算时,应根据企业存货收发业务的特点,选择使用适当的计价方法。计价方法一经确定,不应随意变更。

三、存货盘存制度

企业要核算发出存货的实际成本与账面结存成本,可依据两种不同的盘存制度。财产物资的盘存制度按照确定财产物资账面结存数的方法不同,可以分为实地盘存制和永续盘存制。

1. 实地盘存制

实地盘存制又称定期盘存制、以存计销制或盘存计销,是指平时在存货等有关财产物资明细账中,只登记增加数,不登记减少数,月末结账时,通过实物盘点确定财产物资的结存数量,倒轧出本期减少数,并据以登记入账的一种盘存制度。其计算公式如下:

本期减少数=期初结存数+本期增加数-期末实际结存数

采用这种盘存制度,由于平时在账簿中不登记财产物资的减少数,也不随时计算和结转发出财产物资的成本,所以登记账簿的日常工作量较小,核算工作比较简单。其缺点是各项财产物资减少时缺乏严密的手续,倒轧出的减少数中除正常耗用外,还可能存在某些非正常因素,诸如浪费、被盗及自然损耗等引起的资产短缺难以通过会计记录实施有效的控制,因而不利于保证财产物资的安全和完整。这种盘存制度的适用范围较小,一般只适用于单位价值较低、收发频繁、容易损耗、收发时难以准确计量的鲜活商品和其他少数的财产物资。在管理实践中,采用这种盘存制度时,应尽可能增加盘点次数,加强存货等财产物资的管理。

2. 永续盘存制

永续盘存制又称账面盘存制,是指平时在财产物资明细账中,对财产物资收发的每一笔业务都要根据有关凭证在有关明细账中连续登记,既登记增加数,又登记减少数,并随时计算出财产物资账面结存数的一种盘存制度。

在这种盘存制度下,财产物资明细账应按每一品种规格设置,以反映各种财产物资增加、减少和结存的数量及其金额。其计算公式如下:

期末实际结存数=期初结存数+本期增加数-本期减少数

采用这种盘存制度,对各种存货等财产物资的收入、发出和结存都能在账簿中全面、完整地反映,而且能进行数量和金额的双重控制,有利于保证财产物资的安全和完整。但这种盘存制度在财产物资的明细核算方面工作量较大。在管理实践中,除了少数情况,一般都应当采用永续盘存制。

第三节 存货的清查

存货清查是指通过对存货的实地盘点,确定存货的实有数量,并与账面结存数核对,从而确定存货实存数与账面结存数是否相符的一种专门方法。存货清查的目的是保护存货物资的安全完整,保证账实相符。

由于存货种类繁多、收发频繁,故在日常收发过程中可能发生计量错误、计算错误、自然损耗,还可能发生损坏变质和贪污、盗窃等情况,从而造成账实不符,形成存货的盘盈、盘亏。对于存货的盘盈、盘亏,应填写存货盘点报告,及时查明原因,按照规定程序报批处理。

一、存货清查的种类

存货清查按照清查的对象和范围不同,分为全面清查和局部清查。全面清查是指在年终结账前和企业关停并转、开展清产核资时,对企业全部存货所进行的盘点和核对;局部清查是指根据需要,对企业的部分存货进行盘点和核对。

存货清查按清查时间不同,分为定期清查与不定期清查。定期清查是指按预先确定的或制度要求的时间对存货所进行的盘点和核对;不定期清查是指根据需要对存货所进行的临时性的盘点和核对。

存货清查按参加人员不同,可分为专业清查、群众清查与联合清查。专业清查是指有关存货的责任人和财会人员组成清查组的清查。非上述人员的清查是群众清查。两者共同完成的清查为联合清查。

二、存货清查的方法

(一)实地盘点法

实地盘点法是指对材料物资用逐一清点或用计量器具来确定其实有数量的方法。实地盘点法一般适用于各项实物,如固定资产、库存现金、存货和原材料等。

该方法运用度、量、衡等工具,通过点数,逐一确定被清查实物实有数,货物数量通过点数计数查明商品在库的实际数量,核对库存账面资料与实际库存数量是否一致。这种方法适应范围较广,大多数财产物资都可采用这种方法。另外,这种方法数字准确可靠,但工作量较大。

(二)技术推算法

技术推算法是指利用技术方法对财产物资的实存数进行推算的方法,故又称估推法。采用这种方法,对于财产物资不是逐一清点计数,而是通过量方、计尺等技术推算财产物资的结存数量。技术推算法只适用于成堆量大而价值不高,难以逐一清点的财产物资的清查。例如,露天堆放的煤炭等。

三、存货清查的注意事项

每年在编制年度报表前,企业必须对存货进行一次全面清查。全面清查的对象包括:①货币资金,含现金、银行存款、股票,以及债券等有价证券;②存货及实物资产,含固定资产、机器设备、房屋及建筑物、材料、在途材料、在途物资、库存商品、在产品、半成品和低值易耗品等;③债权债务、应收应付款项,含银行借款、应收应付账款、票据和税金等;④委托加工商品或物资、委托代销的各种财产物资。

为了加强控制,企业还应在年内结合实际情况进行定期或不定期的轮流或重点清查。这样能够加强对公司存货的内部控制和管理,防范存货业务中的差错和舞弊,保护存货的安全、完整,提高存货运营效率,以及加强对成本核算的内部控制和管理,防范产品成本失真,提高成本管理水平。

除要进行实物盘点、账实核对外,应注意存货的质量和储存情况。如果存货发生损坏、灭失、变质和长期积压等情况,保管人员应及时上报。材料入库保管,要根据材料的物理、化学、工艺性质,以及防火安全要求等,分区分类分库房存放。

四、存货清查的会计处理

(一)账户设置

为反映和监督企业在财产清查中查明的各种存货的盘盈、盘亏和损毁情况,企业应当设置"待处理财产损溢"账户。其借方登记存货的盘亏、毁损金额及盘盈的转销金额,贷方登记存货的盘盈金额及盘亏的转销金额。企业清查的各种存货损益,应在期末结账前处理完毕,期末处理后,"待处理财产损溢"账户应无余额。

企业清查的各种存货的损溢,应于期末前查明原因,并根据企业的管理权限,经股东大会或董事会,或经理(厂长)会议或类似机构批准后,在期末结账前处理完毕。如清查的各种财产的损溢,在期末结账前尚未经批准的,在对外提供财务会计报告时先按上述规定进行处理,并在会计报表附注中作出说明;如果其后批准处理的金额与已处理的金额不一致,应调整会计报表相关项目的上年年末余额。

(二)存货清查的会计处理实务

对于盘盈和盘亏的原材料首先应记入"待处理财产损溢——待处理流动资产损溢"账户,然后查明盘盈盘亏的原因,并据此对经审批的盘盈、盘亏金额进行转销处理。

企业发生存货盘盈时,应借记"原材料""库存商品"等账户,贷记"待处理财产损溢——待处理流动资产损溢"账户;在按管理权限报经批准后,借记"待处理财产损溢——待处理流动资产损溢"账户,贷记"管理费用"账户。

存货发生盘亏或毁损时,应作为待处理财产损溢核算。按管理权限报经批准后,应根据造成存货盘亏或毁损的原因,分别按以下情况进行处理:

(1)属于计量收发差错和管理不善等原因造成的存货短缺,应先扣除残料价值,可以收回的保险赔偿和过失人赔偿,将净损失计入管理费用。

(2)属于自然灾害等非常原因造成的存货毁损,应先扣除处置收入(如残料价值)、可以收回的保险赔偿和过失人赔偿,将净损失计入营业外支出。

非正常原因导致的存货盘亏或毁损,按规定不能抵扣的增值税进项税额应予以转出。

【例4-4】 Y机械厂为增值税一般纳税人,增值税税率为13%。Y机械厂存货盘存表上显示:

(1)主要材料盘盈500元,为计量不准确造成的。

(2)产成品盘亏200元,系被职工张三偷盗造成的。该部分产成品所耗用的外购材料和劳务成本为140元。

(3)在产品盘亏100元,为管理不善造成的。该部分在产品所耗用的外购材料和劳务成本为60元。

(4)燃料盘亏800元,该损失系台风造成的。根据保险合同,此部分损失可向保险公司

索赔60%。根据存货盘存表,Y机械厂作会计分录如下:

(1)结转盘盈存货的账面价值时:

借:原材料——原料及主要材料   500

  贷:待处理财产损溢——待处理流动资产损溢   500

(2)结转盘亏存货的账面价值时:

借:待处理财产损溢——待处理流动资产损溢   1 100

  贷:库存商品   200

    生产成本   100

    原材料——燃料   800

(3)转出燃料、在产品和产成品的非正常损失的进项税额130元时:

燃料的非正常损失的进项税额=$800 \times 13\% = 104$(元)

在产品非正常损失的进项税额=$60 \times 13\% = 7.8$(元)

产成品非正常损失的进项税额=$140 \times 13\% = 18.2$(元)

借:待处理财产损溢——待处理流动资产损溢   130

  贷:应交税费——应交增值税(进项税额转出)   130

(4)经批准结转盘亏存货的损失时:

借:其他应收款——保险公司   542.00

      ——张三   218.20

    营业外支出   362.00

    制造费用   107.80

  贷:待处理财产损溢——待处理流动资产损溢   1 230.00

(5)经批准结转盘盈存货时:

借:待处理财产损溢——待处理流动资产损溢   500

  贷:管理费用   500

第四节　存货的期末计价

一、存货期末计量的原则

存货在期末的计价方法一般有三种,即成本法、市价法、成本与市价孰低法。

(1)成本法是指按照期末结存存货的实际采购成本或制造成本在资产负债表上列示的方法。这种方法的优点是简便易行,并可保证会计信息的可靠性;缺点是当存货市价下跌时,采用这种方法会导致资产虚增,不符合会计的谨慎原则。

(2)市价法是指按照期末结存存货的市场价格在资产负债表上列示的方法。这种方法的优点是可以反映存货的实际价值,有助于提高会计信息的有用性;缺点是收集市价资料的工作量过大,不便于实际操作,当存货市价升高时,还会导致当期利润虚增。

(3)成本与市价孰低法是指在资产负债表日,当存货成本低于可变现净值时,存货按成本计量;当存货成本高于其可变现净值时,应当计提存货跌价准备,计入当期损益的方法。其中,可变现净值是指在日常活动中,存货的估计售价减去至完工时估计将要发生的成本、估计的销售费用,以及相关税费后的金额;存货成本是指期末存货的实际成本。如果企业在存货成本的日常核算中采用计划成本法、售价金额核算法等简化核算方法,则成本应为经调整后的实际成本。企业预计的销售存货现金流量,并不完全等于存货的可变现净值。存货在销售过程中可能发生的销售费用和相关税费,以及为达到预定可销售状态还可能发生的加工成本等相关支出,构成现金流入的抵减项目。企业预计的销售存货现金流量,扣除这些抵减项目后,才能确定存货的可变现净值。企业应以确凿证据为基础,计算确定存货的可变现净值。

我国《企业会计准则第1号——存货》规定,在资产负债表日,存货应当按照成本与可变现净值孰低计价。

二、存货期末计量的方法

(一)存货减值迹象的判断

存货存在下列情况之一的,通常表明存货的可变现净值低于成本:

(1)该存货的市场价格持续下跌,并且在可预见的未来无回升的希望。

(2)企业使用该项原材料生产的产品成本大于产品的销售价格。

(3)因产品更新换代,原有库存原材料已不适应新产品的需要,而该原材料的市场价格又低于其账面成本。

(4)企业所提供的商品或劳务过时或消费者偏好改变而使市场的需求发生变化,导致市场价格逐渐下跌。

(5)其他足以证明该项存货实质上已经发生减值的情形。

存货存在下列情形之一的,通常表明存货的可变现净值为零:

(1)已霉烂变质的存货。

(2)已过期且无转让价值的存货。

(3)生产中已不再需要,并且已无使用价值和转让价值的存货。

(4)其他足以证明已无使用价值和转让价值的存货。

(二)可变现净值的确定

1. 企业确定存货的可变现净值时应考虑的因素

企业确定存货的可变现净值,应当以取得的确凿证据为基础,并且考虑持有存货的目的、资产负债表日后事项的影响等因素。

(1)存货可变现净值的确凿证据。存货可变现净值的确凿证据,是指对确定存货的可变现净值有直接影响的客观证明。存货的采购成本、加工成本和其他成本,以及以其他方式取得的存货的成本,应当以取得外来原始凭证、生产成本资料、生产成本账簿记录等为确凿证据,如产成品或商品的商场销售价格、与产成品或商品相同或类似商品的市场销售价格、销售方提供的有关资料等。

(2) 持有存货的目的。由于企业持有存货的目的不同,确定存货可变现净值的计算方法也不同。如用于出售的存货和用于继续加工的存货,其可变现净值的计算就不相同。因此,企业在确定存货的可变现净值时,应考虑持有存货的目的。一般而言,企业持有存货的根据目的不同,分为两种:一是以备出售的存货,如商品、产成品等,其中又分为有合同约定的存货和没有合同约定的存货;二是将在生产过程或提供劳务过程中所耗用的存货,如材料等。

(3) 资产负债表日后事项等的影响。在确定资产负债表日存货的可变现净值时,应当考虑如下两个方面:一是以资产负债表日取得最可靠的证据估计的售价为基础,并考虑持有存货的目的;二是资产负债表日后发生的事项为资产负债表日存在状况提供进一步证据,以表明资产负债表日存在的存货价值发生变动的事项。

2. 不同情况下存货可变现净值的确定

第一,产成品、商品等直接用于出售的商品存货,没有销售合同约定的,其可变现净值应当为在正常生产经营中,产成品或商品的一般销售价格(即市场销售价格)减去估计的销售费用和相关税费等之后的金额。

【例 4-5】 2024 年 12 月 31 日,X 公司生产的 A 型机器的账面价值(成本)为 2 160 000 元,数量为 12 台,单位成本为 180 000 元。2024 年 12 月 31 日,A 型机器的市场销售价格为 200 000 元。X 公司没有签订有关 A 型机器的销售合同。假定不考虑增值税。

在[例 4-5]中,X 公司没有就 A 型机器签订销售合同,因此,在这种情况下,计算确定 A 型机器的可变现净值应以其一般销售价格总额 2 400 000 元(200 000×12)为计量基础。

第二,用于出售的材料等,应当以市场价格减去估计的销售费用和相关税费等之后的金额作为其可变现净值。这里的市场价格是指材料等的市场销售价格。

【例 4-6】 2024 年,由于产品更新换代,X 公司决定停止生产 B 型机器。为减少不必要的损失,X 公司决定将原材料中专门用于生产 B 型机器的外购原材料——钢材全部出售,2024 年 12 月 31 日,其账面价值(成本)为 900 000 元,数量为 10 000 千克。根据市场调查,此种钢材的市场销售价格为 60 000 元,同时销售这 10 000 千克钢材可能发生销售费用及税金 50 000 元。假定不考虑增值税。

在[例 4-6]中,X 公司已决定不再生产 B 型机器,因此,该批钢材的可变现净值不能再以 B 型机器的销售价格为其计量基础,而应以钢材本身的市场销售价格为计量基础,该批钢材的可变现净值应为 550 000 元(60 000×10－50 000)。

第三,需要经过加工的材料存货,如原材料、在产品、委托加工材料等,由于持有该材料的目的是用于生产产成品,而不是出售,故该材料存货的价值体现在用其生产的产成品上。因此,在确定需要经过加工的材料存货的可变现净值时,需要以其生产的产成品的可变现净值与该产成品的成本进行比较,如果该产成品的可变现净值高于其成本,则该材料应当按照其成本计量。

【例 4-7】 2024 年 12 月 31 日,X 公司库存原材料 A 材料的账面价值(成本)为 1 500 000 元,市场销售价格总额为 1 400 000 元,假设不发生其他购买费用;用 A 材料生产的产成品 B 型机器的可变现净值高于成本。假定不考虑增值税。

在[例 4-7]中,虽然 A 材料在 2024 年 12 月 31 日的账面价值(成本)高于其市场价格。但是由于用其生产的产成品 B 型机器的可变现净值高于其成本,即用该原材料生产的最终产品此时并没有发生价值损失,在这种情况下,A 材料即使其账面价值(成本)已高于市场价格,也不应计提存货跌价准备,仍应按其原账面价值(成本)1 500 000 元列示在 X 公司2024 年 12 月 31 日资产负债表的"存货"项目之中。

如果材料价格的下降表明以其生产的产成品的可变现净值低于成本,则该材料应当按可变现净值计量。其可变现净值为在正常生产经营中,以该材料所生产的产成品的估计售价减去至完工时估计将要发生的成本、估计的销售费用及相关税费之后的金额确定。

【例 4-8】 2024 年 12 月 31 日,X 公司库存原材料钢材的账面价值为 600 000 元,可用于生产 1 台 C 型机器,相对应的市场销售价格为 550 000 元,假设不发生其他购买费用。由于钢材的市场销售价格下降,用钢材作为原材料生产的 C 型机器的市场销售价格由 15 000 元下降为 1 350 000 元,但其生产成本仍为 1 400 000 元,即将该批钢材加工成 C 型机器尚需投入800 000 元,估计销售费用及税金为 50 000 元。假定不考虑增值税。

根据上述资料,可按以下步骤确定该批钢材的账面价值:

第一步,计算用该原材料所生产的产成品的可变现净值。

C 型机器的可变现净值＝C 型机器估计售价－估计销售费用及税金
= 1 350 000 - 50 000 = 1 300 000(元)

第二步,将该原材料所生产的产成品的可变现净值与其成本进行比较。

C 型机器的可变现净值 1 300 000 元小于其成本 1 400 000 元,即钢材价格的下降和 C 型机器销售价格的下降表明 C 型机器的可变现净值低于其成本,因此该批钢材应当按可变现净值计量。

第三步,计算该批钢材的可变现净值,并确定其期末价值。

$$该批钢材的可变现净值 = C型机器的估计售价 - 将该批钢材加工成C型机器尚需投入的成本 - 估计销售费用及税金$$
$$= 1\ 350\ 000 - 800\ 000 - 50\ 000 = 500\ 000(元)$$

该批钢材的可变现净值 500 000 元小于其成本 600 000 元,因此该批钢材的期末价值应为其可变现净值 500 000 元,即该批钢材应按 500 000 元列示在 2024 年 12 月 31 日资产负债表的"存货"项目之中。

第四,为执行销售合同或者劳务合同而持有的存货,其可变现净值应当以合同价格而非估计售价为基础,按其减去估计的销售费用和相关税费等之后的金额确定。

企业与购买方签订了销售合同(或劳务合同,下同),并且销售合同订购的数量大于或等于企业持有的存货数量,在这种情况下,与该项销售合同直接相关的存货的可变现净值,应当以合同价格为计量基础。即如果企业就其产成品或商品签订了销售合同,则该批产成品或商品的可变现净值应当以合同价格为计量基础;如果企业销售合同所规定的标的物尚未生产出来,但持有专门用于该标的物生产的材料,其可变现净值也应当以合同价格为计量基础。

【例 4-9】 2024 年 8 月 10 日,X 公司与 Y 公司签订了一份不可撤销的销售合同。双方约定,2025 年 2 月 15 日,X 公司应按每台 200 000 元的价格向 Y 公司提供 A 型机器 10 台。2024 年 12 月 31 日,X 公司 A 型机器的账面价值(成本)为 1 360 000 元,数量为 8 台,单位成本为 170 000 元。2024 年 12 月 31 日,A 型机器每台的市场销售价格为 190 000 元。假定不考虑增值税。

在[例 4-9]中,根据 X 公司与 Y 公司签订的销售合同,X 公司该批 A 型机器的销售价格已由销售合同规定,并且其库存数量小于销售合同订购的数量。在这种情况下,计算库存 A 型机器的可变现净值时,应以销售合同约定的价格 1 600 000 元(200 000×8)为计量基础,即估计售价为 1 600 000 元。

【例 4-10】 2024 年 12 月 20 日,X 公司与 Z 公司签订了一份不可撤销的销售合同。双方约定,2025 年 3 月 15 日,X 公司应按每台 200 000 元的价格向 Z 公司提供 10 台 B 型机器。截至 2024 年 12 月 31 日,X 公司尚未生产该批 B 型机器,但持有专门用于生产该批 10 台 B 型机器的库存原材料——钢材,其账面价值为 900 000 元,市场销售价格总额为 700 000 元。假定不考虑增值税。

在[例 4-10]中,根据 X 公司与 Z 公司签订的销售合同,X 公司该批 B 型机器的销售价格已由销售合同规定。虽然 X 公司还未生产,但持有专门用于生产该批 B 型机器的库存钢材,且可生产的 B 型机器的数量不大于销售合同订购的数量。在这种情况下,计算该批钢材的可变现净值时,应以销售合同 B 型机器的销售价格总额 2 000 000 元(200 000×10)为计量基础。

如果企业持有的同一项存货数量多于销售合同或劳务合同订购的数量,应分别确定其可变现净值,并与其相对应的成本进行比较,分别确定存货跌价准备的计提或转回金额。超出合同部分的存货的可变现净值,应当以一般销售价格为基础计算。

【例 4-11】 2024 年 9 月 10 日,X 公司与 Z 公司签订了一份不可撤销的销售合同。双方约定,2025 年 2 月 15 日,X 公司应按每台 180 000 元的价格向 Z 公司提供 10 台 C 型机器。2024 年 12 月 31 日,X 公司 C 型机器的账面价值为 1 920 000 元,数量为 12 台,每台成本为 160 000 元。2024 年 12 月 31 日,C 型机器每台的市场销售价格为 200 000 元。假定不考虑增值税。

在[例 4-11]中,X 公司该批 C 型机器的销售价格已在双方签订的销售合同中约定,但是其库存数量大于销售合同约定的数量。这种情况下,对于销售合同约定数量内(10 台)的 C 型机器的可变现净值,应以销售合同约定的价格总额 1 800 000 元(180 000×10)为计量基础;而对于超出部分(2 台)的 C 型机器的可变现净值,应以一般销售价格总额 400 000 元(200 000×2)为计量基础。

(三) 存货跌价准备的计提与转回

1. 存货跌价准备的计提

资产负债表日,存货的可变现净值低于成本的,企业应当计提存货跌价准备。

企业通常应当按照单个存货项目计提存货跌价准备。即资产负债表日,企业将每个存货项目的成本与其可变现净值逐一进行比较,按较低者计量存货。其中,可变现净值低于成本的,两者的差额即为应计提的存货跌价准备。企业计提的存货跌价准备应计入当期损益。

对于数量繁多、单价较低的存货,可以按照存货类别计提存货跌价准备。与在同一地区生产和销售的产品系列相关、具有相同或类似最终用途或目的,且难以与其他项目分开计量的存货,可以合并计提存货跌价准备;存货具有相同或类似最终用途或目的,并在同一地区生产和销售,意味着存货所处的经济环境、法律环境、市场环境等相同,具有相同的风险和报酬,因此可以对其进行合并计提存货跌价准备。

【例 4-12】　X 公司按照单项存货计提存货跌价准备。2024 年 12 月 31 日,A、B 两项存货的成本分别为 300 000 元、210 000 元,可变现净值分别为 280 000 元、250 000 元,假设"存货跌价准备"账户余额为 0。

在[例 4-12]中,对于 A 存货,其成本 300 000 元高于其可变现净值 280 000 元,应计提存货跌价准备 20 000 元(300 000−280 000)。对于 B 存货,其成本 210 000 元低于其可变现净值 250 000 元,无须计提存货跌价准备。因此,X 公司对 A、B 两项存货计提的跌价准备共计 20 000 元,在当日资产负债表中列示的存货金额为 490 000 元(280 000+210 000)。

【例 4-13】　X 公司按单项存货计提存货跌价准备。2024 年 12 月 31 日,X 公司库存自制半成品成本为 350 000 元,预计加工完成该产品尚需发生加工费用 110 000 元,预计产成品的销售价格为 500 000 元,销售费用为 60 000 元。假定该库存自制半成品未计提存货跌价准备,且不考虑增值税等因素的影响。

在[例 4-13]中,X 公司 2024 年年末该库存自制半成品可变现净值=预计产成品的销售价格−预计销售费用−预计加工完成尚需发生费用=500 000−60 000−110 000=330 000(元)。该自制半成品应计提存货跌价准备=自制半成品成本−自制半成品可变现净值=350 000−330 000=20 000(元)。

【例 4-14】　X 公司 2024 年年末,A 存货的账面成本为 100 000 元,由于本年以来 A 存货的市场价格持续下跌,根据资产负债表日状况确定的 A 存货的可变现净值为 95 000 元,"存货跌价准备"账户期初余额为零,应计提的存货跌价准备为 5 000 元(100 000−95 000)。相关账务处理如下:

借:资产减值损失——A 存货　　　　　　　　　　　　　　　　　　5 000
　　贷:存货跌价准备——A 存货　　　　　　　　　　　　　　　　　　　　5 000

2. 存货跌价准备的转回

以前减记存货价值的影响因素已经消失的,减记的金额应当予以恢复,并在原已计提的存货跌价准备金额内转回,转回的金额计入当期损益。

在核算存货跌价准备的转回时,转回的存货跌价准备与计提该准备的存货项目或类别应当存在直接对应关系。在原已计提的存货跌价准备金额内转回,意味着转回的金额以将存货跌价准备的余额冲减至零为限。

【例 4-15】　沿用[例 4-14]的资料,假设 2024 年年末,X 公司存货的种类和数量、账面成本和已计提的存货跌价准备均未发生变化,但是 2025 年以来 A 存货市场价格持续上升,市场前景明显好转,至 2025 年年末根据当时状态确定的 A 存货的可变现净值为 110 000 元。

在[例 4-15]中,由于 A 存货市场价格上涨,2025 年年末 A 存货的可变现净值 110 000 元高于其账面成本 100 000 元,可以判断以前造成减记存货价值的影响因素(价格下跌)已经消失。A 存货减记的金额应当在原已计提的存货跌价准备金额 5 000 元内予以恢复。相关账务处理如下:

借:存货跌价准备——A 存货　　　　　　　　　　　　　　　　　5 000
　　贷:资产减值损失——A 存货　　　　　　　　　　　　　　　　　　　5 000

需要注意的是,导致存货跌价准备转回的是以前减记存货价值的影响因素的消失,而不是在当期造成存货可变现净值高于其成本的其他影响因素。如果本期导致存货可变现净值高于其成本的影响因素不是以前减记该存货价值的影响因素,则不允许将该存货跌价准备转回。

3. 存货跌价准备的结转

企业计提了存货跌价准备,如果其中有部分存货已经销售,则企业在结转销售成本时,应同时结转对其已计提的存货跌价准备。对于因债务重组、非货币性资产交换转出的存货,也应同时结转已计提的存货跌价准备。如果按存货类别计提存货跌价准备,应当按照发生销售、债务重组、非货币性资产交换等而转出存货的成本占该存货未转出前该类别存货成本的比例结转相应的存货跌价准备。

【例 4-16】 2024 年,X 公司库存 A 机器 5 台,每台成本为 5 000 元,已经计提的存货跌价准备合计为 6 000 元。2025 年,X 公司将库存的 5 台 A 机器全部以每台 6 000 元的价格售出,适用的增值税税率为 13%,货款未收到。X 公司的相关账务处理如下:

借:应收账款　　　　　　　　　　　　　　　　　　　　　　　　33 900
　　贷:主营业务收入——A 机器　　　　　　　　　　　　　　　　　30 000
　　　　应交税费——应交增值税(销项税额)　　　　　　　　　　　　3 900

借:主营业务成本——A 机器　　　　　　　　　　　　　　　　　19 000
　　存货跌价准备——A 机器　　　　　　　　　　　　　　　　　　6 000
　　贷:库存商品——A 机器　　　　　　　　　　　　　　　　　　　25 000

(四) 存货在财务报表上的列示

会计报表上的"存货"项目应根据材料采购、原材料、周转材料、库存商品、发出商品、委托加工物资、委托代销商品、受托代销商品、生产成本等的期末余额合计,减去受托代销商品款、存货跌价准备等期末余额后的金额填列。

材料采用计划成本核算,以及库存商品采用售价金额法核算的企业,还应按加或减材料成本差异、商品进销差价后的金额填列。资产负债表中的"存货"项目,反映企业期末在库、在途和在加工的各项存货的价值。

企业应当在附注中披露与存货有关的下列信息:各类存货的期初和期末账面价值;确定发出存货成本所采用的方法;存货可变现净值的确定依据;存货跌价准备的计提方法;当

期计提的存货跌价准备的金额;当期转回的存货跌价准备的金额;计提和转回的有关情况;用于担保的存货账面价值。

本　章　习　题

一、思考题

1. 存货发出计价方法的不同对企业有什么影响?

2. 简述发出存货计价方法及各方法的优缺点。

3. 怎样理解成本与可变现净值孰低法中的"成本"和"可变现净值"的含义?

4. 低值易耗品的摊销方法有几种?每种应如何摊销?

5. 表明存货的可变现净值低于成本的情形有哪些?

二、选择题

1. 甲公司为增值税一般纳税人,下列各项中,不应计入进口原材料入账价值的是(　　)。

A. 进口环节可抵扣增值税　　　　　　B. 关税

C. 入库前的仓储费　　　　　　　　　D. 购买价款

2. 甲公司为增值税一般纳税人,本期购入一批商品,进货价格为 100 万元,增值税进项税额为 13 万元,所购商品验收后发现短缺 30%,其中合理损失 5%,另外 25% 的非合理短缺尚待查明原因,则甲公司该批存货的实际成本为(　　)万元。

A. 70　　　　　　B. 84.75　　　　　　C. 75　　　　　　D. 113

3. 甲公司为增值税一般纳税人。2024 年 12 月 12 日,甲公司接受丙公司的来料加工业务,来料加工原材料的公允价值为 600 万元。截至 2024 年 12 月 31 日,来料加工业务尚未完成,共计领用来料加工原材料的 40%,实际发生加工成本 500 万元。甲公司来料加工业务 2024 年 12 月 31 日形成存货的账面价值为(　　)万元。

A. 500　　　　　　B. 1 100　　　　　　C. 740　　　　　　D. 860

4. 某企业采用先进先出法计算发出原材料的成本。2024 年 9 月 1 日,甲材料结存 200 千克,每千克实际成本为 300 元;2024 年 9 月 7 日,购入甲材料 350 千克,每千克实际成本为 310 元;2024 年 9 月 21 日,购入甲材料 400 千克,每千克实际成本为 290 元;2024 年 9 月 28 日,发出甲材料 500 千克。甲材料 2024 年 9 月发出成本为(　　)元。

A. 145 000　　　　　　B. 150 000　　　　　　C. 153 000　　　　　　D. 155 000

5. 甲公司库存 A 产成品的月初数量为 1 000 台,月初账面余额为 8 000 万元;A 在产品的月初数量为 400 台,月初账面余额为 600 万元。当月为生产 A 产品耗用原材料、发生直接人工和制造费用共计 15 400 万元,其中包括因台风灾害而发生的停工损失 300 万元。当月,甲公司完成生产并入库 A 产成品 2 000 台,销售 A 产成品 2 400 台。当月月末,甲公司库存 A 产成品数量为 600 台,无在产品。甲公司采用月末一次加权平均法按月计算发出 A 产成品的成本。甲公司 A 产成品当月月末的账面余额为(　　)万元。

A. 4 710　　　　　　B. 4 740　　　　　　C. 4 800　　　　　　D. 5 040

6. 下列项目中,应在企业资产负债表"存货"项目中列示的有(　　)。

A. 为外单位加工修理的已完工入库的待修品

B. 已取得发票尚未验收入库的原材料

C. 已验收入库但尚未取得发票的原材料

D. 为建造固定资产等工程储备的材料

7. 下列各项中,应当作为企业存货核算的有(　　)。

A. 房地产开发企业为建造自用办公大楼取得土地使用权支付的出让金

B. 摊销期限不超过1年的确认为资产的合同履约成本

C. 为包装本企业商品而储备的包装物

D. 房地产开发企业建造的用于对外出售的商品房

8. 企业期末编制资产负债表时,下列各项应记入"存货"项目的有(　　)。

A. 企业超定额的废品损失

B. 已发出但不符合收入确认条件的存货

C. 房地产开发企业购入的用于建造商品房的土地使用权

D. 生产成本余额

9. 下列项目中,应计入材料采购成本的有(　　)。

A. 季节性和修理期间的停工损失

B. 进口商品支付的关税

C. 购入材料的运费和保险费

D. 小规模纳税人购入材料取得增值税专用发票中列明的进项税额

10. 下列项目中,应计入存货成本的有(　　)。

A. 企业采购用于广告营销活动的特定商品

B. 自然灾害造成的停止损失

C. 在生产过程中为达到下一个生产阶段所必需的仓储费用

D. 存货的加工成本

三、业务题

资料 甲公司2024年3月份A商品有关收、发、存情况如下:

(1)3月1日,结存300件,单位成本为2万元。

(2)3月8日,购入200件,单位成本为2.2万元。

(3)3月10日,发出400件。

(4)3月20日,购入300件,单位成本为2.3万元。

(5)3月28日,发出200件。

(6)3月31日,购入200件,单位成本为2.5万元。

暂不考虑其他因素。

要求

(1)采用先进先出法计算A商品2024年3月份发出存货的成本和3月31日结存存货的成本。

（2）采用移动加权平均法计算 A 商品 2024 年 3 月份发出存货的成本和 3 月 31 日结存存货的成本。

（3）采用月末一次加权平均法计算 A 商品 2024 年 3 月份发出存货的成本和 3 月 31 日结存存货的成本。

四、思政园地

调研　某企业的存货管理制度及其执行情况。

分析　某企业存货管理存在的问题和改进方法。

思考　如何通过规范的制度和流程来降低采购成本并提高存货管理的效率。

第五章

投资性金融资产

---◎ **【本章要求】**

掌握：金融资产的概念、内容、分类，摊余成本与实际利率会计核算原理，以摊余成本计量的金融资产、以公允价值计量且其变动进入当期损益的金融资产、以公允价值计量且其变动进入其他综合收益的金融资产三大类金融资产的计量与账务处理方法。

熟悉：企业取得金融资产的分类判断。

了解：股票、债券的相关知识。

第一节　投资性金融资产概述

企业所拥有的库存现金、银行存款、其他货币资金、应收款项、应收票据、其他应收款、债务和权益类证券投资，以及衍生金融工具形成的资产等，均为金融资产。其中，货币资金与应收款项等经营性金融资产已在本书第二章和第三章讲解，本章仅讲解以债券、股票等基本金融工具为基础，形成金融资产的债务和权益类证券投资的账务处理。长期股权投资属于权益类证券投资，但与金融资产的核算方法存在很大差异，拟在本书第六章讲解。

金融资产的后续计量与金融资产的分类密切相关，根据我国企业会计准则的要求，企业需要根据管理金融资产的业务模式与金融资产的合同现金流量特征对投资性金融资产进行分类。

一、企业管理金融资产的业务模式

企业管理金融资产的业务模式，是指企业如何管理其金融资产以产生现金流量。业务模式决定了企业所管理金融资产现金流量的来源是收取合同现金流量,出售金融资产,还是两者兼有。

二、金融资产的合同现金流量特征

金融资产的合同现金流量特征,是指金融工具合同约定的、反映相关金融资产经济特征的现金流量属性。虽然金融资产的具体形式多样化,但是其在特定日期产生的合同现金流量应当与基本借贷安排一致,即对本金和以未偿付本金金额为基础的利息的支付。其中,本金是指金融资产在初始计量时的公允价值,本金金额可能因提前还款等原因在金融资产的存续期内发生变动;利息包括对货币时间价值、与特定时期未偿付本金金额相关的信用风险,以及其他基本借贷风险、成本和利润的对价。

三、金融资产的分类

根据企业管理金融资产的业务模式和金融资产的合同现金流量特征,可以将金融资产划分为三类:

(1)以摊余成本计量的金融资产。

(2)以公允价值计量且其变动计入其他综合收益的金融资产。

(3)以公允价值计量且其变动计入当期损益的金融资产。

上述分类一经确定,不得随意变更。

1. 以摊余成本计量的金融资产

金融资产同时符合下列条件的,应当分类为以摊余成本计量的金融资产:①企业管理该金融资产的业务模式以收取合同现金流量为目标。②该金融资产的合同条款规定,在特定日期产生的现金流量,仅为对本金和以未偿付本金金额为基础的利息的支付。

例如,如果企业管理债券投资的业务模式以收取合同现金流量为目标,则该债券可以分类为以摊余成本计量的金融资产。又如,企业正常商业往来形成的具有一定信用期限的应收账款,如果企业拟根据应收账款的合同现金流量收取现金,且不打算提前处置应收账款,则该应收账款可以分类为以摊余成本计量的金融资产。

2. 以公允价值计量且其变动计入其他综合收益的金融资产

金融资产同时符合下列条件的,应当分类为以公允价值计量且其变动计入其他综合收益的金融资产:①企业管理该金融资产的业务模式既以收取合同现金流量为目标,又以出售该金融资产为目标;②该金融资产的合同条款规定,在特定日期产生的现金流量,仅为对本金和以未偿付本金金额为基础的利息的支付。

3. 以公允价值计量且其变动计入当期损益的金融资产

企业分类为以摊余成本计量的金融资产和以公允价值计量且其变动计入其他综合收益的金融资产之外的金融资产,应当归为以公允价值计量且其变动计入当期损益的金融资产。例如,企业持有的准备短期转让的股票、基金与可转换债券等。

第二节　交易性金融资产

一、交易性金融资产的概念和确认条件

以公允价值计量且其变动计入当期损益的金融资产,包括交易性金融资产和指定为以公允价值计量且其变动计入当期损益的金融资产两类。以公允价值计量且其变动计入当期损益的金融资产,既可能是债权类证券投资,也可能是权益类证券投资。这类投资一般期限短、流动性强,属于企业的流动资产。企业投资这类金融资产的主要目的为短期内出售以赚取差价。由于这类资产很快就会被出售,持有期间公允价值波动产生的利得与损失也应直接计入企业损益,以体现企业获取短期投资性收益的能力。

二、交易性金融资产的账户设置

为了反映企业持有的以公允价值计量且其变动计入当期损益的金融资产的公允价值,应当设置资产类账户"交易性金融资产",下设"成本"与"公允价值变动"两个明细账户,分别衡量交易性金融资产的初始投资成本与持有期间的公允价值波动。期末,"交易性金融资产"账户余额为企业所持有的交易性金融资产的公允价值。

企业还应设置"公允价值变动损益""投资收益"等损益类账户,用来核算以公允价值计量的金融资产所发生的公允价值变动损益和所赚取的股利、利息收益。其中,"公允价值变动损益"账户衡量持有期间金融资产公允价值的波动,其借方反映公允价值变动损失,贷方反映公允价值变动利得。期末,"公允价值变动损益"账户余额应转入"本年利润"账户,该账户期末无余额。"投资收益"账户核算企业持有期间金融资产的股利和利息收益,以及企业处置金融资产实现的损益。该账户属于损益类账户,其借方反映投资损失,贷方反映投资收益,期末余额转入"本年利润"账户,结转后,该账户应无余额。

三、交易性金融资产的账务处理

(一) 交易性金融资产的初始计量

企业取得以公允价值计量且其变动计入当期损益的金融资产时,按其公允价值,借记"交易性金融资产——成本"账户,按发生的交易费用,借记"投资收益"账户,如果购买的金融资产包含已到付息期但尚未领取的利息或已宣告但尚未发放的现金股利,应借记"应收利息"或"应收股利"账户,按实际支付的金额,贷记"银行存款"等账户;实际收到上述利息或股利时,借记"银行存款",贷记"应收利息"或"应收股利"等账户。

【例 5-1】　M 公司于 2022 年 5 月 1 日购入 A 公司股票 10 000 股,每股市价 5 元。A 公司于 2022 年 5 月 10 日宣告分派现金股利,每 10 股派 1 元现金股利(不含税),5 月 10 日在

册的股东均可享有该项现金股利,并定于 5 月 25～5 月 30 日发放现金股利。ABC 公司于 2022 年 5 月 15 日以每股 6.1 元的价格全部出售给 ABC 公司(包含已宣布尚未支付的股利),ABC 公司支付交易费用 1 万元,ABC 公司准备根据市场行情近期抛售该股票,将其划分为以公允价值计量且其变动计入当期损益的金融资产进行核算。2022 年 5 月 25 日,ABC 公司收到 A 公司派发的现金股利。

ABC 公司一共支付的价款=6.1×10 000+10 000=71 000(元)

其中,已宣布尚未支付的股利为 1 000 元(0.1×10 000),应计入应收股利,交易费用 10 000 元应计入投资收益,购入股票实际成本为 60 000 元[(6.1－0.1)×10 000]。ABC 公司应进行会计处理如下:

(1) 2022 年 5 月 15 日,购入该股票时:

借:交易性金融资产——成本	60 000
应收股利	1 000
投资收益	10 000
贷:银行存款	71 000

(2) 2022 年 5 月 25 日,收到现金股利时:

借:银行存款	1 000
贷:应收股利	1 000

(二) 交易性金融资产的后续计量

以公允价值计量且其变动计入当期损益的金融资产的后续计量主要包括两个方面:一是在持有期间金融资产会产生股利或利息,投资企业需要确认相应的投资收益;二是每个资产负债表日需要对该类金融资产的账面价值进行调整,使得报表上"交易性金融资产"项目可以客观反映金融资产的公允价值。

在持有期间,如果被投资单位宣告发放的现金股利,或是分期付息的债券到了计息期,则应借记"应收股利"或"应收利息"账户,贷记"投资收益"账户。实际收到上述股利或利息时,借记"银行存款"账户,贷记"应收利息"或"应收股利"账户。

资产负债表日,比较该类金融资产账面价值与公允价值,如果公允价值高于其账面余额,则按其差额,借记"交易性金融资产——公允价值变动"账户,贷记"公允价值变动损益"账户;公允价值低于其账面余额的差额作相反的会计分录。

【例 5-2】 2022 年 5 月 13 日,ABC 公司支付价款 108 万元从二级市场购入 X 公司发行的股票 10 万股,每股价格为 10.80 元(含已宣告但尚未发放的现金股利 0.80 元),另支付交易费用 3 000 元。ABC 公司将持有的 X 公司股权划分为以公允价值计量且其变动计入当期损益的金融资产,且持有 X 公司股权后对其无重大影响。ABC 公司 2022 年其他有关资料如下:

(1) 5 月 23 日,收到 X 公司发行的现金股利。

（2）6 月 30 日，X 公司股票价格上涨到每股 13 元。

（3）7 月 5 日，X 公司宣告每股发放现金股利 0.9 元。

（4）7 月 15 日，收到 X 公司发放的现金股利。

（5）9 月 30 日，X 公司股票价格下跌到每股 8 元。

ABC 公司应进行账务处理如下：

（1）2022 年 5 月 13 日，购入股票时，共支付价款 1 083 000 元，其中包含已宣告但尚未支付的股利 80 000 元(100 000×0.80)，交易费用 3 000 元应计入投资收益，应计入交易性金融资产成本的金额为 1 000 000 元(1 083 000－80 000－3 000)。

借：交易性金融资产——成本   1 000 000
    应收股利   80 000
    投资收益   3 000
    贷：银行存款   1 083 000

（2）2022 年 5 月 23 日，收到 X 公司发行的现金股利：

借：银行存款   80 000
    贷：应收股利   80 000

（3）2022 年 6 月 30 日，该股票的公允价值为 1 300 000 元(13×100 000)，账面余额为 1 000 000 元，公允价值高于账面余额，调增该股票的账面价值同时确认投资利得：

借：交易性金融资产——公允价值变动   300 000
    贷：公允价值变动损益   300 000

（4）2022 年 7 月 5 日，确认股利收益：

借：应收股利   90 000
    贷：投资收益   90 000

（5）2022 年 7 月 15 日，收到现金股利：

借：银行存款   90 000
    贷：应收股利   90 000

（6）2022 年 9 月 30 日，该股票的公允价值为 800 000 元(8×100 000)，账面余额为 1 300 000 元，公允价值低于账面余额，按差额调减该股票的账面价值同时确认投资损失：

借：公允价值变动损益   500 000
    贷：交易性金融资产——公允价值变动   500 000

（三）交易性金融资产的处置

出售交易性金融资产时，按照实际收到的款项净额，借记"银行存款"账户，按照其账面价值(包括成本和公允价值变动两部分)，贷记"交易性金融资产——成本"账户，借记或贷记"交易性金融资产——公允价值变动"账户，按照两者的差额，贷记(或借记)"投资收益"账户。如交易金额中包含已经宣告但尚未发放的现金股利或者已到付息期但尚未领取的利息,一并记入"投资收益"账户。

【例5-3】 沿用[例5-2]的资料,ABC公司于2022年10月15日将该股票出售,实际收到出售价款850 000元存入银行。

出售时,该股票的账面价值已调整为上一个资产负债表日的公允价值800 000元,其中,包括期初投资成本1 000 000元,累计公允价值波动损失200 000元。因此,计入投资收益的处置收益应为50 000元(850 000—800 000)。ABC公司应进行账务处理如下:

借:银行存款 850 000
　　交易性金融资产——公允价值变动 200 000
　　贷:交易性金融资产——成本 1 000 000
　　　　投资收益 50 000

$$ABC公司购买该债券所获得的投资收益 = 处置收益 + 持有期间实现的公允价值变动损益 - 初始投资交易费用 + 持有期间的股利收益$$

$$= 50\,000 - 200\,000 - 3\,000 + 90\,000 = -63\,000(元)$$

四、交易性金融资产的报表列报

以公允价值计量且其变动计入当期损益的金融资产,取得之日按公允价值进行初始计量,资产负债表日对公允价值发生的变动进行调整,以便在报表上反映最新的公允价值。该类资产作为一项流动资产,在资产负债表中列报为"交易性金融资产"项目,由于其变现能力强,列示顺序一般在"货币资金"项目之后。

以公允价值计量且其变动计入当期损益的金融资产对于利润表的影响,主要体现在"公允价值变动收益"项目和"投资收益"项目中。对于期末仍持有的该类资产,资产持有期间所获得的公允价值变动损益,体现在"公允价值变动收益"项目中;资产持有期间所获得的现金股利和利息收益,体现在"投资收益"项目中。对于当期出售的该类资产,所获得的已实现损益全部体现在"投资收益"项目中。

第三节　债权投资

以摊余成本计量的金融资产包括企业准备持有至到期以获取现金流量的债券投资、贷款、应收款项和长期应收款。本节主要讨论企业购买其他企业发行的债券而形成的债权投资。企业管理该类金融资产的业务模式是以收取合同现金流量为目标,即持有期间通过获取债券利息获利,不以短期出售为目标,因此,债权投资属于非流动资产。

为了核算企业债权投资的取得、持有期间的利息调整和到期收回等业务,企业应设置"债权投资"账户。该账户属于资产类账户,其借方反映债权投资的取得成本和持有期间的摊余成本,贷方反映所转销的债权投资的摊余成本,期末余额在借方,反映企业债权投资的摊余成本。该账户按照债权投资的类别和品种,分别设置"成本""利息调整""应计利息"等明细账户进行明细核算。其中,"成本"明细账户核算债权投资的面值;"利息调整"明细账户核算债权投资初始入账金额与面值之间的差异,以及按照实际利率法分期摊销后该差额的摊余金额;"应计利息"明细账户核算一次还本付息债券应计提但尚未支付的利息。

一、债权投资的初始计量

企业购入债权投资实际支付的金额中,一般会包括债券的发行价格(面值加上溢价或减去折价)和相关税费(支付给券商的佣金、印花税、过户费等交易费用),企业应以债券的发行价格和相关交易费用之和,作为债权投资的初始投资成本。

在市场利率一定的情况下,债券的发行价格与债券的票面利率相关。当债券的票面利率接近市场利率时,债券一般按照面值发行;债券的票面利率高于市场利率时,债券一般溢价发行,即投资者的购买价格高于债券面值;债券的票面利率低于市场利率时,债券一般折价发行,即投资者的购买价格低于债券面值。无论是平价、溢价还是折价发行,取得债权投资时,应按该投资的面值,借记"债权投资——成本"账户,按实际支付的金额,贷记"银行存款"等账户,按照初始投资成本与债券面值之间的差额,借记或贷记"债权投资——利息调整"账户。

如果是非发行日购买的债券,则支付的价款中还会包括应收利息。企业取得的分期付息、到期还本的债权投资,支付的价款中包含的已到付息期但尚未领取的利息,预期在短期内收取的,应通过"应收利息"账户核算。如果债权投资为到期一次还本付息的债券,则支付的价款中包含的应收利息必须等到债券到期时方能收取,因此,应作为一项非流动资产予以核算,直接计入持有至到期投资的初始投资成本,借记"债权投资——应收利息"账户,贷记相关账户。

【例 5-4】 ABC 公司于 2024 年 1 月 1 日购入乙公司当天发行的 4 年期到期一次还本付息债券,面值为 100 000 元,票面利率为 5%,实际支付价款为 103 000 元,包含直接交易费用 1 000 元。

ABC 购买该债券一共支付 103 000 元,其中,交易费用 1 000 元,溢价 2 000 元,两者均记入"债权投资——利息调整"账户。ABC 公司应该进行会计处理如下:

借:债权投资——成本   100 000
    ——利息调整   3 000
  贷:银行存款   103 000

如果 ABC 公司共支付债券价款 97 000 元,另支付直接交易费用 1 000 元,即一共支付 98 000 元,应记入"债权投资——利息调整"账户 2 000 元,包含债权折价 3 000 元,以及 1 000 元利息费用对折价的调整。ABC 公司应该进行会计处理如下:

借：债权投资——成本 100 000
　贷：银行存款 98 000
　　债权投资——利息调整 2 000

二、债权投资的后续计量

以摊余成本计量的金融资产采用实际利率法按摊余成本进行后续计量,即企业持有债权投资期间,需要按照实际利率与摊余成本计算其实际利息收入。企业同时还需要按照票面利率与票面金额计算票面利息收入。

1. 摊余成本与实际利率

债券投资的摊余成本为债券投资的初始计量金额经过如下调整的金额:

期末摊余成本＝初始确认金额－已偿还的本金±溢折价累计摊销额－已发生的减值损失

摊余成本本质上相当于债权投资的账面价值。

债权投资初始确认金额与到期日金额之间存在差额的原因是企业发行债券时市场利率与债券票面利率存在差异。如果债券的票面利率接近于债券发行时的市场利率,则债券发行方可按面值发行债券,投资方可按面值购买。如果债券的票面利率高于债券发行时的市场利率,则意味着在债权存续期间,债券发行方支付的利息金额会高于基于市场利率计算的利息,发行方会以高于票面价值的金额发行债券,以溢价收入弥补多支付的利息;相反,如果债券的票面利率低于债券发行时的市场利率,则意味着在债权存续期间,债券发行方支付的利息金额会低于基于市场利率计算的利息,发行方会以低于票面价值的金额发行债券,以折价弥补投资者的利息损失。

溢折价的存在,导致债券投资者获取的实际收益与票面利率存在差异。企业应当在债权投资初始确认时,计算确定其实际利率,并在持有期间保持不变。实际利率是指将金融资产在预期存续期间或适用的更短期间内的未来现金流量,折现为该金融资产当前账面价值所使用的利率。简而言之,实际利率是使债券持有期间的未来现金流的折现值等于初始入账金额的折现率。这一利率可以反映企业投资该债券的实际收益率,也接近于债券发行时的市场利率,使债券发行方与投资方均可以按照市场利率的水平承担利息费用、获取利息收益。

2. 投资收益的计量

债券发行时的溢价或折价,可以视为对票面利息的调整。如为溢价发行,债券实际利率高于市场利率,溢价部分可视为投资者对发行方多支付利息的价格补偿;如为折价发行,债券实际利率低于市场利率,则折价部分可视为发行方因后期少支付利息而对投资者的价格补偿。企业债权投资的实际投资收益应为按票面利率计算的应收利息总额减去溢价或加上折价的摊销。相关计算公式为:

实际利息收入＝债权投资摊余成本×实际利率
票面利息收入＝债券面值×票面利率

$$利息调整(溢价)摊销额＝票面利息收入－实际利息收入$$

$$利息调整(折价)摊销额＝实际利息收入－票面利息收入$$

每个计息期,企业应按实际利息收入,贷记"投资收益"账户。债权投资持有期间获取的票面利息,其会计处理因利息的支付方式不同而存在差异。如果是分期付息债券,则应于计息期时记入"应收利息"账户,并于实际收到利息时,借记"银行存款"账户,贷记"应收利息"账户;如果是一次还本付息的债券,则票面利息收入应记入"债权投资——应计利息"账户,于债券到期还本付息时,借记"银行存款"账户,贷记"债权投资——应计利息"账户,应按利息调整摊销额,借记(折价)或贷记(溢价)"债权投资——利息调整"账户。

【例 5-5】 2020 年 1 月 1 日,ABC 公司自证券市场购入面值总额为 1 000 万元的债券。购入时,实际支付价款 1 027 万元(包含交易费用)。该债券发行日为 2020 年 1 月 1 日,系分期付息、到期还本债券,期限为 3 年,票面年利率为 5%,每年 1 月 1 日支付上年的利息。ABC 公司将该债券作为以摊余成本计量的金融资产核算。该债券投资实际利率为 4.03%,试求各期实现的投资收益,并编制购买债券和确认投资收益的相关会计分录。

投资期间该债券各期的摊余成本和实际利息如表 5-1 所示。

表 5-1 债券的摊余成本和实际利息 单位:万元

日期	期初摊余成本(a)	实际利息(b=a×4.03%)	票面利息(c=面值×5%)	期末摊余成本(e=a+b−c)
2020 年 12 月 31 日	1 027.00	41.39	50.00	1 018.39
2021 年 12 月 31 日	1 018.39	41.04	50.00	1 009.43
2022 年 12 月 31 日	1 009.43	40.57*	50.00	1 000.00

* 数据通过倒轧计算得到,即:1 000−10 009.43+50=40.57(元)。

根据表 5-1,编制会计分录如下:

(1) 2020 年 1 月 1 日,购入债券时:

该债券的初始计量金额为 1 027 万元,实际支付价款与面值 1 000 万元的差额,体现了票面利率与实际利率的差异,记为利息调整额。

借:债权投资——成本 10 000 000

　　　　——利息调整 270 000

　　贷:银行存款 10 270 000

(2) 2020 年 12 月 31 日,确认投资收益时:

债券应收利息＝1 000×5%＝50(万元)

实际利息收入＝1 027×4.03%＝41.39(万元)

应收利息和实际利息的差额为 8.61 万元(50−41.39),作为利息调整额的当期摊销额。

借:应收利息 500 000

　　贷:投资收益 413 900

　　　　债权投资——利息调整 86 100

（3）2021 年 1 月 1 日，收到票面利息时：

借：银行存款 500 000
　　贷：应收利息 500 000

（4）2021 年 12 月 31 日，确认投资收益时：

借：应收利息 500 000
　　贷：投资收益 410 400
　　　债权投资——利息调整 89 600

（5）2022 年 1 月 1 日，收到票面利息，会计处理同（3）。

（6）2022 年 12 月 31 日，确认投资收益时：

借：应收利息 500 000
　　贷：投资收益 405 700
　　　债权投资——利息调整 94 300

2022 年 12 月 31 日，"债权投资——成本"账户余额为 1 000 万元，代表有待收回的债券投资的本金；"债权投资——利息调整"账户的余额为 0，说明投资到期时债券摊余成本与票面价值的差额已完全消除。

三、债权投资的到期收回和提前处置

债权投资到期收回时，由于逐期摊销溢价和折价，"债权投资——利息调整"账户的余额已调整为零，应按照所收取的本金和利息金额，借记"银行存款"账户，贷记"债权投资——成本""债权投资——成本应计利息"账户。

【例 5-6】 沿用［例 5-5］的资料，2023 年 1 月 1 日，债券到期，收回本金 1 000 万元和最后一期利息 50 万元，存入银行。相关会计处理如下：

借：银行存款 10 500 000
　　贷：债权投资——成本 10 000 000
　　　应收利息 500 000

第四节　以公允价值计量且其变动计入
其他综合收益的金融资产

一、概念与确认条件

以公允价值计量且其变动计入其他综合收益的金融资产，包括债务工具投资和权益工具投资，其流动性弱于以公允价值计量且其变动计入当期损益的金融资产，但强于债权投资，一般归为企业的非流动资产。从企业管理该类资产的业务模式来看，其既以收取合同现金流量为目标，又以出售该金融资产为目标，即企业既不是为了利用闲散资金来获取短期收

益,也并非打算持有至到期,而是在相对较长的一段时间内持有,并在适当的时机出售。从计量方法上来看,以公允价值计量且其变动计入其他综合收益的金融资产,以公允价值计价,但会计处理与以公允价值计量且其变动计入当期损益的金融资产有显著区别:①初始计量时,对于以公允价值计量且其变动计入当期损益的金融资产,相关交易费用计入当期损益,对于以公允价值计量且其变动计入其他综合收益的金融资产,相关交易费用计入初始投资成本;②以公允价值计量且其变动计入当期损益的金融资产,其公允价值发生的增减变动直接计入当期损益,而以公允价值计量且其变动计入其他综合收益的金融资产公允价值的变动,并不计入当期损益,而是直接计入所有者权益。不符合以公允价值计量且其变动计入当期损益的金融资产与不符合债权投资定义的债务工具投资或权益工具投资,可以归类为以公允价值计量且其变动计入其他综合收益的金融资产。企业持有对被投资单位不具有控制、共同控制或重大影响的拟长期持有的权益工具投资,不论该投资是否有活跃市场报价,也不论公允价值是否能可靠计量,均应当划分为以公允价值计量且其变动计入其他综合收益的金融资产。

二、其他债权投资

其他债权投资的核算对象与以摊余成本计量的金融资产相似,主要是指企业投资的在二级市场上交易的债券,区别在于企业管理这两类金融资产的业务模式不同。企业管理以摊余成本计量金融资产的主要目的为收取合同现金流量,而对其他债权投资,企业既以收取合同现金流量为目的,又以出售该金融资产为目的。

(一) 其他债权投资的初始计量

企业应设置"其他债权投资"账户,用来核算该类金融资产,并设置"成本""利息调整""应计利息"和"公允价值变动"等明细账户进行明细核算。与债权投资类似,"成本"明细账户核算其他债权投资的面值,"利息调整"明细账户核算其他债权投资初始入账金额与面值之间的差异,以及按照实际利率法分期摊销后该差额的摊余金额;"应计利息"明细账户核算一次还本付息债券应计但尚未支付的利息;"公允价值变动"明细账户核算该类金融资产公允价值的变化。

企业取得其他债权投资时,应按照面值,借记"其他债权投资——成本"账户,对于支付的金额中包含的已到付息期但尚未领取的利息,如果是分期付息的债券,则借记"应收利息"账户,如果是一次还本付息的债券,则借记"其他债权投资——应计利息"账户,按照实际支付的价款,贷记"银行存款"等账户,按照其差额,借记或贷记"其他债权投资——利息调整"账户。

(二) 其他债权投资的后续计量

其他债权投资的后续计量主要涉及以下内容。

1. 其他债权投资摊余成本与利息收入计量

企业确认其他债权投资的摊余成本与实际利息收入的会计处理与债权投资类似,采用实际利率法计算并确认投资收益。在每个计息日或资产负债表日,如果其他债权投资为分期付息、一次还本债券,则应按票面利率与票面金额计算确定的应收未收利息,借记"应收利息"账户,按其他债权投资的摊余成本和实际利率计算确定的实际利息收入,贷记"投资收益"账户,按其差额,借记或贷记"其他债权投资——利息调整"账户。如果持有的其他债权投资为一次还本付息债券,则按票面利率与票面金额计算确定的应收未收利息,借记"其他债权投资——应计利息"账户,按实际利息收入,贷记"投资收益"账户,按其差额,借记或贷记"其他债权投资——利息调整"账户。

2. 其他债权投资期末计量

其他债权投资应该按照资产负债表日的公允价值进行计量,其公允价值的变动额,不影响当期损益,而应直接计入所有者权益,通过"其他综合收益"账户核算。资产负债表日,如果其他债权投资的公允价值高于其账面价值,则应借记"其他债权投资——公允价值变动"账户,将其账面金额调高至公允价值,同时,贷记"其他综合收益"账户,确认公允价值变动利益。如果其公允价值低于账面价值,则应作相反的会计处理。需要注意的是,在每一个资产负债表日,企业需要先对当期的溢折价进行摊销,再将摊销后债券的摊余成本与其他债权投资的公允价值进行比较,通过"其他债权投资——公允价值变动"这一账户的调整,将"其他债权投资"账户的账面价值调整至资产负债表日该项金融资产的公允价值,其他债权投资摊余成本的计算不受公允价值波动的影响。

(三)其他债权投资的处置

企业出售其他债权投资时,应按实际收到的金额与其他债权投资的账面价值之差,确认为投资收益。按照实际收到的金额,借记"银行存款"账户,按照其账面价值,贷记"其他债权投资——成本""其他债权投资——应计利息"账户,借记或贷记"其他债权投资——公允价值变动""其他债权投资——利息调整"账户,按照其差额,借记或贷记"投资收益"账户。同时,应将处置部分原直接记入"其他综合收益"的公允价值变动累计金额转出,作为已实现损益记入利润表的"投资收益"项目,按照此金额,借记或贷记"其他综合收益"账户,贷记或借记"投资收益"账户。

【例 5-7】 2020 年 1 月 1 日,ABC 公司购买一项当日发行期限为 5 年的债券,ABC 公司根据金融资产业务管理模式及合同现金流量特征,将其划分为其他债权投资。ABC 公司支付购买价款 940 000 元,另支付交易费用 10 000 元,该债券面值为 1 000 000 元,票面年利率为 4%,实际年利率为 5.16%,每年年末支付利息,到期归还本金。2020 年年末至 2022 年年末该债券投资的公允价值分别为 970 000 元、980 000 元和 950 000 元。2023 年 1 月 1 日,ABC 公司将该投资全部出售,取得价款 1 050 000 元。不考虑相关税费等因素。相关计算如表 5-2 所示。ABC 公司的相关会计处理如下。

表 5-2　　　　　　　　　　　摊余成本与公允价值计算表　　　　　　　　　单位:元

日期	期初摊余成本(a)	实际利息(b)	票面利息(c)	期末摊余成本(d)	期末公允价值(e)	公允价值变动额(f)	公允价值累计变动额(g)
2020 年 12 月 31 日	950 000.00	49 020.00	40 000.00	959 020.00	970 000.00	10 980.00	10 980.00
2021 年 12 月 31 日	959 020.00	49 485.43	40 000.00	968 505.43	980 000.00	514.57	11 494.57
2022 年 12 月 31 日	968 505.43	49 974.88	40 000.00	978 480.31	950 000.00	−39 974.88	−28 480.31

其中:(b)=(a)×5.16%, (c)=1 000 000×4%, (d)=(a)+(b)−(c), (f)=(e)−(d)−期初(g), (g)=期初(g)+(f)=(e)−(d)。

（1）购入债券时：

借：其他债权投资——成本   1 000 000
    贷：银行存款   950 000
        其他债权投资——利息调整   50 000

（2）2020年年末，确认投资收益与公允价值变动，收到债权利息时：

应收利息＝1 000 000×4％＝40 000（元）

投资收益＝950 000×5.16％＝49 020（元）

应摊折价＝49 020－40 000＝9 020（元）

借：应收利息   40 000
    其他债权投资——利息调整   9 020
    贷：投资收益   49 020

借：银行存款   40 000
    贷：应收利息   40 000

借：其他债权投资——公允价值变动   10 980
    贷：其他综合收益——其他债权投资公允价值变动   10 980

（3）2021年年末，确认投资收益与公允价值变动，收到债权利息时：

应收利息＝1 000 000×4％＝40 000（元）

投资收益＝959 020×5.16％＝49 485.43（元）

应摊折价＝49 485.43－40 000＝9 485.43（元）

借：应收利息   40 000.00
    其他债权投资——利息调整   9 485.43
    贷：投资收益   49 485.43

借：银行存款   40 000
    贷：应收利息   40 000

借：其他债权投资——公允价值变动   514.57
    贷：其他综合收益——其他债权投资公允价值变动   514.57

（4）2022年年末，确认投资收益与公允价值变动，收到债权利息时：

应收利息＝1 000 000×4％＝40 000（元）

投资收益＝968 505.43×5.16％＝49 974.88（元）

应摊折价＝49 974.88－40 000＝9 974.88（元）

借：应收利息   40 000.00
    其他债权投资——利息调整   9 974.88
    贷：投资收益   49 974.88

借：银行存款   40 000
    贷：应收利息   40 000

借：其他综合收益——其他债权投资公允价值变动   39 974.88
    贷：其他债权投资——公允价值变动   39 974.88

（5）2023 年 1 月 1 日,将其他债权投资出售时:

出售时尚未摊销的折价金额＝50 000－9 020－9 485.42－9 974.88＝21 519.7(元)

借:银行存款　　　　　　　　　　　　　　　　　　　　　　　　　1 050 000.00
　　其他债权投资——公允价值变动　　　　　　　　　　　　　　　　28 480.30
　　　　　　　　——利息调整　　　　　　　　　　　　　　　　　　21 519.70
　　贷:其他债权投资——成本　　　　　　　　　　　　　　　　　　1 000 000.00
　　　　投资收益　　　　　　　　　　　　　　　　　　　　　　　　100 000.00

同时,将计入其他综合收益的累计公允价值变动额转入投资收益:

借:投资收益　　　　　　　　　　　　　　　　　　　　　　　　　　28 480.30
　　贷:其他综合收益——其他债权投资公允价值变动　　　　　　　　　28 480.30

由此,ABC 处置该项金融资产的整体收益为 100 000－28 480.30＝71 519.70(元)。

三、其他权益工具投资

(一) 其他权益工具投资初始计量

其他权益工具投资主要是指非交易性的股票,以及对被投资单位不具有控制、共同控制与重大影响的股权投资。

企业设置"其他权益工具投资"账户对该类金融资产进行核算,并设置"成本"与"公允价值变动"两个明细账户进行明细核算。其中,"成本"明细账户核算初始取得该类投资时的公允价值与交易费用;"公允价值变动"明细账户核算持有期间金融资产的公允价值变动。初始取得该类金融资产时,应按照交易金额与交易费用之和,借记"其他权益工具投资——成本"账户,支付的金额中包含的已经宣告但尚未发放的现金股利,借记"应收股利"账户,按照实际支付的金额,贷记"银行存款"账户。

(二) 其他权益工具投资后续计量

企业在持有其他权益工具投资期间,获得的现金股利应作为投资收益处理,即当被投资单位宣告发放现金股利时,投资企业按照应享有的份额,借记"应收股利"账户,贷记"投资收益"账户;实际收到现金股利时,借记"银行存款"账户,贷记"应收股利"账户。

资产负债表日,其他权益工具投资应按公允价值进行计量,公允价值与账面价值的差异计入其他综合收益。即如果金融资产的公允价值高于其账面价值,借记"其他权益工具投资——公允价值变动"账户,将其账面金额调高至公允价值,同时,贷记"其他综合收益——其他权益工具投资/公允价值变动"账户。如果其公允价值低于账面价值,则应作相反的会计处理。

(三) 其他权益工具投资的处置

企业出售其他权益工具投资时,应将出售价款与账面价值之间的差额计入留存收益,不计入当期损益。同时,需要将企业持有该项金融资产期间累计的公允价值变动额转入留存收益。

企业应按出售时实际收到的金额,借记"银行存款"账户,按照其账面价值,贷记"其他权益工具投资——成本"账户,借记或贷记"其他权益工具投资——公允价值变动"账户,将其他权益工具投资的账面价值转销,同时按照其差额,将处置收益,借记或贷记"盈余公积""利润分配——未分配利润"账户。同时,应将处置部分原直接计入所有者权益的公允价值变动累计金额转入留存收益,借记或贷记"其他综合收益"账户,借记或贷记"盈余公积""利润分配——未分配利润"账户。

【例 5-8】 ABC 公司于 2021 年 1 月 10 日从证券交易所购入乙公司的股票 1 万股,每股股票市价为 25.5 元,相关交易费用为 3 000 元,另需支付 4 000 元以享有乙公司已宣告但未发放的现金股利,所有款项已存入证券公司的投资款支付。根据 ABC 公司管理这类股票的业务模式和金融资产的合同现金流量特征,ABC 公司将投资的乙公司股票划分为以公允价值计量且其变动计入其他综合收益的金融资产。

(1) 2021 年 1 月 15 日,ABC 公司收到 4 000 元股利。

(2) 2021 年 6 月 30 日,该股票的每股市价上升至 28 元。

(3) 2021 年 7 月 1 日,乙公司宣告按照每股 0.4 元发放现金股利,股利于 2021 年 7 月 25 日发放。

(4) 2021 年 12 月 31 日,乙公司股票的每股市价下降至 23 元。

(5) 2022 年 6 月 30 日,乙公司经营环境改善,每股市价上升至 26 元。2022 年 7 月 18 日,ABC 公司将该项资产出售,扣除相关税费后收到 278 000 元,款项存入证券公司,以备购买其他股票。ABC 公司相关会计分录如下:

(1) 2021 年 1 月 10 日,从证券交易所购入乙公司发行的股票时:

借:其他权益工具投资——成本	258 000	
应收股利	4 000	
贷:其他货币资金——存出投资款		262 000

(2) 2021 年 1 月 15 日,收到现金股利时:

借:银行存款	4 000	
贷:应收股利		4 000

(3) 2021 年 6 月 30 日,确认其公允价值变动时:

公允价值变动利得 = 28 × 10 000 − 258 000 = 22 000(元)

借:其他权益工具投资——公允价值变动	22 000	
贷:其他综合收益——其他权益工具投资公允价值变动		22 000

(4) 2021 年 7 月 1 日,确认股利收益时:

借:应收股利	4 000	
贷:投资收益		4 000

2021 年 7 月 25 日,收到现金股利时,

借:银行存款	4 000	
贷:应收股利		4 000

（5）2021 年 12 月 31 日,确认其公允价值变动时:

公允价值变动损失＝23×10 000－280 000＝－50 000(元)

借:其他综合收益——其他权益工具投资公允价值变动　　　　　　　50 000
　　贷:其他权益工具投资　公允价值变动　　　　　　　　　　　　　　　　50 000

（6）2022 年 6 月 30 日,确认其公允价值变动时:

公允价值变动利得＝26×10 000－230 000＝30 000(元)

借:其他权益工具投资——公允价值变动　　　　　　　　　　　　　　30 000
　　贷:其他综合收益——其他权益工具投资公允价值变动　　　　　　　　30 000

（7）2022 年 7 月 18 日,将所持的乙公司的股票出售时:

出售损益＝净收入－可供出售金融资产账面价值＝278 000－260 000＝18 000(元)

借:其他货币资金——存出投资款　　　　　　　　　　　　　　　278 000
　　贷:其他权益工具投资——成本　　　　　　　　　　　　　　　　　258 000
　　　　　　　　　　　　——公允价值变动　　　　　　　　　　　　　　 2 000
　　　　盈余公积　　　　　　　　　　　　　　　　　　　　　　　　　 1 800
　　　　利润分配——未分配利润　　　　　　　　　　　　　　　　　　 16 200

同时,将原计入所有者权益的公允价值变动累计金额转出,计入留存收益。

借:其他综合收益——其他权益工具投资公允价值变动　　　　　　　 2 000
　　贷:盈余公积　　　　　　　　　　　　　　　　　　　　　　　　　　 200
　　　　利润分配——未分配利润　　　　　　　　　　　　　　　　　　 1 800

第五节　金融资产的重分类

一、以摊余成本计量的金融资产的重分类

企业将一项以摊余成本计量的金融资产重分类为以公允价值计量且其变动计入其他综合收益的金融资产的,应当按照该金融资产在重分类日的公允价值进行计量。原账面价值与公允价值之间的差额计入其他综合收益。该金融资产重分类不影响其摊余成本与实际利率的计量。

【例 5-9】　沿用［例 5-5］的资料,ABC 公司于 2020 年 1 月 1 日,自证券市场购入面值总额为 1 000 万元的债券。购入时,实际支付价款 1 027 万元(包含交易费用)。该债券发行日为 2020 年 1 月 1 日,系分期付息、到期还本债券,期限为 3 年,票面年利率为 5%,每年 1 月 1 日支付上年的利息。ABC 公司将该债券作为以摊余成本计量的金融资产核算。2021 年 12 月 31 日,ABC 公司决定改变其管理债券投资组合的业务模式。2021 年 12 月 31 日,该债券的账面余额为 1 009.43 万元,其中,成本为 1 000 万元,利息调整为 9.43 万元。重分类日(2022 年 1 月 1 日),该债券的公允价值为 1 100 万元。

（1）假定 ABC 公司准备将该债券从以摊余成本计量重分类为以公允价值计量且其变动计入当期损益的金融资产,ABC 公司的会计处理如下:

借：交易性金融资产——成本   11 000 000
    贷：债权投资——成本   10 000 000
      ——利息调整   94 300
      公允价值变动损益   905 700

（2）假定 ABC 公司准备将该债券从以摊余成本计量重分类为以公允价值计量且其变动计入其他综合收益的金融资产，ABC 公司的会计处理如下：

借：其他债权投资——成本   10 000 000
    ——利息调整   94 300
    ——公允价值变动   905 700
    贷：债权投资——成本   10 000 000
      ——利息调整   94 300
      其他综合收益——其他债权投资公允价值变动   905 700

二、以公允价值计量且其变动计入其他综合收益的金融资产的重分类

企业将一项以公允价值计量且其变动计入其他综合收益的金融资产重分类为以摊余成本计量的金融资产的，应当将之前计入其他综合收益的累计利得或损失转出，调整该金融资产在重分类日的公允价值，并以调整后的金额作为新的账面价值，即视同该金融资产一直以摊余成本计量。重分类后不影响该金融资产按照原摊余成本与实际利率的计量。

企业将一项以公允价值计量且其变动计入其他综合收益的金融资产重分类为以公允价值计量且其变动计入当期损益的金融资产的，应当继续以公允价值计量该金融资产。同时，企业应当将之前计入其他综合收益的累计利得或损失从其他综合收益转入当期损益。

【例 5-10】 ABC 公司于 2020 年 1 月 1 日自证券市场购入面值总额为 1 000 万元的债券。购入时，实际支付价款为 1 027 万元（包含交易费用）。该债券发行日为 2020 年 1 月 1 日，系分期付息、到期还本债券，期限为 3 年，票面年利率为 5%，每年 1 月 1 日支付上年的利息。ABC 公司将该债券作为以公允价值计量且其变动计入当期损益的金融资产进行核算。2021 年 12 月 31 日，ABC 公司决定改变其管理债券投资组合的业务模式。2021 年 12 月 31 日，该债券的账面余额为 1 100 万元，其中成本为 1 000 万元，利息调整为 9.43 万元，公允价值变动为 90.57 万元。重分类日（2022 年 1 月 1 日）该债券的公允价值为 1 150 万元。

（1）假定 ABC 公司准备将该债券从以公允价值计量且其变动计入其他综合收益的金融资产重分类为以摊余成本计量的金融资产，ABC 公司的会计处理如下：

借：债权投资——成本   10 000 000
    ——利息调整   94 300
    其他综合收益——其他债权投资公允价值变动   905 700
    贷：其他债权投资——成本   10 000 000
      ——利息调整   94 300
      ——公允价值变动   905 700

（2）假定 ABC 公司准备将该债券从以公允价值计量且其变动计入其他综合收益的金融资产重分类为以公允价值计量且其变动计入当期损益的金融资产，ABC 公司的会计处理如下：

借：交易性金融资产——成本　　　　　　　　　　　　　　　　　11 500 000
　　贷：其他债权投资——成本　　　　　　　　　　　　　　　　　　　10 000 000
　　　　　　　　　　——利息调整　　　　　　　　　　　　　　　　　　　94 300
　　　　　　　　　　——公允价值变动　　　　　　　　　　　　　　　　　905 700
　　　　　公允价值变动损益　　　　　　　　　　　　　　　　　　　　　　500 000

借：其他综合收益——其他债权投资公允价值变动　　　　　　　　　　905 700
　　贷：公允价值变动损益　　　　　　　　　　　　　　　　　　　　　　　905 700

三、以公允价值计量且其变动计入当期损益的金融资产的重分类

企业将一项以公允价值计量且其变动计入当期损益的金融资产重分类为以摊余成本计量的金融资产的,应当以其在重分类日的公允价值作为新的账面余额,企业应当根据该金融资产在重分类日的公允价值确定其实际利率。

企业将一项以公允价值计量且其变动计入当期损益的金融资产重分类为以公允价值计量且其变动计入其他综合益的金融资产的,应当继续以公允价值计量该金融资产。

【例5-11】　ABC公司于2020年1月1日自证券市场购入面值总额为1 000万元的债券,该债券发行日为2020年1月1日,系分期付息、到期还本债券,期限为3年,票面年利率为5%,每年1月1日支付上年的利息。ABC公司将该债券作为交易性金融资产核算。2021年12月31日,ABC公司决定改变其管理债券投资组合的业务模式。2021年12月31日,该债券的账面余额为1 027万元,其中成本为995万元,公允价值变动为32万元。重分类日(2022年1月1日),该债券的公允价值为1 027万元。

(1) 假定ABC公司准备将该债券从以公允价值计量且其变动计入当期损益的金融资产重分类为以摊余成本计量的金融资产,ABC公司的会计处理如下：

借：债权投资——成本　　　　　　　　　　　　　　　　　　　　　10 000 000
　　　　　　　——利息调整　　　　　　　　　　　　　　　　　　　　270 000
　　贷：交易性金融资产——成本　　　　　　　　　　　　　　　　　　　9 950 000
　　　　　　　　　　　　——公允价值变动　　　　　　　　　　　　　　　320 000

由插值法可以算出,该债券的实际成本为4.03%,该债券的后续处理可参照[例5-5]。

(2) 假定ABC公司准备将该债券从以公允价值计量且其变动计入当期损益的金融资产重分类为以公允价值计量且其变动计入其他综合收益的金融资产,ABC公司的会计处理如下：

借：其他债权投资——成本　　　　　　　　　　　　　　　　　　　10 000 000
　　　　　　　　　——利息调整　　　　　　　　　　　　　　　　　　270 000
　　贷：交易性金融资产——成本　　　　　　　　　　　　　　　　　　　9 950 000
　　　　　　　　　　　　——公允价值变动　　　　　　　　　　　　　　　320 000

本 章 习 题

一、思考题

1. 思考新修订的《企业会计准则第22号——金融工具确认和计量》对金融资产分类的影响。

2. 简述债权投资利息调整的构成内容。

3. 金融资产重分类有哪些类型？各应怎样进行会计处理？

4. 在资产负债表中，交易性金融资产的价值该如何反映？

5. 为何金融资产的核算存在类别差异？

二、选择题

1. ABC 公司购入甲公司股票并划分为交易性金融资产,共支付价款 3 500 000 元(其中,包含已宣告但尚未发放的现金股利 100 000 元),另支付相关交易费用 10 000 元,取得并经税务机关认证的增值税专用发票上注明的增值税额为 600 元。不考虑其他因素,ABC 公司取得甲公司股票时,应借记"交易性金融资产"账户的金额为(　　)元。

A. 3 500 000　　　　B. 3 510 000　　　　C. 3 410 000　　　　D. 3 400 000

2. 企业在发生交易性金融资产的下列有关业务中,不应计入投资收益的是(　　)。

A. 购买交易性金融资产时支付的手续费

B. 持有期间获得的现金股利

C. 企业转让交易性金融资产收到的价款大于其账面价值的差额

D. 资产负债表日,交易性金融资产公允价值(不考虑增值税因素)大于其账面价值的差额

3. 企业购入分期付息的债权投资,期末确认尚未收到的利息时,应借记的账户是(　　)。

A. "债权投资——应计利息"　　　　B. "债权投资——债券面值"

C. "应收利息"　　　　　　　　　　D. "投资收益"

4. 采用实际利率法进行一次还本分期付息的债权投资的利息调整溢价摊销时,摊销额(　　)。

A. 逐期递增　　　B. 逐期递减　　　C. 保持不变　　　D. 变化不能确定

5. 企业将债权投资部分出售,并将该项投资的剩余部分重分类为其他债权投资,以公允价值进行后续计量。在重分类日,该投资剩余部分的账面价值与其公允价值之间的差额,应计入(　　)。

A. 公允价值变动损益　　　　B. 投资收益

C. 营业外收入　　　　　　　D. 其他综合收益

6. 下列关于交易性金融资产的表述中,正确的有(　　)。

A. 资产负债表日交易性金融资产公允价值与账面余额的差额计入当期损益

B. 取得交易性金融资产所发生的相关交易费用应当在发生时计入投资收益

C. 取得交易性金融资产价款中包含已宣告但尚未发放的现金股利计入应收股利

D. 出售交易性金融资产时应将其公允价值与账面余额之间的差额确认为投资收益

7. 下列各项支付的价款中,应计入投资成本的有(　　)。

A. 购入债权投资实付价款中包含的相关税金

B. 购入债权投资实付价款中包含的相关手续费

C. 购入一次付息的债权投资实付价款中包含的应计利息

D. 购入分期付息的债权投资实付价款中包含的未到期利息

8. 下列各项中,应计入分期付息债权投资入账价值的有(　　)。

A. 债券面值　　　　B. 债券溢价　　　　C. 债券折价　　　　D. 债券手续费

9. 下列关于其他债权投资计量的表述中,正确的有(　　　)。

A. 企业取得其他债权投资时支付的相关税费应计入当期损益

B. 其他债权投资公允价值变动应计入其他综合收益

C. 处置其他债权投资时,原计入其他综合收益的公允价值变动应转为投资收益

D. 公允价值调整不影响摊余成本计算

10. 下列关于金融资产计量的表述中,正确的有(　　　)。

A. 交易性金融资产应当按照取得时的公允价值和相关税费为初始确认金额

B. 其他债权投资应当按取得该金融资产的公允价值和相关交易费用之和为初始确认金额

C. 其他权益工具投资应当按取得时的公允价值为初始确认金额,相关的交易费用在发生时计入当期损益

D. 债权投资在持有期间应当按照摊余成本和实际利率计算确认利息收入,计入投资收益

三、业务题

1. 资料　ABC 公司发生如下与股票投资有关的经济业务(暂不考虑增值税因素):

(1) 2023 年 7 月 20 日,从股票市场购入甲公司发行的股票 50 000 股,作为交易性金融资产进行管理,成交价为每股 5.4 元,另付交易费用 200 元,款项以存入证券公司的投资款支付。

(2) 2023 年 8 月 20 日,甲公司宣告发放股利:每股派 0.3 元现金股利,每 10 股派 2 股股票股利。9 月 20 日,收到现金股利和股票股利。

(3) 2023 年 9 月 1 日,ABC 公司出售甲公司股票 30 000 股,成交价为每股 5.8 元,另付交易费用 120 元。

(4) 2023 年 12 月 31 日,ABC 公司持有的甲公司股票当日收盘价为 4 元。

(5) 2024 年 1 月 20 日,出售其余全部甲公司股票,实际收到款项 90 000 元。

要求　根据以上经济业务,编制 ABC 公司相关的会计分录。

2. 资料　ABC 公司于 2022 年 1 月 2 日以 6 090 万元的价格,购买乙公司于 2022 年 1 月 1 日发行的 3 年期债券,作为以公允价值计量且其变动计入其他综合收益的金融资产核算,该债券面值为 6 000 万元,票面利率为 6%,实际利率为 5%,分期付息,到期还本。ABC 公司其他相关资料如下:

(1) 2022 年年末,预计该债券的公允价值为 5 900 万元。

(2) 2023 年 1 月 15 日,ABC 公司收到 2020 年的债券利息。

(3) ABC 公司于 2023 年 3 月 15 日将该债券处置,实际收到价款 5 950 万元,另发生手续费 6 万元。

要求　编制 ABC 公司上述相关业务的会计分录(假定不考虑其他因素)。

四、思政园地

调研　选择一两只股票或基金债券,并持续关注其相关市场走势。

分析　所关注的金融产品价格变动的影响因素。

思考　企业在证券市场上选择投资对象时,应如何既注重效益,又控制风险。

第六章

长期股权投资

◎ 【本章要求】

掌握：长期股权投资的取得，成本法和权益法的核算。

熟悉：长期股权投资的范围，处置和减值的账务处理。

了解：长期股权投资核算方法转换的账务处理。

第一节　长期股权投资概述

一、长期股权投资的性质

长期股权投资是指投资方对被投资单位实施控制、重大影响的权益性投资，以及对其合营企业的权益性投资。长期股权投资包括以下内容：

（1）投资方能够对被投资单位实施控制的权益性投资，即对子公司投资。

（2）投资方对被投资单位具有重大影响的权益性投资，即对联营企业投资。

（3）投资方与其他合营方对被投资单位实施共同控制的权益性投资，即对合营企业投资。

二、投资企业与被投资企业的关系

在确定长期股权投资的日常会计处理和报表列报方法时，应重点考虑投资方与被投资单位的关系。按照投资方对被投资单位的影响程度，投资方与被投资单位的关系可以分为以下三种类型：控制、共同控制、重大影响。

（一）控制

控制是指投资方拥有对被投资单位的权力,通过参与被投资单位的相关活动而享有可变回报,并且有能力运用对被投资方的权力影响其回报金额。对于投资方对被投资单位是否具有实质控制权,投资方可以通过以下一种或几种情形进行判定:

（1）通过与被投资单位其他投资者之间的协议,拥有被投资单位半数以上的表决权。例如,A 公司拥有 B 公司 40％的表决权资本,C 公司拥有 B 公司 30％的表决权资本。A 公司与 C 公司达成协议,C 公司在 B 公司的权益由 A 公司代表。在这种情况下,A 公司实质上拥有 B 公司 70％表决权资本的控制权,表明 A 公司实质上控制 B 公司。

（2）根据章程或协议,投资方有权控制被投资单位的财务和经营政策。例如,A 公司拥有 B 公司 45％的表决权资本,同时根据协议,B 公司的生产经营决策由 A 公司控制。

（3）有权任免被投资单位董事会等类似权力机构的多数成员。这种情况是指虽然投资方仅拥有被投资单位 50％或以下表决权资本,但根据章程或协议有权任免被投资单位董事会的多数董事,能够达到实质上控制的目的。

（4）在被投资单位董事会或类似权力机构会议上占多数表决权。这种情况是指虽然投资方仅拥有被投资单位 50％或以下表决权资本,但能够控制被投资单位董事会等类似权力机构的会议,从而能够控制其财务和经营政策。

（二）共同控制

共同控制是指按照相关约定对某项安排所共有的控制,并且该安排的相关活动必须经过分享控制权的参与方一致同意后才能决策。共同控制的实质是通过合同约定建立起来的、合营各方对合营企业共有的控制。在实务中,确定是否构成共同控制时,企业一般的确定基础如下:

（1）任何一个合营方均不能单独控制合营企业的生产经营活动。

（2）涉及合营企业基本经营活动的决策需要各合营方一致同意。

（3）各合营方能够通过合同或协议的形式任命其中的一个合营方对合营企业的日常活动进行管理,但其必须在各合营方已经一致同意的财务和经营政策范围内行使管理权。

（三）重大影响

重大影响是指对一家企业的财务和经营政策有参与决策的权力,但并不能够控制或者与其他方一起共同控制这些政策的制定。投资方能够对被投资单位施加重大影响的,被投资单位为其联营企业。投资方直接或通过子公司拥有被投资单位 20％以上、50％以下的表决权股份时,一般认为对被投资单位具有重大影响,除非有明确的证据表明该种情况下不能参与被投资单位的生产经营决策,不形成重大影响。

投资方拥有被投资单位有表决权股份的比例低于 20％的,一般认为对被投资单位不具有重大影响,但符合下列情况之一的,应认为对被投资单位具有重大影响:

（1）在被投资单位的董事会或类似权力机构中派有代表。

（2）参与被投资单位的政策制定过程,包括股利分配政策等的制定。

（3）与被投资单位之间发生重要交易,进而在一定程度上影响到被投资单位的生产经营决策。

（4）向被投资单位派出管理人员。

（5）向被投资单位提供关键技术资料。

第二节 长期股权投资的取得

一、企业控股合并形成的长期股权投资

对于控股合并形成的长期股权投资,企业应针对形成同一控制下控股合并与非同一控制下控股合并两种情况,分别确定长期股权投资的初始投资成本。

(一) 同一控制下的企业控股合并

同一控制下控股合并的长期股权投资,是指参与合并的企业在合并前后均受同一方或相同多方最终控制,且该控制并非暂时性的。同一控制下的企业合并,从能够对参与合并各方在合并前及合并后均实施最终控制的一方来看,最终控制方在企业合并前及合并后能够控制的资产并没有发生变化。合并方对被合并方的长期股权投资,其成本代表的是在被合并方账面所有者权益中享有的份额。同一控制下的控股合并,合并双方的合并行为不完全是自愿进行和完成的,这种控股合并一般不属于交易行为,而是参与合并各方资产和负债的重新组合,因此,合并方应以被合并方所有者权益的账面价值为基础,对长期股权投资进行初始计量。

同一控制下的企业控股合并,在合并日取得对其他参与合并企业控制权的一方为合并方,参与合并的其他企业为被合并方。合并日是指合并方实际取得对被合并方控制权的日期。合并方为进行企业合并发生的各项直接相关费用(包括支付的审计费用、评估费用、法律服务费用等),应于发生时计入当期损益(管理费用)。

合并方支付对价的方式不同,会计处理的具体方法也有所不同,具体包括以下两种情形。

1. 合并方以支付现金、转让非现金资产或承担债务方式作为合并对价

同一控制下的企业合并时,合并方以支付现金、转让非现金资产或承担债务方式作为合并对价的,合并方应当在合并日按照被合并方所有者权益在最终控制方合并财务报表中的账面价值的份额,为长期股权投资的初始投资成本。对于长期股权投资初始投资成本与支付的现金、转让的非现金资产以及所承担债务账面价值之间的差额,合并方应调整资本公积;资本公积不足冲减的,合并方应调整留存收益。

具体进行会计处理时,合并方在合并日按取得被合并方所有者权益账面价值的份额,借记"长期股权投资"账户;按应享有被投资单位已宣告但尚未发放的现金股利或利润,借记"应收股利"账户;按支付的合并对价的账面价值,贷记有关资产或借记有关负债账户;按借贷差额,贷记"资本公积——资本溢价(或股本溢价)"账户;如为借方差额,应借记"资本公积——资本溢价(或股本溢价)"账户,"资本公积——资本溢价(或股本溢价)"账户不足冲减的,借记"盈余公积""利润分配——未分配利润"账户。

【例6-1】 ABC公司(股份制制造企业)是M集团的子公司,该公司以账面价值为1 000万元、公允价值为1 600万元的库存商品作为对价,取得同一集团内另一子公司甲公司60%的股权并准备长期持有。合并日,甲公司的净资产在该集团公司合并财务报表中的账面价值为1 500万元。假定不考虑相关税费,假设相关资产没有计提资产减值准备。根据以上资料,编制ABC公司取得长期股权投资的会计分录如下:

ABC公司长期股权投资的初始成本=1 500×60%=900(万元)

借:长期股权投资 9 000 000
　　资本公积——股本溢价 1 000 000
　　贷:库存商品 10 000 000

2. 合并方以发行权益性证券作为合并对价

合并方以发行权益性证券作为合并对价的,应当在合并日按照被合并方所有者权益在最终控制方合并财务报表中的账面价值的份额为长期股权投资的初始投资成本。合并方应将发行股份的面值总额作为股本,按照长期股权投资初始投资成本与所发行股份面值总额之间的差额调整资本公积;资本公积不足冲减的,应调整留存收益。具体进行会计处理时,在合并日,合并方应按取得被合并方所有者权益账面价值的份额,借记"长期股权投资"账户;按应享有被投资单位已宣告但尚未发放的现金股利或利润,借记"应收股利"账户;按发行权益性证券的面值,贷记"股本"账户;按借贷方差额,贷记"资本公积——资本溢价(或股本溢价)"账户;如为借方差额,应借记"资本公积——资本溢价(或股本溢价)"账户,"资本公积——资本溢价(或股本溢价)"账户不足冲减的,借记"盈余公积""利润分配——未分配利润"账户。

企业合并中,发行权益性证券发生的手续费、佣金等费用,应当抵减权益性证券溢价收入,溢价收入不足冲减的,冲减留存收益。应该注意的是,在企业合并中,合并方发行债券或承担其他债务支付的手续费、佣金等,应当计入所发行债券及其他债务的初始成本。

【例6-2】 2022年1月31日,ABC公司(股份制制造企业)向同一集团内乙公司的原股东定向增发1 000万股普通股(每股面值为1元,每股市价为6.50元),取得乙公司80%的股权。合并日乙公司的净资产在该集团公司合并财务报表中的账面价值为4 500万元。合并后乙公司仍维持其独立法人资格继续经营。根据以上资料,编制ABC公司取得长期股权投资的会计分录如下:

ABC公司长期股权投资的初始成本=4 500×80%=3 600(万元)

借:长期股权投资 36 000 000
　　贷:股本 10 000 000
　　　　资本公积——股本溢价 26 000 000

(二)非同一控制下的企业控股合并

非同一控制下的控股合并,是指参与合并的各方在合并前后不受同一方或相同的多方最终控制。非同一控制下企业控股合并本质上为市场化购买。相对于同一控制下的控股合并而言,非同一控制下的控股合并是合并各方自愿进行的交易行为,是一种公平的交易,应当以公允价值为基础进行计量。

非同一控制下的控股合并中,在购买日取得对其他参与合并企业控制权的一方为购买方,参与合并的其他企业为被购买方。购买日是指购买方实际取得对被购买方控制权的日期。非同一控制下的控股合并中,购买方应当按照确定的企业合并成本为长期股权投资的初始投资成本。企业合并成本包括购买方付出的资产、发生或承担的负债、发行的权益性证券的公允价值之和。合并方或购买方为企业合并发生的审计、法律服务、评估咨询等中介费用,以及其他相关管理费用,应当于发生时计入当期损益。企业发生的直接相关费用,应借记"管理费用"账户,贷记"银行存款"等账户。

1. 合并方以支付现金、转让非现金资产或承担债务方式作为合并对价

购买方在购买日以支付货币资金的方式取得被购买的股权,应以支付的货币资金为初始投资成本,借记"长期股权投资"账户,贷记"银行存款"账户。购买方支付的价款中如果含有已宣告但尚未支取的现金股利,应作为债权处理,不计入长期股权投资成本,而应记入"应收股利"账户的借方,即借记"长期股权投资"和"应收股利"账户,贷记"银行存款"账户。

购买方在购买日以付出货币资金以外的其他资产的方式取得被购买方的股权,付出的资产应按资产处置的方式进行处理,应按照资产的公允价值为初始投资成本,借记"长期股权投资"账户;按照资产的价值,贷记"主营业务收入""其他业务收入""固定资产清理""应交税费——应交增值税(销项税额)"等账户;同时,结转付出资产的成本,将其公允价值与账面价值的差额计入当期损益,借记或贷记"资产处置损益""投资收益"等账户。例如,非同一控制下控股合并,涉及以库存商品等作为合并对价的,应按库存商品的公允价值,贷记"主营业务收入"或"其他业务收入"账户,并同时结转相关成本。以公允价值计量且其变动计入其他综合收益的债权性金融资产作为合并对价的,原持有期间公允价值变动形成的其他综合收益应一并转入投资收益。

购买方以承担债务的方式取得被购买方的股权,应按照债务的公允价值为初始投资成本,借记"长期股权投资"账户,贷记有关负债账户。

【例6-3】 ABC公司以账面价值1 000万元、公允价值1 600万元的库存商品为对价,取得非关联丁公司51%的股权并准备长期持有。该库存商品没有计提资产减值准备,ABC公司适用的增值税税率为13%。根据以上资料,编制ABC公司取得长期股权投资的会计分录如下:

ABC公司长期股权投资的初始成本=1 600×(1+13%)=1 808(万元)

借:长期股权投资   18 080 000
    贷:主营业务收入   16 000 000
        应交税费——应交增值税(销项税额)   2 080 000

同时,结转成本:

借:主营业务成本   10 000 000
    贷:库存商品   10 000 000

2. 合并方以发行权益性证券作为合并对价

购买方以发行权益性证券为合并对价的,应在购买日按照发行的权益性证券的公允价值,借记"长期股权投资"账户,按照发行的权益性证券的面值总额,贷记"股本"账户,按其差额,贷记"资本公积——资本溢价(或股本溢价)"账户。在企业合并中,发行权益性证券发生的手续费、佣金等费用,应当抵减权益性证券溢价收入,溢价收入不足冲减的,应冲减留存收益。

【例 6-4】 2022 年 6 月 30 日,ABC 公司向戊公司(非关联公司)的原股东定向增发 1 000 万股普通股(每股面值为 1 元,市价为 6.50 元),取得戊公司 80% 的股权。为增发股票所发生的手续费、佣金等费用共计 180 万元。合并后戊公司仍维持其独立法人资格继续经营。根据以上资料,编制 ABC 公司取得长期股权投资的会计分录如下:

ABC 公司长期股权投资的初始成本＝1 000×6.5＝6 500(万元)

(1)取得长期股权投资时:

借:长期股权投资		65 000 000
贷:股本		10 000 000
资本公积——股本溢价		55 000 000

(2)支付手续费、佣金等费用时:

借:资本公积——股本溢价		180
贷:银行存款		180

二、以企业合并以外的其他方式取得的长期股权投资

以企业合并以外的其他方式取得的长期股权投资,应当按照下列规定确定其初始投资成本。

(一)以支付现金方式取得的长期股权投资

以支付现金方式取得的长期股权投资,应当按照实际支付的购买价款为初始投资成本。初始投资成本包括与取得长期股权投资直接相关的费用、税金及其他必要支出,但所支付价款中包含的被投资单位已宣告但尚未发放的现金股利或利润应作为应收项目核算,不构成取得长期股权投资的成本。

【例 6-5】 ABC 公司于 2022 年 5 月 10 日自公开市场中买入戊公司 20% 的股份,支付价款计 2 000 万元,价款中包含已宣告但尚未发放的现金股利 10 万元,另支付手续费等相关费用 40 万元。ABC 公司取得该部分股权后,能够对戊公司的生产经营决策施加重大影响。根据以上资料,编制 ABC 公司取得长期股权投资的会计分录如下:

ABC 公司长期股权投资的初始投资成本＝(2 000－10)＋40＝2 030(万元)

借:长期股权投资	20 300 000
应收股利	100 000
贷:银行存款	20 400 000

(二)以发行权益性证券取得的长期股权投资

对于以发行权益性证券取得的长期股权投资,企业应当按照发行权益性证券的公允价

值为初始投资成本。为发行权益性证券支付给有关证券承销机构等的手续费、佣金等与权益性证券发行直接相关的费用,不构成取得长期股权投资的成本。该部分费用应自权益性证券的溢价发行收入中扣除,权益性证券的溢价收入不足冲减的,应冲减盈余公积和未分配利润。

(三)通过非货币性资产交换取得的长期股权投资

通过非货币性资产交换取得的长期股权投资,如果该交换具有商业实质,则应当按照换出资产的公允价值和应支付的相关税费,为长期股权投资的初始投资成本。但有确凿证据表明换入资产的公允价值更加可靠的除外。换出资产的公允价值和账面价值之间的差额,应计入当期损益。

(四)通过债务重组取得的长期股权投资

通过债务重组取得的长期股权投资,应当按照其公允价值入账。重组债权的账面价值与所取得股份的公允价值之间的差额,计入当期损益。

第三节　长期股权投资核算的成本法

长期股权投资的后续计量方法有两种:成本法和权益法。企业会计准则及相关规定对两种方法的使用作了明确的规定。投资方在持有长期股权投资期间,应当根据对被投资单位能够施加的影响程度进行划分,在个别财务报表中分别采用成本法及权益法进行核算。其中,对子公司的长期股权投资(包括同一控制下和非同一控制下的企业合并形成的长期股权投资),应当按照成本法核算,投资方为投资性主体且子公司不纳入其合并报表的除外。对合营、联营企业的长期股权投资应当按照权益法核算。

一、成本法的适用范围

投资方能够对被投资单位实施控制的长期股权投资应当采用成本法核算。成本法是指投资按成本计价的方法。投资方在判断对被投资单位是否具有控制权时,应综合考虑直接持有的股权和通过子公司间接持有的股权。在个别财务报表中,投资方进行成本法核算,应仅考虑直接持有的股份份额。

二、成本法核算下长期股权投资账面价值的调整及投资损益的确认

对于采用成本法核算的长期股权投资,投资方应当作会计处理如下:

(1)按照初始投资成本计价。追加或收回投资,应当调整长期股权投资的成本。

(2)不管有关利润分配是属于对取得投资前,还是取得投资后被投资单位实现的净利润的分配,投资方都应将被投资单位宣告分派的现金股利或利润,确认为当期投资收益,除取得投资时实际支付的价款或对价中包含的已宣告但尚未发放的现金股利或利润外。

(3)投资方在确认自被投资单位应分得的现金股利和利润后,应当考虑有关长期股权投资是否发生减值。

（4）子公司将未分配利润或盈余公积转增股本（或实收资本），且未向投资方提供等值现金股利或利润的选择权时，投资方并没有获得收取现金或者利润的权力。该项交易通常属于子公司自身权益结构的重分类，投资方并没有获得收取现金或者利润的权利，所以不应确认相关的投资收益。

采用成本法核算的长期股权投资，应按照初始投资成本计价，一般不予变更，只有在追加或收回投资及长期股权投资减值时，才调整长期股权投资的账面价值。投资企业在被投资企业宣告发放现金股利时，应作为投资收益处理，借记"应收股利"等账户，贷记"投资收益"账户；收到现金股利时，应借记"银行存款"等账户，贷记"应收股利"账户。

【例 6-6】 ABC 公司于 2022 年 1 月 10 日以 800 万元的价格购入 K 公司 60% 的股份，从而能够对 K 公司的生产经营决策实施控制。ABC 公司与 K 公司没有任何共同的最终控制人，在购买过程中支付相关手续费 3 万元。K 公司于 2022 年 2 月 15 日宣告发放股利 300 万元。2 月 28 日，ABC 公司收到 K 公司所发放的股利。2022 年年底，K 公司实现的年度净利润为 5 000 万元。ABC 公司有关会计分录如下：

（1）2022 年 1 月 10 日，取得投资时：

借：长期股权投资	8 000 000
管理费用	30 000
贷：银行存款	8 030 000

（2）2022 年 2 月 15 日，K 公司宣告发放股利时：

借：应收股利	1 800 000
贷：投资收益	1 800 000

（3）2022 年 2 月 28 日，收到 K 公司所发放的股利时：

借：银行存款	1 800 000
贷：应收股利	1 800 000

（4）2022 年年底，K 公司实现年度净利润时，无须作任何会计分录。

三、股票股利的处理

如果收到的股利为股票股利，则只调整持股数量，降低每股成本，不作账务处理。分派股票股利，不会使所有者权益总额发生变动，而仅仅是所有者权益各项目结构发生内部调整。股票股利不能作为一种收益加以确认。但为了反映收到股票股利的情况，企业应在除权日在备查账簿中登记所增加的股数，以反映股份的变化情况。

第四节　长期股权投资核算的权益法

一、权益法的适用范围

权益法是指投资初始以初始投资成本计量后，在投资持有期间，根据被投资单位所有者权益的变动,投资方按应享有(或应分担)被投资企业所有者权益的份额调整其投资账面价值的方法。应当采用权益法核算的长期股权投资包括两类:一是企业持有的能够与其他合营方一同对被投资单位实施共同控制的权益性投资(即对合营企业投资);二是企业持有的能够对被投资单位施加重大影响的权益性投资(即对联营企业投资)。在这两种情况下,投资方不编制合并财务报表,但由于在被投资单位中占有较大份额,按照重要性原则,应对长期股权投资的账面价值进行调整,以客观反映投资状况。

二、权益法的核算

权益法核算的基本理念是,将投资方和被投资单位看作一个整体,当被投资单位所有者权益发生变动的时候,投资方要相应地按照持股比例调整长期股权投资的账面价值。权益法下,长期股权投资以初始投资成本计量后,在持有期间,根据投资方享有被投资单位所有者权益的份额的变动,对投资的账面价值进行调整。当被投资单位实现净利润或发生净亏损时,投资方应调增或调减长期股权投资的账面价值,同时,确认投资损益。被投资单位分派的现金股利或利润,视为投资返还,调减投资的账面价值。发生其他影响所有者权益的事项时,投资方也应对长期股权投资账面价值和所有者权益相关项目进行调整。

长期股权投资采用权益法核算的,应当在"长期股权投资"账户下分别设置"投资成本""损益调整""其他综合收益"和"其他权益变动"明细账户进行明细核算。权益法下,"长期股权投资"账户的余额反映全部投资成本。其中,"投资成本"明细账户反映购入股权时,在被投资单位按公允价值确定的所有者权益中占有的份额及初始投资成本大于占有份额形成的商誉;"损益调整"明细账户反映购入股权以后,随着被投资单位留存收益增减变动而享有份额的调整数;"其他综合收益"明细账户反映购入股权以后,随着被投资单位其他综合收益的增减变动而享有份额的调整数;"其他权益变动"明细账户主要反映购入股权以后,随着被投资单位除净损益、利润分配、其他综合收益外的所有者权益增减变动而享有份额的调整数。

(一)初始投资成本的调整

投资方取得对联营企业或合营企业的投资以后,对于取得投资时初始投资成本与应享有被投资单位可辨认净资产公允价值份额之间的差额,应分情况进行处理:

第一,长期股权投资的初始投资成本大于取得投资时投资方应享有被投资单位可辨认净资产公允价值份额的,该部分差额实质上是投资方在取得投资过程中通过购买作价体现出的与所取得股权份额相对应的商誉及被投资单位不符合确认条件的资产价值,不调整长期股权投资的初始投资成本。

第二,长期股权投资的初始投资成本小于取得投资时投资方应享有被投资单位可辨认净资产公允价值份额的,两者之间的差额体现为双方在交易作价过程中的让步,该部分经济利益流入应当计入当期损益,同时调整长期股权投资的成本。

【例6-7】 ABC公司于2022年1月取得L公司25%的股权,支付价款600万元。ABC公司取得投资时,被投资单位L公司的净资产账面价值为1800万元(假定被投资单位各项可辨认资产、负债的公允价值与其账面价值相同)。ABC公司在取得L公司的股权后,派人参与了L公司的生产经营决策,能够对L公司施加重大影响,因此,ABC公司对该投资采用权益法核算。ABC公司的有关会计分录如下：

（1）2022年1月，取得投资时：

借：长期股权投资——投资成本 6 000 000

贷：银行存款 6 000 000

长期股权投资的初始投资成本为600万元，大于取得投资时应享有被投资单位可辨认净资产公允价值的份额450万元（1 800×25％），两者差额不调整长期股权投资的账面价值。

（2）假定[例6-7]中取得投资时被投资单位可辨认净资产的公允价值为2 500万元，ABC公司按持股比例25％计算确定应享有625万元（2 500×25％），则应对初始投资成本进行调整，按照调整后的金额作为长期股权投资的入账价值，同时将两者差额25万元计入取得投资当期的营业外收入。账务处理如下：

借：长期股权投资——投资成本 6 250 000

贷：银行存款 6 000 000

营业外收入 250 000

（二）投资收益的确认

投资方在取得长期股权投资后，应当按照应享有或应分担的被投资单位实现的净损益的份额，确认投资损益并调整长期股权投资的账面价值。投资方按照被投资单位宣告分派的利润或现金股利计算应分得的部分，相应减少长期股权投资的账面价值。

【例6-8】 承[例6-7]，ABC公司在取得投资以后，L公司2022年实现的净利润为100万元。2020年，L公司经营不善，导致净亏损为50万元。假定不存在其他需要调整的因素。ABC公司的有关会计分录如下：

（1）2022年12月31日，ABC公司确认投资收益时：

借：长期股权投资——损益调整 250 000

贷：投资收益 250 000

（2）2020年12月31日，ABC公司确认投资收益时：

借：投资收益 125 000

贷：长期股权投资——损益调整 125 000

采用权益法核算的长期股权投资，在确认应享有或应分担被投资单位的净利润或净亏损时，投资方应在被投资单位账面净利润的基础上，考虑以下因素的影响并进行适当调整：

（1）被投资单位采用的会计政策及会计期间与投资企业不一致的，应按投资方的会计政策及会计期间对被投资单位的财务报表进行调整。另外，投资方与被投资单位采用的会计期间不同的，也应进行相关调整。

（2）以取得投资时被投资单位的固定资产、无形资产的公允价值为基础计提的折旧额或摊销额，以及以投资方取得投资时有关资产的公允价值为基础计算确定的资产减值准备金额等对被投资单位净利润的影响，进行相关调整。

应该注意的是,在对被投资单位的净利润进行调整时,应考虑重要性原则,不具有重要性的项目可不予调整。

(三)超额亏损的确认

投资方在确认应分担被投资单位发生的亏损时,具体应按照以下顺序处理:

第一步,减记长期股权投资的账面价值。

第二步,在长期股权投资的账面价值减记至零的情况下,对于未确认的投资损失,应考虑除长期股权投资以外,投资方的账面上是否有其他实质上构成对被投资单位净投资的长期权益项目,如果有,则应以其他长期权益的账面价值为限,继续确认投资损失,冲减长期应收项目等的账面价值。

第三步,经过上述处理,按照投资合同或协议约定,投资方仍需要承担额外损失弥补等义务的,应按预计将承担的义务金额确认预计负债,计入当期投资损失。

企业在实务操作过程中,在发生投资损失时,应借记"投资收益"账户,贷记"长期股权投资——损益调整"账户。在长期股权投资的账面价值减记至零以后,考虑其他实质上构成对被投资单位净投资的长期权益,继续确认的投资损失,应借记"投资收益"账户,贷记"长期应收款"等账户;因投资合同或协议约定导致投资方需要承担额外义务的,按照企业会计准则的规定,对于符合确认条件的义务,应确认为当期损失,同时确认预计负债,借记"投资收益"账户,贷记"预计负债"账户。除了上述情况仍未确认的应分担被投资单位的损失,应在账外备查登记。

在确认了有关的投资损失以后,被投资单位于以后期间实现盈利的,应按以上相反顺序分别减记账外备查登记的金额、已确认的预计负债、恢复其他长期权益及长期股权投资的账面价值,同时确认投资收益。即应当按顺序,分别借记"预计负债""长期应收款""长期股权投资"等账户,贷记"投资收益"账户。

【例6-9】 ABC公司持有乙公司40%的股份,可以对乙公司施加重大影响,ABC公司对该项长期股权投资采用权益法进行后续计量。ABC公司还有一笔金额为240万元的应收乙公司长期债权,在可预见的未来期间不准备收回。假定ABC公司按照乙公司的账面净损益的持股比例计算投资收益。由于乙公司持续亏损,ABC公司在确认了2021年度的投资损失以后,该项股权投资的账面价值已减至400万元,其中,"长期股权投资——投资成本"账户借方余额为2 400万元,"长期股权投资——损益调整"账户贷方余额为2 000万元。2022年度,乙公司继续亏损,当年亏损额1 200万元;2023年度,乙公司仍然亏损,当年亏损额为640万元。ABC公司的账务处理如下:

(1)2022年度应分担的亏损份额＝1 200×40%＝480(万元)

ABC公司应以该项长期股权投资的账面价值减记至零为限确认投资损失,剩余应分担的亏损为份额80万元(480－400),应继续冲减长期应收款并确认投资损失。

借:投资收益   4 000 000

    贷:长期股权投资——损益调整   4 000 000

借:投资收益   800 000

    贷:长期应收款——乙公司   800 000

（2）2023 年度应分担的亏损份额＝640×40％＝256（万元）

ABC 公司不能继续再按应分担的份额确认当年的投资损失，而只能以长期应收款账面余额 160 万元（240－80）为限确认当年的投资损失。

借：投资收益　　　　　　　　　　　　　　　　　　　　　　　　　　1 600 000
　　贷：长期应收款——乙公司　　　　　　　　　　　　　　　　　　　　　　1 600 000

（3）其余的 96 万元（256－160）未确认的亏损，若投资合同或协议约定导致投资企业需要承担额外义务的，ABC 公司应将其确认为预计负债：

借：投资收益　　　　　　　　　　　　　　　　　　　　　　　　　　960 000
　　贷：预计负债　　　　　　　　　　　　　　　　　　　　　　　　　　960 000

若 ABC 公司对乙公司债务不承担额外义务，ABC 公司应在账外备查登记。

（四）其他综合收益的账务处理

在权益法核算下，被投资单位确认的其他综合收益及其变动，也会影响被投资单位所有者权益总额，进而影响投资方应享有被投资单位所有者权益的份额。因此，当被投资单位其他综合收益发生变动时，投资方应按归属于本企业的部分，相应调整长期股权投资的账面价值，同时增加或减少其他综合收益。

【例 6-10】　ABC 公司持有乙公司 25％的股份，并能对乙公司施加重大影响。当期，乙公司将作为存货的房地产转换为以公允价值模式计量的投资性房地产，转换日其公允价值大于账面价值 1 500 万元，计入其他综合收益。不考虑其他因素，ABC 公司当期按照权益法核算应确认的其他综合收益的会计处理如下：

按权益法核算 ABC 公司应确认的其他综合收益＝1 500×25％＝375（万元）

借：长期股权投资——其他综合收益　　　　　　　　　　　　　　　　3 750 000
　　贷：其他综合收益　　　　　　　　　　　　　　　　　　　　　　　　3 750 000

（五）被投资单位所有者权益其他变动的账务处理

投资方对于被投资单位除净损益、其他综合收益和利润分配外的所有者权益的其他变动，应当按照持股比例与被投资单位所有者权益的其他变动计算的归属于本企业的部分，需相应调整长期股权投资的账面价值，并增加或减少其他资本公积。被投资单位除净损益、其他综合收益和利润分配外的所有者权益的其他变动主要包括被投资单位接受其他股东的资本性投入、被投资单位发行可分离交易的可转换公司债券中包含的权益成分等。

【例 6-11】　ABC 公司持有 EM 公司 30％的股份，能够对 EM 公司施加重大影响。EM 公司为上市公司，当期 EM 公司的母公司捐赠 EM 公司 1 000 万元。该捐赠实质上属于资本性投入，EM 公司将其计入资本公积（股本溢价）。不考虑其他因素，ABC 公司按权益法的会计处理如下：

ABC 公司在确认应享有被投资单位所有者权益的其他变动＝1 000×30％＝300（万元）

借：长期股权投资——其他权益变动　　　　　　　　　　　　　　　　3 000 000
　　贷：资本公积——其他资本公积　　　　　　　　　　　　　　　　　　3 000 000

(六) 取得现金股利或利润时的账务处理

采用权益法进行长期股权投资的核算,被投资单位分派的现金股利应视为投资的收回。投资方应按照以被投资单位宣告分派的现金股利和持股比例计算的应分得现金股利,相应减少长期股权投资的账面价值,借记"应收股利"账户,贷记"长期股权投资——损益调整"账户。实际收到分派的现金股利时,借记"银行存款"等账户,贷记"应收股利"账户。

【例 6-12】 2022 年 5 月 15 日,HI 公司宣告发放现金股利,每 10 股派 3 元,ABC 公司可分派到 150 万元。2022 年 6 月 15 日,ABC 公司收到 HI 公司分派的现金股利。ABC 公司的账务处理如下:

(1) 2022 年 5 月 15 日,HI 公司宣告发放现金股利时:

借:应收股利   1 500 000
    贷:长期股权投资——损益调整   1 500 000

(2) 2022 年 6 月 15 日,ABC 公司收到现金股利时:

借:银行存款   1 500 000
    贷:应收股利   1 500 000

第五节 长期股权投资的处置

企业处置长期股权投资时,长期股权投资的账面价值与实际取得价款之间的差额,应当计入当期损益。采用权益法核算的长期股权投资,在处置该项投资时,企业应采用与被投资单位直接处置相关资产或负债相同的基础,按相应比例对原计入其他综合收益的部分进行会计处理;因被投资单位除净损益、其他综合收益和利润分配外的其他所有者权益变动而确认的所有者权益,企业应按相应比例结转入当期投资收益。

【例 6-13】 ABC 公司原持有 M 企业 40% 的股权。2022 年 12 月 20 日,ABC 公司决定出售 10% 的 M 企业股权。出售时,ABC 公司账面上对 M 企业长期股权投资的构成为:投资成本 1 800 万元,损益调整 480 万元,其他权益变动 300 万元。出售取得价款 705 万元。ABC 公司确认处置损益时的账务处理如下:

(1) ABC 公司处置长期股权投资时:

长期股权投资账面价值 = (1 800 + 480 + 300) × 10% ÷ 40% = 645(万元)

借:银行存款   7 050 000
    贷:长期股权投资   6 450 000
        投资收益   600 000

(2) ABC 公司应将原计入资本公积的部分按比例转入当期损益时:

借:资本公积——其他资本公积(3 000 000 × 10% ÷ 40%)   750 000
    贷:投资收益   750 000

第六节 长期股权投资的减值及报表列示

一、长期股权投资的减值

资产负债表日,长期股权投资存在减值迹象,减值测试表明其可收回金额低于其账面价值的,应计提长期股权投资减值准备,将其账面价值调低至可收回金额,并确认资产减值损失。可收回金额应当根据长期股权投资的公允价值减去处置费用后的净额与长期股权投资预计未来现金流量的现值两者之间较高者确定。

若资产负债表日长期股权投资发生减值,按应减记的金额,借记"资产减值损失"账户,贷记"长期股权投资减值准备"账户。处置长期股权投资时,应转销已计提的长期股权投资减值准备。长期股权投资的减值准备在提取以后,不允许转回。

【例6-14】 2022年12月31日,ABC公司持有W公司股票300万股,对W公司的长期股权投资的账面价值为1 250万元。W公司由于经营不善,出现严重亏损,导致每股股价下跌至3.5元。如果出售该股票,相关税费为交易额的0.4%。按投资时所要求的投资报酬率折现未来现金流量的现值为1 200万元。2022年12月31日,ABC公司对W公司的长期股权投资的账面价值为1 250万元。编制ABC公司确认长期股权投资减值损失的会计分录如下:

公允价值减去处置费用后的净额=300×3.5×(1-0.4%)=1 045.80(万元)

长期股权投资的可收回金额=max[1 200,1 045.80]=1 200(万元)

确认长期股权投资减值损失=1 250-1 200=50(万元)

借:资产减值损失 500 000

  贷:长期股权投资减值准备 500 000

二、长期股权投资的报表列示

"长期股权投资"项目反映资产负债表日企业持有采用成本法和权益法核算的长期股权投资净额。该项目应根据"长期股权投资"账户的期末余额,减去"长期股权投资减值准备"账户的贷方余额计算填列。

第七节 长期股权投资后续计量方法的转换

企业在投资期间,由于追加投资或处置部分投资,会使投资企业与被投资单位的关系发生变化,其长期股权投资的后续计量方法也应随之进行相应调整。

一、权益法转公允价值计量

投资方因处置部分投资等对被投资单位不再具有共同控制或重大影响的,处置后剩余的长期股权投资应当先视为处置,再根据管理意图确认为"交易性金融资产"或"其他权益工具投资"账户;其在丧失共同控制或重大影响之日的公允价值与账面价值之间的差额计入当期损益或其他综合收益。原股权投资因采用权益法核算而确认的其他综合收益,在终止采用权益法核算时,投资方应采用与被投资单位直接处置相关资产或负债相同的基础进行会计处理(即债权类确认的其他综合收益转入投资收益,权益类确认的其他综合收益转入留存收益);因被投资单位除净损益、其他综合收益和利润分配外的其他所有者权益变动而确认的所有者权益(资本公积——其他资本公积),应当在终止采用权益法时,全部转入当期损益(投资收益)。

二、成本法转公允价值计量

原持有对被投资单位具有控制的长期股权投资,因部分处置等持股比例下降,不能再对被投资单位实施控制、共同控制或重大影响的,投资方应改按企业会计准则进行会计处理,并将在丧失控制之日的公允价值与账面价值之间的差额计入当期投资收益。

三、成本法转权益法

投资方因处置部分投资对被投资单位不再具有控制权,但仍存在共同控制或重大影响的,应当将剩余投资改按权益法进行核算,并对剩余股权视同自取得时即采用权益法核算进行追溯调整。然后,投资方应比较剩余长期股权投资的账面价值与按照剩余持股比例计算原投资时应享有的被投资单位可辨认净资产公允价值的份额:前者大于后者的,属于投资作价中体现的商誉部分,不调整长期股权投资的初始成本;前者小于后者的,应在调整长期股权投资初始成本的同时,调整期初留存收益。对于原投资日至处置日之间被投资单位实现的以公允价值为基础计量的净利润、分配现金股利和所有者权益的其他变动,投资方应采用权益法进行追溯调整,在调整长期股权投资账面价值的同时,调整期初留存收益、当期投资收益和其他综合收益。

四、公允价值转权益法核算

原持有的对被投资单位的股权投资(不具有控制、共同控制或重大影响的),追加投资等导致持股比例上升,能够对被投资单位施加共同控制或重大影响的,在转按权益法核算时,投资方应当以原股权投资的公允价值加上为取得新增投资而应支付对价的公允价值,作为改按权益法核算的初始投资成本,借记"长期股权投资"账户,贷记"银行存款""交易性金融资产""其他权益工具投资"等账户。原股权投资是以公允价值计量且其变动计入当期损益的金融资产的,原股权投资于转换日的公允价值与账面价值之间的差额转入当期损益。原股权投资是指定为以公允价值计量且其变动计入其他综合收益的金融资产的,原股权投资于转换日的公允价值与账面价值之间的差额,以及原计入其他综合收益的累计公允价值变动转入留存收益。

五、公允价值计量或权益法转为成本法核算

对于原作为金融资产,转换为采用成本法核算的对子公司投资的,如有关金融资产分类为以公允价值计量且其变动计入当期损益的金融资产,应当按照转换时的公允价值确认为长期股权投资;如非交易性权益工具投资分类为以公允价值计量且其变动计入其他综合收益的金融资产,应按照转换时的公允价值确认长期股权投资,原确认计入其他综合收益的累计公允价值变动应结转计入留存收益。

投资方因追加股权投资形成非同一控制下的控股合并,应当按照原持有的股权投资账面价值与新增投资成本之和,作为改按成本法核算的初始投资成本。原持有的股权投资确认为长期股权投资的,因采用权益法核算而确认的其他综合收益,应当在处置该项投资时确认为投资收益。

本 章 习 题

一、思考题

1. 长期股权投资的初始投资成本如何确定?

2. 权益法与成本法的主要区别是什么?

3. 权益法下,如果初始投资成本与在被投资企业净资产中所占的份额不一致,应如何处理?

4. 权益法下,被投资企业所有者权益变动时,投资企业应如何处理?

5. 长期股权投资处置应如何进行账务处理?

二、选择题

1. ABC 公司为 X、Y 公司的母公司,2022 年 1 月 1 日,X 公司以银行存款 7 000 万元取得 Y 公司 60% 有表决权的股份,另以银行存款 100 万元支付与合并直接相关的中介费用。当日办妥相关股权划转手续后,X 公司取得了 Y 公司的控制权。Y 公司在 ABC 公司合并财务报表中净资产账面价值为 9 000 万元。不考虑其他因素,X 公司该项长期期权投资在合并日的初始投资成本为(　　)万元。

A. 7 100　　　　B. 7 000　　　　C. 5 400　　　　D. 5 500

2. 2022 年 5 月 10 日,ABC 公司将其持有的一项以权益法核算的长期股权投资全部出售,取得价款 1 200 万元,当日办妥手续。出售时,该项长期股权投资的账面价值为 1 100 万元,其中投资成本为 700 万元,损益调整为 300 万元,可重分类进损益的其他综合收益为 100 万元。不考虑增值税等相关税费及其他因素,ABC 公司处置该项股权投资应确认的相关投资收益为(　　)万元。

A. 100　　　　B. 500　　　　C. 400　　　　D. 200

3. 2022 年 1 月 1 日,X 公司以银行存款 2 500 万元取得 Y 公司 20% 有表决权的股份,对 Y 公司具有重大影响,采用权益法核算;Y 公司当日可辨认资产的账面价值为 12 000 万

元,各项可辨认资产、负债的公允价值与其账面价值均相同。Y公司2022年度实现净利润1 000万元。不考虑其他因素,2022年12月31日,X公司该项投资在资产负债表中应列示的年末余额为( )万元。

    A. 2 400   B. 2 500   C. 2 600   D. 2 700

4. X公司于2022年4月1日购入Y公司股权进行投资,占Y公司65%的股权,支付价款500万元。取得该项投资后,X公司能够控制Y公司。X公司与Y公司此前不存在关联关系。Y公司于2022年4月20日宣告分派2021年现金股利100万元,Y公司2022年实现净利润200万元(其中1~3月份实现净利润50万元),假定无其他影响Y公司所有者权益变动的事项。该项投资2022年12月31日的账面价值为( )万元。

    A. 502   B. 500   C. 497   D. 504.5

5. 2021年1月1日,X公司取得Y公司40%的股权,采用权益法核算,入账价值为2 000万元。X公司另有一项对Y公司的长期应收款500万元,该债权没有明确的清收计划且在可预见的未来期间不准备收回。2021年度,Y公司发生净亏损7 000万元。2022年获得净利润1 500万元。假定取得投资时Y公司各项资产公允价值等于账面价值,双方采用的会计政策、会计期间相同。不考虑其他因素,则2022年12月31日X公司该项长期股权投资的账面价值为( )万元。

    A. 2 000   B. −800   C. 0   D. 200

6. 2022年1月1日,X公司以银行存款3 950万元取得Y公司30%的股权,另以银行存款支付直接相关费用50万元,相关手续于当日完成,X公司能够对Y公司施加重大影响。当日,Y公司可辨认净资产的账面价值为14 000万元,各项可辨认资产、负债的公允价值均与其账面价值相同。Y公司2022年实现净利润2 000万元,其他债权投资的公允价值上升100万元。不考虑其他因素,下列X公司2022年与该投资相关的会计处理中,正确的有( )。

    A. 确认营业外收入200万元   B. 确认财务费用50万元

    C. 确认其他综合收益30万元   D. 确认投资收益600万元

7. X公司对Y公司的长期股权投资采用权益法核算。Y公司发生的下列交易事项中,将导致X公司长期股权投资账面价值发生变动的有( )。

    A. 提取法定盈余公积   B. 接受其他企业的现金捐赠

    C. 宣告分派现金股利   D. 发行可转换公司债券

8. 下列有关非同一控制下控股合并的处理方法中,正确的有( )。

A. 应在购买日按企业合并成本确认长期股权投资的初始投资成本

B. 以非现金资产作为合并对价的,资产账面价值与公允价值的差额计入当期损益等

C. 企业合并成本中不包含被投资单位已宣告但尚未发放的现金股利

D. 发生的评估、审计和律师费用,计入管理费用

9. 企业按成本法核算时,下列事项中,不会引起长期股权投资账面价值变动的有( )。

A. 被投资单位以资本公积转增资本

B. 持有期间被投资单位宣告分派现金股利

C. 期末计提长期股权投资减值准备

D. 被投资单位实现净损益

10. 下列各项中,投资方应确认投资收益的有( )。

A. 采用权益法核算长期股权投资,被投资单位实现的净利润

B. 采用权益法核算长期股权投资,被投资单位取得的其他综合收益

C. 采用权益法核算长期股权投资,收到被投资单位实际发放的现金股利

D. 采用成本法核算长期股权投资,被投资单位宣告发放现金股利

三、业务题

1. 资料 2021年1月1日,X公司购入Y公司普通股股票10 000股,占Y公司股本的60%,用银行存款支付买价150 000元,内含4 000元已宣告未发放的现金股利,另支付手续费等300元。采用成本法进行核算。Y公司实现利润及利润分配情况如下:

(1) 2021年度实现净利润200 000元。

(2) 2022年3月20日,分配现金股利180 000元;4月10日,实际发放现金股利。

(3) 2022年度实现净利润250 000元。

(4) 2023年3月20日,分配现金股利260 000元;4月10日,实际发放现金股利。

要求 编制X公司关于投资的相关会计分录。

2. 资料 X公司于2020年1月1日以1 035万元(含支付的相关费用1万元)购入Y公司股票400万股,每股面值为1元,占Y公司实际发行在外股数的30%,X公司采用权益法核算此项投资。2020年1月1日,Y公司可辨认净资产公允价值为3 000万元。取得投资时,Y公司的固定资产公允价值为300万元,账面价值为200万元,固定资产的预计使用年限为10年,净残值为零,按照年限平均法计提折旧。2020年1月1日Y公司的无形资产公允价值为100万元,账面价值为50万元,无形资产的预计使用年限为5年,净残值为零,按照年限平均法摊销。2020年Y公司实现净利润200万元,提取盈余公积40万元,增加资本公积100万元。Y公司2021年发生亏损4 000万元。Y公司2022年实现净利润520万元。假定不考虑所得税和其他事项。

要求 完成X公司上述有关投资业务的会计分录。

3. 资料 X公司对Y企业进行投资,Y企业发生相关的业务如下:

(1) X公司于2018年年末购买Y公司股票,支付全部款项5 055万元,其中包括已宣告发放而未支取的现金股利50万元,手续费等费用5万元。X公司持股比例为40%。投资时,Y企业各项可辨认资产、负债的公允价值与其账面价值相同,可辨认净资产公允价值及账面价值的总额均为12 750万元。X公司取得投资后对Y公司生产经营决策有重大影响。

(2) 2019年,Y公司实现净利润100万元、提取盈余公积30万元,分配现金股利40万元。

(3) 2020年,Y公司其他债权投资公允价值变动计入其他综合收益的金额为10万元;亏损20万元。

(4) 2021年,Y公司实现净利润80万元,弥补上年亏损20万元,提取盈余公积20万元,分配现金股利30万元。

(5) 2022年年初,X公司将股票全部出售,售价5 400万元,另支付手续费等费用5.2万元。

要求 编制 X 公司与投资相关会计分录,并要求列明"长期股权投资"账户的明细账户。

四、思政园地

调研 查询近 3 年任意一例上市公司股权并购案例及相关年度报告。

分析 该并购案中并购方"长期股权投资"账户的变动情况。

思考 股权并购过程中应如何保护员工、股东、债权人等利益相关者的合法权益。

第七章

投资性房地产

○ **【本章要求】**

掌握：投资性房地产的范围,投资性房地产的确认、初始计量和后续计量,投资性房地产转换和处置的账务处理。

理解：投资性房地产的定义,投资性房地产后续支出的账务处理。

第一节　投资性房地产概述

一、投资性房地产的定义

投资性房地产是指为赚取租金或资本增值,或两者兼有而持有的房地产。房地产中的土地是指土地使用权,房屋是指土地上的房屋等建筑物及构筑物。

与自用房地产和作为存货的房地产相比,投资性房地产要么是让渡房地产使用权以赚取使用费收入,要么是持有并准备增值赚取增值收益,这使得投资性房地产在一定程度上具备了金融资产的属性。也正因为如此,投资性房地产可选择成本模式或公允价值模式进行后续计量,这有别于固定资产和存货的计量模式。

二、投资性房地产的范围

投资性房地产主要包括以下几类。

1. 已出租的土地使用权

已出租的土地使用权,是指企业通过出让或转让方式取得的、以经营租赁方式出租的土地使用权。企业取得的土地使用权通常包括在一级市场上以交纳土地出让金的方式取得的土地使用权,也包括在二级市场上接受其他单位转让的土地使用权。

2. 持有并准备增值后转让的土地使用权

持有并准备增值后转让的土地使用权,是指企业取得的、准备增值后转让的土地使用权。但对于按照国家有关规定认定的闲置土地,不属于持有并准备增值的土地使用权。

3. 已出租的建筑物

已出租的建筑物是指企业以经营租赁方式出租的建筑物,主要包括自行建造或开发活动完成后用于出租的建筑物,以及正在建造或开发过程中将来用于出租的建筑物。企业将建筑物出租,按租赁协议向承租人提供的相关辅助服务在整个协议中不重大的,应当将该建筑物确认为投资性房地产。例如,企业将其办公楼出租,同时,向承租人提供维护、保安等日常辅助服务,企业应当将其确认为投资性房地产。

第二节 投资性房地产的取得和初始计量

一、投资性房地产的确认

投资性房地产同时满足下列条件的,才能予以确认:①与该投资性房地产有关的经济利益很可能流入企业;②该投资性房地产的成本能够可靠计量。

对已出租的土地使用权、已出租的建筑物,其作为投资性房地产的确认时点一般为租赁期开始日,即土地使用权、建筑物进入出租状态、开始赚取租金的日期。对持有并准备增值后转让的土地使用权,其作为投资性房地产的确认时点为企业将自用土地使用权停止自用、准备增值后转让的日期。

二、投资性房地产的初始计量

投资性房地产应按成本进行初始计量。

(一) 外购投资性房地产的确认和初始计量

在成本计量模式下,外购的土地使用权和建筑物,按照取得时的实际成本进行初始计量。取得时的实际成本包括购买价款、相关税费和可直接归属于该资产的其他支出。若企业购入的房地产部分用于出租(或资本增值)、部分自用,用于出租(或资本增值)的部分应予单独确认,应按不同部分的公允价值占公允价值总额的比例将成本在不同部分之间进行分配。

【例 7-1】 2022 年 3 月,ABC 公司计划购入 1 栋写字楼用于对外出租。同年 3 月 15 日,ABC 公司与 EM 公司签订了该写字楼的经营租赁合同,约定自该写字楼购买日起将该写字楼出租给 EM 公司,为期 5 年。同年 4 月 5 日,ABC 公司实际购入该写字楼,支付价款共计 1 400 万元。假设不考虑其他因素,ABC 公司采用成本模式进行后续计量。ABC 公司的账务处理如下：

　　借：投资性房地产——写字楼　　　　　　　　　　　　　　14 000 000
　　　　贷：银行存款　　　　　　　　　　　　　　　　　　　　　　　　14 000 000

　　在公允价值计量模式下，外购的投资性房地产应按取得时的实际成本进行初始计量，其实际成本的确定方法与采用成本模式计量的投资性房地产的实际成本的确定方法一致。如采用公允价值模式计量，则需要在"投资性房地产"账户下设置"成本"和"公允价值变动"两个明细账户，其中，"投资性房地产——成本"账户反映外购的土地使用权和建筑物发生的实际成本。

　　【例 7-2】 承[例 7-1]，假设 ABC 公司拥有的投资性房地产符合采用公允价值计量模式的条件，采用公允价值模式进行后续计量。ABC 公司的账务处理如下：

　　借：投资性房地产——成本（写字楼）　　　　　　　　　　14 000 000
　　　　贷：银行存款　　　　　　　　　　　　　　　　　　　　　　　　14 000 000

（二）自行建造投资性房地产的确认和初始计量

　　自行建造投资性房地产，其成本由建造该项资产达到预定可使用状态前发生的必要支出构成，包括土地开发费、建筑成本、安装成本、应予以资本化的借款费用、支付的其他费用和分摊的间接费用等。建造过程中发生的非正常性损失，直接计入当期损益，不计入建造成本。采用成本模式计量的，应按照确定的成本，借记"投资性房地产"账户，贷记"在建工程"或"开发成本"账户。采用公允价值模式计量的，应按照确定的成本，借记"投资性房地产——成本"账户，贷记"在建工程"或"开发成本"账户。

　　【例 7-3】 2022 年 1 月，ABC 公司从其他单位购入一块土地的使用权，并在这块土地上开始自行建造 3 栋厂房。2022 年 10 月，ABC 公司预计厂房即将完工，与 EM 公司签订了经营租赁合同，将其中的 1 栋厂房租赁给 EM 公司使用。租赁合同约定，该厂房于完工时开始起租。2022 年 11 月 1 日，3 栋厂房同时完工。该块土地使用权的成本为 600 万元；3 栋厂房的实际造价均为 1 000 万元，能够单独出售。假设 ABC 公司采用成本计量模式。ABC 公司的账务处理如下：

　　借：投资性房地产——厂房　　　　　　　　　　　　　　　10 000 000
　　　　贷：在建工程　　　　　　　　　　　　　　　　　　　　　　　　10 000 000

　　借：投资性房地产——土地使用权　　　　　　　　　　　　2 000 000
　　　　贷：无形资产——土地使用权　　　　　　　　　　　　　　　　2 000 000

（三）非投资性房地产转换为投资性房地产的确认和初始计量

　　非投资性房地产转换为投资性房地产，实质上是因房地产用途发生改变而对房地产进行的重新分类。成本模式计量下，投资性房地产按转换日的账面价值入账。公允价值模式计量下，投资性房地产按转换日的公允价值入账。

第三节　投资性房地产的后续计量和报表列示

一、投资性房地产的后续计量

投资性房地产的后续计量模式有成本模式和公允价值模式两种,我国《企业会计准则》对这两种模式各自的适用范围作出了明确规定。

(一)成本计量模式

企业通常采用成本模式对投资性房地产进行后续计量。在成本模式下,应当按照固定资产或无形资产的有关规定,对投资性房地产进行后续计量,并按期(月)计提折旧或摊销,借记"其他业务成本"等账户,贷记"投资性房地产累计折旧"或"投资性房地产累计摊销"账户。取得的租金收入,借记"银行存款"等账户,贷记"其他业务收入"等账户。如果投资性房地产存在减值迹象,则应当进行减值测试,并计提相应的减值准备,借记"资产减值损失"账户,贷记"投资性房地产减值准备"账户。如果已经计提减值准备的投资性房地产的价值又得以恢复,则不得转回。

【例7-4】　ABC公司将1栋办公楼出租给EM公司使用,已确认为投资性房地产,采用成本模式进行后续计量。假设这栋办公楼成本1800万元,按直线法计提折旧,使用寿命20年,预计净残值为零。按照经营租赁合同约定,EM公司每月以银行存款支付ABC公司租金8万元。当年12月,这栋办公楼发生减值迹象,经减值测试,其可收回的金额为1200万元,此时办公楼的账面价值为1500万元,以前未计提减值准备。ABC公司的账务处理如下:

(1)每月计提折旧时:

借:其他业务成本	75 000
贷:投资性房地产累计折旧(18 000 000÷200 000÷120 000)	75 000

(2)确认租金收入时:

借:银行存款	80 000
贷:其他业务收入	80 000

(3)计提减值准备时:

借:资产减值损失(15 000 000－12 000 000)	3 000 000
贷:投资性房地产减值准备	3 000 000

(二)公允价值计量模式

有确凿证据表明投资性房地产的公允价值能够持续可靠取得的,可以对投资性房地产采用公允价值模式进行后续计量。采用公允价值模式计量的投资性房地产,应当同时满足以下条件:

一是投资性房地产所在地有活跃的房地产交易市场。

二是企业能够从房地产交易市场上取得同类或类似房地产的市场价格及其他相关信息,从而对投资性房地产的公允价值作出合理的估计。

投资性房地产采用公允价值模式进行后续计量的,不计提折旧或摊销,应当以资产负债表日的公允价值计量。资产负债表日,投资性房地产的公允价值高于其账面余额的差额,借记"投资性房地产——公允价值变动"账户,贷记"公允价值变动损益"账户;公允价值低于其账面余额的差额,作相反的会计分录。

【例 7-5】　ABC 公司为从事房地产经营开发的企业。2022 年 8 月,ABC 公司与 EM 公司签订租赁协议,约定将 ABC 公司开发的 1 栋精装修的写字楼于开发完成的同时租赁给 EM 公司使用,租赁期为 10 年。当年 10 月 1 日,该写字楼开发完成并开始起租,写字楼的造价为 9 000 万元。2022 年 12 月 31 日,该写字楼的公允价值为 9 200 万元。假设 ABC 公司采用公允价值计量模式。ABC 公司的账务处理如下:

(1) 2022 年 10 月 1 日,写字楼开发完成并被出租时:

借:投资性房地产——成本　　　　　　　　　　　　　　　　　　　90 000 000
　　贷:开发成本　　　　　　　　　　　　　　　　　　　　　　　　　　　90 000 000

(2) 2022 年 12 月 31 日,以公允价值为基础调整写字楼的账面价值时:

借:投资性房地产——公允价值变动　　　　　　　　　　　　　　　　2 000 000
　　贷:公允价值变动损益　　　　　　　　　　　　　　　　　　　　　　　2 000 000

(三) 后续计量模式的变更

企业对投资性房地产的计量模式一经确定,不得随意变更。从成本模式变更为公允价值模式计量的,作为会计政策变更进行追溯调整处理,应将变更日公允价值与账面价值的差额,调整期初留存收益。已采用公允价值模式计量的投资性房地产,不得从公允价值模式变更为成本模式。

【例 7-6】　2020 年,ABC 公司将 1 栋写字楼对外出租,采用成本模式进行后续计量。2022 年 2 月 1 日,假设 ABC 公司持有的投资性房地产满足采用公允价值模式条件,ABC 公司决定采用公允价值模式计量对该写字楼进行后续计量。2022 年 2 月 1 日,该写字楼的原价为 9 000 万元,已计提折旧 270 万元,账面价值为 8 730 万元,公允价值为 9 500 万元。ABC 公司按净利润的 10% 计提盈余公积。假定除上述对外出租的写字楼外,ABC 公司无其他投资性房地产。ABC 公司的账务处理如下:

借:投资性房地产——成本　　　　　　　　　　　　　　　　　　　95 000 000
　　投资性房地产累计折旧　　　　　　　　　　　　　　　　　　　　2 700 000
　　贷:投资性房地产　　　　　　　　　　　　　　　　　　　　　　　90 000 000
　　　利润分配——未分配利润　　　　　　　　　　　　　　　　　　　6 930 000
　　　盈余公积　　　　　　　　　　　　　　　　　　　　　　　　　　　770 000

二、投资性房地产的后续支出计量

(一) 资本化的后续支出

与投资性房地产有关的后续支出,满足投资性房地产确认条件的,应当计入投资性房地产成本。例如,企业为了提高投资性房地产的使用效能,往往需要对投资性房地产进行改建、扩建而使其更加坚固耐用,或者通过装修而改善其室内装潢。改扩建或装修支出满足确认条件的,应当将其资本化。企业对某项投资性房地产进行改扩建等再开发且将来仍作为投资性房地产的,再开发期间应继续将其作为投资性房地产,再开发期间不计提折旧或摊销。

【例7-7】 2022年3月,ABC公司与EM公司的厂房经营租赁合同即将到期。为提高厂房的租金收入,ABC公司决定在租赁期满后对厂房进行改扩建,并与HI公司签订了经营租赁合同,约定在改扩建完工时将该厂房出租给HI公司。2022年3月15日,与EM公司的租赁合同到期,厂房随即进行改扩建。2022年11月10日,厂房改扩建工程完工,共发生支出140万元,即日起按照租赁合同出租给HI公司。2022年3月15日,厂房的账面余额为1 600万元,其中,成本1 200万元,累计公允价值变动400万元。假设ABC公司采用公允价值计量模式。ABC公司的账务处理如下:

(1) 2022年3月15日,投资性房地产转入改扩建工程时:

借:投资性房地产——厂房(在建)   16 000 000
 贷:投资性房地产——成本   12 000 000
       ——公允价值变动   4 000 000

(2) 2022年3月15日至2022年11月10日,发生改扩建支出时:

借:投资性房地产——厂房(在建)   1 400 000
 贷:银行存款等   1 400 000

(3) 2022年11月10日,改扩建工程完工时:

借:投资性房地产——成本   17 400 000
 贷:投资性房地产——厂房(在建)   17 400 000

(二) 费用化的后续支出

与投资性房地产有关的后续支出,不满足投资性房地产确认条件的(如企业对投资性房地产进行日常维护发生的支出),应在发生时计入当期损益(其他业务成本)。

三、投资性房地产的报表列示

在资产负债表中,"投资性房地产"项目反映全部投资性房地产的账面价值。以成本模式计量的投资性房地产,该项目以投资性房地产原始价值扣除投资性房地产累计折旧(或投资性房地产累计摊销)和投资性房地产减值准备后的净额列示。以公允价值模式计量的投资性房地产,该项目可根据"投资性房地产"账户的余额直接列示。

第四节 投资性房地产的转换和处置

一、投资性房地产的转换

(一) 投资性房地产转换形式

房地产的转换是因房地产用途发生改变而对房地产进行的重新分类。企业必须有确凿证据表明房地产用途发生改变时,才能将投资性房地产转换为非投资性房地产,或者将非投资性房地产转换为投资性房地产。例如,自用的办公楼改为出租等。这里的确凿证据包括两个方面:①企业董事会或类似机构应当就改变房地产用途形成正式的书面决议;②房地产因用途改变而发生实际状态上的改变,如从自用状态改为出租状态等。

房地产转换形式主要包括以下几类:

(1) 投资性房地产开始自用,相应地由投资性房地产转换为固定资产或无形资产。投资性房地产开始自用是指企业将原来用于赚取租金或资本增值的房地产改为用于生产商品、提供劳务或者经营管理。

(2) 作为存货的房地产改为出租通常是指房地产开发企业将其持有的开发产品以经营租赁的方式出租,相应地由存货转换为投资性房地产。

(3) 自用土地使用权停止自用,用于赚取租金或资本增值,相应地由无形资产转换为投资性房地产。

(4) 自用建筑物停止自用,改为出租,相应地由固定资产转换为投资性房地产。

(5) 房地产企业将用于经营出租的房地产重新开发用于对外销售,从投资性房地产转换为存货。

(二) 投资性房地产转换为非投资性房地产

1. 采用成本模式进行后续计量的投资性房地产转换为自用房地产

企业将原本用于赚取租金或资本增值的房地产改用于生产商品、提供劳务或者经营管理时,投资性房地产相应地转换为固定资产或无形资产。例如,企业将出租的厂房收回,并用于生产本企业的产品等。在此种情况下,转换日为房地产达到自用状态,企业开始将房地产用于生产商品、提供劳务或者经营管理的日期。

企业将投资性房地产转换为自用房地产,应当按该项投资性房地产在转换日的账面余额、累计折旧、累计摊销、减值准备等,分别转入"固定资产""累计折旧""累计摊销""固定资产减值准备"等账户;按投资性房地产的账面余额,借记"固定资产"或"无形资产"账户,贷记"投资性房地产"账户;按已计提的折旧或摊销,借记"投资性房地产累计折旧"或"投资性房地产累计摊销"账户,贷记"累计折旧"或"累计摊销"账户;原已计提减值准备的,借记"投资性房地产减值准备"账户,贷记"固定资产减值准备"或"无形资产减值准备"账户。

2. 采用公允价值模式进行后续计量的投资性房地产转为自用房地产

企业将采用公允价值模式计量的投资性房地产转换为自用房地产时,应当以其转换当日的公允价值为自用房地产的账面价值,将公允价值与原账面价值的差额计入当期损益。在这种情况下,企业在转换日按该项投资性房地产的公允价值,借记"固定资产"或"无形资产"账户;按该项投资性房地产的成本,贷记"投资性房地产——成本"账户;按该项投资性房地产的累计公允价值变动,贷记或借记"投资性房地产——公允价值变动"账户;按借贷方差额,贷记或借记"公允价值变动损益"账户。

3. 采用成本模式进行后续计量的投资性房地产转换为存货

房地产开发企业将用于经营出租的房地产重新开发用于对外销售的,该房地产从投资性房地产转换为存货。在这种情况下,转换日为租赁期届满、企业董事会或类似机构作出书面决议明确表明将其重新开发用于对外销售的日期。

企业将投资性房地产转换为存货时,应当按照该项房地产在转换日的账面价值,借记"开发产品"账户;按照已计提的折旧或摊销,借记"投资性房地产累计折旧"或"投资性房地产累计摊销"账户;原已计提减值准备的,借记"投资性房地产减值准备"账户;按其账面余额,贷记"投资性房地产"账户。

4. 采用公允价值模式进行后续计量的投资性房地产转换为存货

企业将采用公允价值模式计量的投资性房地产转换为存货时,应当以其转换当日的公允价值作为存货的账面价值,将公允价值与原账面价值的差额计入当期损益。在这种情况下,企业在转换日按该项投资性房地产的公允价值,借记"开发产品"等账户;按该项投资性房地产的成本,贷记"投资性房地产——成本"账户;按该项投资性房地产的累计公允价值变动,贷记或借记"投资性房地产——公允价值变动"账户;按借贷方的差额,贷记或借记"公允价值变动损益"账户。

(三)非投资性房地产转换为投资性房地产

1. 非投资性房地产转换为采用成本模式进行后续计量的投资性房地产

1)作为存货的房地产转换为投资性房地产

作为存货的房地产转换为投资性房地产,通常指房地产开发企业将其持有的开发产品以经营租赁的方式出租,存货相应地转换为投资性房地产。这种情况下,转换日通常为房地产的租赁期开始日。租赁期开始日是指承租人有权行使其使用租赁资产权利的日期。一般而言,对于企业自行建造或开发完成但尚未使用的建筑物,如果企业董事会或类似机构正式作出书面决议,明确表明其自行建造或开发产品用于经营出租且持有意图短期内不再发生变化的,应视为存货转换为投资性房地产。这时,转换日为企业董事会或类似机构作出书面决议的日期。

企业将作为存货的房地产转换为采用成本模式计量的投资性房地产时,应当按该项存货在转换日的账面价值,借记"投资性房地产"账户;原已计提跌价准备的,借记"存货跌价准备"账户;按其账面余额,贷记"开发产品"等账户。

2)自用房地产转换为投资性房地产

企业将原本用于日常生产商品、提供劳务或者经营管理的房地产改用于出租,通常应于租赁期开始日,按照固定资产或无形资产的账面价值,将固定资产或无形资产相应地转换为投资性房地产。对不再用于日常生产经营活动且经整理后达到可经营出租状况的房地产,如果企业董事会或类似机构正式作出书面决议,明确表明其自用房地产用于经营出租且持有意图短期内不再发生变化的,应视为自用房地产转换为投资性房地产,转换日为企业董事会或类似机构正式作出书面决议的日期。

企业将自用土地使用权或建筑物转换为采用成本模式进行后续计量的投资性房地产时,应当按该项建筑物或土地使用权在转换日的原价、累计折旧、累计摊销、减值准备等,分别转入"投资性房地产""投资性房地产累计折旧""投资性房地产累计摊销""投资性房地产减值准备"账户;按其账面余额,借记"投资性房地产"账户,贷记"固定资产"或"无形资产"账户;按已计提的折旧或摊销,借记"累计折旧"或"累计摊销"账户,贷记"投资性房地产累计折旧"或"投资性房地产累计摊销"账户;原已计提减值准备的,借记"固定资产减值准备"或"无形资产减值准备"账户,贷记"投资性房地产减值准备"账户。

2. 非投资性房地产转换为采用公允价值模式进行后续计量的投资性房地产

1) 作为存货的房地产转换为投资性房地产

企业将作为存货的房地产转换为采用公允价值模式进行后续计量的投资性房地产时,应当按该项房地产在转换日的公允价值入账,借记"投资性房地产——成本"账户;原已计提跌价准备的,借记"存货跌价准备"账户;按其账面余额,贷记"开发产品"等账户。同时,转换日的公允价值小于账面价值的,按其差额,借记"公允价值变动损益"账户;转换日的公允价值大于账面价值的,按其差额,贷记"其他综合收益"账户。当该项投资性房地产处置时,因转换计入其他综合收益的部分应转入当期损益。

2) 自用房地产转换为投资性房地产

企业将自用房地产转换为采用公允价值模式进行后续计量的投资性房地产时,应当按该项土地使用权或建筑物在转换日的公允价值,借记"投资性房地产——成本"账户;按已计提的累计摊销或累计折旧,借记"累计摊销"或"累计折旧"账户;原已计提减值准备的,借记"无形资产减值准备""固定资产减值准备"账户;按其账面余额,贷记"固定资产"或"无形资产"账户。同时,转换日的公允价值小于账面价值的,按其差额,借记"公允价值变动损益"账户;转换日的公允价值大于账面价值的,按其差额,贷记"其他综合收益"账户。当该项投资性房地产处置时,因转换计入其他综合收益的部分应转入当期损益。

【例7-8】 2022年6月,ABC公司打算搬迁至新建办公楼,由于原办公楼处于商业繁华地段,ABC公司准备将其出租,以赚取租金收入。2022年10月30日,ABC公司完成了搬迁工作,原办公楼停止自用,并与EM公司签订了租赁协议,将其原办公楼租赁给EM公司使用,租赁期开始日为2022年10月30日,租赁期为3年。2022年10月30日,该办公楼原价为5亿元,已提折旧14 250万元,公允价值为35 000万元。假设ABC公司对投资性房地产采用公允价值模式计量。ABC公司的账务处理如下:

借:投资性房地产——成本　　　　　　　　　　　　　　　　　　　350 000 000
　　公允价值变动损益　　　　　　　　　　　　　　　　　　　　　　7 500 000
　　累计折旧　　　　　　　　　　　　　　　　　　　　　　　　　142 500 000
　　贷:固定资产　　　　　　　　　　　　　　　　　　　　　　　　500 000 000

二、投资性房地产的处置

当投资性房地产被处置或者永久退出使用且预计不能从其处置中取得经济利益时,应当终止确认该项投资性房地产。企业出售、转让、报废投资性房地产,或者投资性房地产发生毁损时,应当将处置收入扣除其账面价值和相关税费后的金额计入当期损益。

(一)采用成本模式计量的投资性房地产的处置

处置采用成本模式计量的投资性房地产时,企业应当按实际收到的金额,借记"银行存款"等账户,贷记"其他业务收入"账户;按该项投资性房地产的账面价值,借记"其他业务成本"账户;按其账面余额,贷记"投资性房地产"账户;按照已计提的折旧或摊销,借记"投资性房地产累计折旧"或"投资性房地产累计摊销"账户;原已计提减值准备的,借记"投资性房地产减值准备"账户。

(二) 采用公允价值模式计量的投资性房地产的处置

处置采用公允价值模式计量的投资性房地产时,企业应按实际收到的金额,借记"银行存款"等账户,贷记"其他业务收入"等账户;按该项投资性房地产的账面余额,借记"其他业务成本"账户,按其成本,贷记"投资性房地产——成本"账户;按其累计公允价值变动,贷记或借记"投资性房地产——公允价值变动"账户,同时结转投资性房地产累计公允价值变动。若存在原转换日计入其他综合收益的金额,也一并结转。

【例 7-9】 ABC 公司为一家房地产开发公司,2021 年 3 月 10 日,ABC 公司与 S 公司签订了租赁协议,将其开发的一栋写字楼出租给 S 公司使用,租赁期开始日为 2021 年 4 月 15 日。2021 年 4 月 15 日,该写字楼的账面余额为 44 000 万元,公允价值为 46 000 万元。2021 年 12 月 31 日,该项投资性房地产的公允价值为 47 000 万元。2022 年 6 月租赁期满,ABC 公司收回该项投资性房地产,并以 56 000 万元出售,出售款项已收讫。ABC 公司采用公允价值模式计量,不考虑相关税费。ABC 公司的账务处理如下:

(1) 2021 年 4 月 15 日,存货转换为投资性房地产时:

借:投资性房地产——成本　　　　　　　　　　　　　　　　460 000 000
　　贷:开发产品　　　　　　　　　　　　　　　　　　　　　　440 000 000
　　　　其他综合收益　　　　　　　　　　　　　　　　　　　　 20 000 000

(2) 2021 年 12 月 31 日,公允价值变动时:

借:投资性房地产——公允价值变动　　　　　　　　　　　　　 10 000 000
　　贷:公允价值变动损益　　　　　　　　　　　　　　　　　　 10 000 000

(3) 2022 年 6 月,出售投资性房地产时:

借:银行存款　　　　　　　　　　　　　　　　　　　　　　　560 000 000
　　公允价值变动损益　　　　　　　　　　　　　　　　　　　　 10 000 000
　　其他综合收益　　　　　　　　　　　　　　　　　　　　　　 20 000 000
　　其他业务成本　　　　　　　　　　　　　　　　　　　　　　440 000 000
　　贷:投资性房地产——成本　　　　　　　　　　　　　　　　460 000 000
　　　　　　　　　　——公允价值变动　　　　　　　　　　　　 10 000 000
　　　　其他业务收入　　　　　　　　　　　　　　　　　　　　560 000 000

本 章 习 题

一、思考题

1. 什么是投资性房地产? 投资性房地产的核算范围是什么?

2. 投资性房地产后续计量模式有哪几种?

3. 投资性房地产后续公允价值计量模式的特点是什么？

4. 投资性房地产与其他资产之间如何转换？

5. 投资性房地产的处置包括哪些内容？

二、选择题

1. 企业对其分类为投资性房地产的写字楼进行日常维护所发生的相关支出,应当记入的会计报表项目是(   )。

　　A. "管理费用"　　　　　　　　　　B. "营业外支出"

　　C. "营业成本"　　　　　　　　　　D. "投资收益"

2. 企业将自用房地产转换为以公允价值模式计量的投资性房地产,转换日该房地产公允价值小于账面价值的差额的应计入(   )。

　　A. 递延收益　　　　　　　　　　　B. 公允价值变动损益

　　C. 其他综合收益　　　　　　　　　D. 资本公积

3. 企业采用公允价值模式对投资性房地产进行后续计量的,资产负债表日应将投资性房地产公允价值与账面价值的差额计入(   )。

　　A. 其他综合收益　　　　　　　　　B. 公允价值变动损益

　　C. 资本公积　　　　　　　　　　　D. 资产减值损失

4. 投资性房地产的后续支出,不满足资本化条件的,应当在发生时计入(   )。

　　A. 管理费用　　　　　　　　　　　B. 其他业务成本

　　C. 营业外支出　　　　　　　　　　D. 销售费用

5. ABC 公司对投资性房地产采用成本模式进行后续计量,2022 年 7 月 1 日开始对一项投资性房地产进行改良,改良后将继续用于经营出租。该投资性房地产原价为 500 万元,采用直线法计提折旧,预计使用寿命为 20 年,预计净残值为零,已使用 4 年。改良期间共发生改良支出 100 万元,均满足资本化条件,2022 年 12 月 31 日改良完成,则 2022 年年末该项投资性房地产的账面价值为(   )万元。

　　A. 500　　　　　B. 487.5　　　　　C. 475　　　　　D. 100

6. 企业将自用房地产转换为以公允价值模式计量的投资性房地产时,转化日公允价值与原账面价值的差额,可能影响的会计报表项目有(   )。

　　A. "资本公积"　　　　　　　　　　B. "投资收益"

　　C. "公允价值变动收益"　　　　　　D. "其他综合收益"

7. 投资性房地产的后续计量由成本模式变为公允价值模式时,其公允价值与账面价值的差额,对企业下列会计报表项目产生影响的有(   )。

　　A. "资本公积"　　　　　　　　　　B. "盈余公积"

　　C. "其他综合收益"　　　　　　　　D. "未分配利润"

8. 下列各项中,应作为投资性房地产核算的有(   )。

　　A. 已出租的土地使用权

　　B. 已出租的设备

　　C. 持有并准备增值后转让的土地使用权

D. 出租给本企业职工居住的自建宿舍楼

9. 下列各项中,影响企业当期损益的有(　　)。

A. 采用成本模式计量的投资性房地产,期末可收回金额低于账面价值

B. 自用房地产转换为采用公允价值模式计量的投资性房地产时,转换日房地产的公允价值小于账面价值

C. 采用公允价值模式计量的投资性房地产,期末公允价值低于账面价值

D. 自用房地产转换为采用公允价值模式计量的投资性房地产时,转换日房地产的公允价值大于账面价值

10. 处置采用公允价值模式计量的投资性房地产时,下列说法中,不正确的有(　　)。

A. 应按累计公允价值变动金额,将公允价值变动损益转入其他业务成本

B. 实际收到的金额与该投资性房地产账面价值之间的差额,应计入营业外支出或营业外收入

C. 实际收到的金额与该投资性房地产账面价值之间的差额,应计入投资收益

D. 对于投资性房地产的累计公允价值变动金额,在处置时不需要进行会计处理

三、业务题

1. 资料 X 公司以公允价值模式对投资性房地产进行计量。2022 年到 2023 年的相关资料如下:

(1) 2022 年 3 月 1 日,X 公司将原作为固定资产核算的写字楼,以经营租赁的方式租给 Y 公司,租期为 18 个月,当日该写字楼的公允价值为 16 000 万元,账面原值为 15 000 万元,已计提折旧为 3 000 万元。

(2) 2022 年 3 月 31 日,X 公司收到第一个月租金收入 125 万元,存入银行。2022 年 12 月 31 日,该写字楼的公允价值 17 000 万元。

(3) 2023 年 9 月 1 日,租赁期满,X 公司以 17 500 万元的价格出售该写字楼。

要求

(1) 编制出租写字楼的会计分录。

(2) 编制 2022 年 3 月 31 日收到租金的会计分录。

(3) 编制 2022 年 12 月 31 日公允价值变动的会计分录。

(4) 编制处置该写字楼的会计分录。

2. 资料 ABC 公司 2018 年至 2023 年发生的与房地产有关的业务如下:

(1) 2018 年 12 月 31 日,ABC 公司从外部购入一栋建筑物,购买价款为 1 450 万元,相关税费为 50 万元,预计使用年限为 50 年,预计净残值为 0,采用直线法计提折旧。

(2) 2019 年 1 月 1 日,ABC 公司将上述投资性房地产出租,租期为 3 年,年租金为 120 万元。ABC 公司对投资性房地产采用成本模式进行后续计量。

(3) 2020 年 12 月 31 日,该投资性房地产出现减值迹象,可收回金额为 1 200 万元。

(4) 2021 年 1 月 1 日,ABC 公司收回该项投资性房地产进行改扩建,预计改扩建完成后继续将其对外出租。改扩建支出共计 504 万元,均以银行存款支付,其中符合资本化条件的支出为 304 万元,该项投资性房地产于 2021 年 12 月 31 日改扩建完成,达到预定可使用状

态。ABC 公司将该项投资性房地产对外出租,租赁期开始日为 2022 年 1 月 1 日,年租金为 150 万元,租期为 2 年。该项投资性房地产的预计尚可使用年限为 47 年,预计净残值、折旧方法均不变。

(5) 2023 年 1 月 1 日,ABC 公司所在地房地产市场比较成熟且能够满足采用公允价值模式计量的条件,ABC 公司于当日将该项投资性房地产改按公允价值模式计量,变更当日,该项投资性房地产公允价值为 1 600 万元。2023 年 12 月 31 日,该项投资性房地产的公允价值为 1 700 万元。

ABC 公司按 10% 计提盈余公积,不考虑其他因素。

要求

(1) 确定该项投资性房地产的入账价值。

(2) 编制 2020 年与投资性房地产有关的会计分录。

(3) 编制 2021 年与投资性房地产改扩建相关的会计分录。

(4) 编制 2023 年 1 月 1 日该投资性房地产由成本模式转换为公允价值模式的会计分录。

(5) 编制 2023 年 12 月 31 日投资性房地产公允价值变动的会计分录。

四、思政园地

调研　查询一家上市公司的投资性房地产典型案例。

分析　国家房地产政策对投资性房地产管理与核算的影响。

思考　投资性房地产管理人员应具备的职业道德和专业素养。

第八章

固定资产

○ **【本章要求】**

掌握： 固定资产的概念、特征、确认条件，外购、自行建造固定资产的初始计量及账务处理方法，固定资产折旧的计算方法及账务处理方法，固定资产后续支出的账务处理方法，固定资产的处置及清查的账务处理方法。

理解： 固定资产的计价基础、账务处理要求，固定资产折旧的概念、范围。

第一节　固定资产概述

一、固定资产的定义、特征和确认条件

(一) 固定资产的定义和特征

固定资产是指同时具有下列特征的有形资产：

(1) 为生产商品、提供劳务、出租或经营管理而持有。

(2) 使用寿命超过一个会计年度。

根据固定资产的定义，固定资产具有以下三个特征：

(1) 固定资产是企业为生产商品、提供劳务、出租或经营管理而持有的。

(2) 固定资产使用寿命超过一个会计年度。

(3) 固定资产为有形资产。

（二）固定资产的确认条件

固定资产同时满足下列条件的，才能予以确认：

（1）与该固定资产有关的经济利益很可能流入企业。

（2）该固定资产的成本能够可靠计量。

二、固定资产的计价方法

固定资产的计价方法主要有以下四种。

1. 历史成本计价方法

历史成本是指企业为取得固定资产所发生的一切合理、必要的支出。企业新购建固定资产的计价、改扩建固定资产的计价等，均采用历史成本计价方法。历史成本计价方法具有客观性与可验证性，是固定资产主要的计价方法。

2. 重置成本计价方法

重置成本是指企业在当前的市场条件下，重新取得同样一项固定资产所需的全部支出。通常在财产清查中盘盈的固定资产，无法确认其原始价值时采用重置成本计价方法。

3. 净值计价方法

净值又称折余价值，是指固定资产原始价值减去累计折旧后的剩余价值。净值计价方法通常是在计算盘亏、毁损固定资产的损失时采用。

4. 现值计价方法

现值是指固定资产在使用期间和处置时产生的未来净现金流量的折现值。现值计价方法通常是在分期付款购入与存在弃置义务的固定资产时采用。

三、固定资产核算的账户设置

为核算企业取得固定资产和固定资产原值增减变动与结存情况，应设置以下账户。

1. "固定资产"账户

为核算固定资产原价的增减变动情况，企业应设置"固定资产"账户。该账户属于资产类账户，其借方登记企业以各种方式取得固定资产的原价；贷方登记企业因报废、毁损、出售等方式减少的固定资产原价；期末余额在借方，反映企业期末固定资产原值。

2. "在建工程"账户

为核算企业在固定资产购建中的工程项目的实际支出，包括施工前期准备、正在施工中的建筑工程、安装工程、技术改造工程等，企业应设置"在建工程"账户。该账户属于资产类账户，其借方登记在建工程发生的实际支出；贷方登记完工工程转出的工程成本；期末余额在借方，反映企业尚未达到预定可使用状态的在建工程成本。

3. "工程物资"账户

为核算企业为在建工程准备的各种物资的实际成本，企业应设置"工程物资"账户。该账户属于资产类账户，其借方登记购入的工程物资成本；贷方登记领用工程物资的成本；期末借方余额，反映企业为在建工程准备的各种物资的成本。

4."累计折旧"账户

为核算企业固定资产计提折旧情况,企业应设置"累计折旧"账户。该账户是固定资产的备抵调整账户,其借方登记处置、盘亏等原因减少固定资产结转时的固定资产折旧累计数;贷方登记企业提取的固定资产折旧额;期末余额在贷方,表示提取的固定资产累计折旧额。"固定资产"账户借方余额减去"累计折旧"账户贷方余额的差额为固定资产净值。

第二节　固定资产的取得

企业取得的固定资产主要包括外购的固定资产和自行建造的固定资产。固定资产应当按照成本进行初始计量。

一、外购的固定资产

企业外购的固定资产分为外购不需安装的固定资产和外购需安装的固定资产两种。

(一)外购不需安装的固定资产

若企业购入的固定资产为不需要安装的固定资产,取得成本为企业实际支付的购买价款、包装费、运杂费、保险费、专业人员服务费和相关税费(不含可抵扣的增值税进项税额)等。其账务处理为,按应计入固定资产成本的金额,借记"固定资产"账户,贷记"银行存款""应付票据"等账户。以一笔款项购入多项没有单独标价的固定资产,应当按照各项固定资产公允价值比例对总成本进行分配,分别确定各项固定资产的成本。

【例8-1】 2022年1月8日,ABC公司购入一台不需安装的机器设备,增值税专用发票上注明的价款为20 000元,增值税额为2 600元,另支付运杂费200元。以上所有款项均以银行存款支付。ABC公司为增值税一般纳税人。2022年1月8日,购入机器设备时,ABC公司的账务处理如下:

借:固定资产 20 200
　应交税费——应交增值税(进项税额) 2 600
　　贷:银行存款 22 800

(二)外购需安装的固定资产

若企业购入的固定资产为需要安装的固定资产,取得成本是在"不需要安装的固定资产"取得成本的基础上,加上安装调试成本等。其账务处理为,按应计入固定资产成本的金额,先记入"在建工程"账户,安装完毕交付使用时再转入"固定资产"账户。

【例8-2】 2022年1月11日,ABC公司购入一台需要安装的设备,增值税专用发票上注明的价款为300 000元,增值税额为39 000元,另支付运杂费800元。以上所有款项均以银行存款支付。根据以上资料,编制会计分录如下:

(1)购入设备时:

借:在建工程 300 800
　应交税费——应交增值税(进项税额) 39 000
　　贷:银行存款 339 800

（2）发生设备安装费 3 500 元,以银行存款支付时:

借:在建工程   3 500

  贷:银行存款   3 500

（3）安装工程完工,达到预定可使用状态,办理竣工结算手续,结转完工在建工程成本时:

借:固定资产   304 300

  贷:在建工程   304 300

（三）分期付款购入固定资产

企业在购买固定资产时,可以采用延期付款的方式,以避免一次性占用企业过多的资金而影响资金周转。购买固定资产的价款超过正常信用条件延期支付,实质上具有融资性质的,固定资产的成本以购买价款的现值为基础确定。实际支付的价款与购买价款现值之间的差额,应当在信用期间内采用实际利率法进行摊销,符合资本化条件的,计入固定资产成本,否则计入当期损益。其账务处理为,购入固定资产时,按购买价款的现值,借记"固定资产"或"在建工程"等账户;按应支付的金额,贷记"长期应付款"账户;按其差额,借记"未确认融资费用"账户。

二、自行建造固定资产

（一）以自营方式建造的固定资产

企业以自营方式建造固定资产,其入账价值应按该项资产达到预定可使用状态前发生的必要支出确定,包括直接材料、直接人工和直接机械施工费等。

企业为建造固定资产准备的各种物资,应按实际支付的买价、运输费、保险费等相关税费作为实际成本。工程完工后,剩余的工程物资转为本企业存货的,按其实际成本或计划成本进行结转。盘盈、盘亏、报废、毁损的工程物资,应按减去残料价值和保险公司、过失人等赔款后的差额分两种情况处理:工程项目尚未完工的,计入或冲减所建工程项目的成本;工程项目已经完工的,计入当期营业外收支。

所建造固定资产已达到预定可使用状态,但尚未办理竣工结算的,应当自达到预定可使用状态之日起,根据工程预算、造价或者工程实际成本等,按暂估价值转入固定资产,并按有关计提固定资产折旧的规定,计提固定资产折旧。待办理竣工决算手续后再调整原来的暂估价值,但不需要调整原已计提的折旧额。

企业以自营方式建造固定资产发生的工程成本,应通过"在建工程"账户核算,工程完工达到预定可使用状态时,从"在建工程"账户转入"固定资产"账户。

【例 8-3】　ABC 公司为增值税一般纳税人。2022 年 1 月,ABC 公司以自营方式建造生产流水线发生的经济业务如下:

（1）购入工程物资,价款 200 000 元,增值税 26 000 元,共计 226 000 元,以上款项均已通过银行存款支付,工程物资已全部验收入库。

（2）自营工程领用工程物资 200 000 元。

（3）自营工程应负担的职工薪酬 11 400 元。

（4）用银行存款支付自营工程应负担的其他支出 30 000 元。

（5）自营工程某一部件报废,残料计价 200 元作为生产废料入库,应收有关责任者赔款 1 000 元。

（6）该项工程完工交付使用,按实际工程成本结转该项固定资产原值。

ABC 公司应编制会计分录如下:

（1）工资物资验收入库时:

借:工程物资	200 000
应交税费——应交增值税(进项税额)	26 000
贷:银行存款	226 000

（2）领用工程物资时:

借:在建工程	200 000
贷:工程物资	200 000

（3）分摊职工薪酬时:

借:在建工程	11 400
贷:应付职工薪酬	11 400

（4）支付其他支出时:

借:在建工程	30 000
贷:银行存款	30 000

（5）报废时:

借:原材料	200
其他应收款	1 000
贷:在建工程	1 200

（6）工程交付使用时:

借:固定资产	240 200
贷:在建工程	240 200

（二）以出包方式建造的固定资产

企业以出包方式建造固定资产,其成本由建造该项固定资产达到预定可使用状态前所发生的必要支出构成,包括发生的建筑工程支出、安装工程支出,以及需分摊计入各固定资产价值的待摊支出。待摊支出是指在建设期间发生的,不能直接计入某项固定资产价值,而应由所建造固定资产共同负担的相关费用,包括为建造工程发生的管理费、可行性研究费、临时设施费、公证费、监理费,应负担的税金,符合资本化条件的借款费用,建设期间发生的工程物资盘亏、报废及毁损净损失(自然灾害导致的除外)等。

以出包方式建造固定资产,企业应按合理估计的工程进度和合同规定结算的进度款,借记"在建工程——建筑工程——××工程""在建工程——安装工程(××工程)"账户,贷记

"银行存款""预付账款"等账户。工程完成时,按合同规定补付的工程款,借记"在建工程"账户,贷记"银行存款"等账户。企业将需安装设备运抵现场安装时,借记"在建工程——在安装设备——××设备"账户,贷记"工程物资——××设备"账户;企业为建造固定资产发生的待摊支出,借记"在建工程——待摊支出"账户,贷记"银行存款""应付职工薪酬"等账户。

在建工程达到预定可使用状态时,首先,计算分配待摊支出。待摊支出的分配率可按下列公式计算:

$$待摊支出分配率 = \frac{累计发生的待摊支出}{建筑工程支出 + 安装工程支出 + 在安装设备支出} \times 100\%$$

$$\begin{matrix}××工程应分配\\的待摊支出\end{matrix} = \left(\begin{matrix}××工程的\\建筑工程支出\end{matrix} + \begin{matrix}××工程的\\安装工程支出\end{matrix} + \begin{matrix}××工程的在\\安装设备支出\end{matrix} \right) \times \begin{matrix}待摊支出\\分配率\end{matrix}$$

然后,计算确定已完工的固定资产成本:

房屋、建筑物等固定资产成本=建筑工程支出+应分摊的待摊支出

需要安装设备的成本=设备成本+建筑工程支出+安装工程支出+应分摊的待摊支出

最后,进行相应的账务处理,借记"固定资产"账户,贷记"在建工程——建筑工程""在建工程——安装工程""在建工程——待摊支出"等账户。

(三) 投资者投入的固定资产

投资者投入固定资产的成本,应当按照投资合同或协议约定的价值确定,但合同或协议约定价值不公允的除外。合同或协议约定价值不公允的,按照该项固定资产的公允价值作为入账价值。

(四) 盘盈的固定资产

盘盈的固定资产,作为前期差错处理,在按照管理权限报经批准处理前,应先通过"以前年度损益调整"账户核算。

(五) 存在弃置费用的固定资产

弃置费用通常是指根据国家法律和行政法规、国际公约等规定,企业承担的环境保护和生态恢复等义务所确定的支出,如核电站核设施等承担弃置和恢复环境义务所确定的支出等。弃置费用的金额与其现值比较通常较大,需要考虑货币时间价值。对于这些特殊行业的特定固定资产,企业应按照现值计算确定应计入固定资产成本的金额和相应的预计负债。在固定资产的使用寿命内按照预计负债的摊余成本和实际利率计算确定的利息费用,应当在发生时计入财务费用。

第三节　固定资产折旧

一、固定资产折旧的含义

固定资产折旧是指在固定资产使用寿命内,按照确定的方法对应计折旧额进行系统分

摊。应计折旧额是指应当计提折旧的固定资产的原价扣除其预计净残值后的金额。已计提减值准备的固定资产,还应当扣除已计提的固定资产减值准备累计金额。

二、固定资产折旧的影响因素

固定资产折旧的影响因素主要有以下几个方面:

第一,固定资产原价。这是指固定资产的成本。

第二,固定资产的使用寿命。这是指企业使用固定资产的预计期间,或者该固定资产所能生产产品或提供劳务的数量。企业确定固定资产使用寿命时,主要考虑下列因素:

(1)该项资产预计生产能力或实物产量。

(2)该项资产预计有形损耗。这是指固定资产在使用过程中由于磨损和自然力影响其物理性能而发生的实物损耗。

(3)该项资产预计无形损耗。这是指社会劳动生产率的提高和科学技术的进步使原有的固定资产贬值所造成的损耗。

(4)法律或者类似规定对该项资产使用的限制。

第三,预计净残值。这是指假定固定资产预计使用寿命已满并处于使用寿命终了时的预期状态,企业目前从该项资产处置中获得的扣除预计处置费用后的金额。预计净残值的计算公式如下:

预计净残值＝预计残值收入－预计清理费用＝固定资产原价×预计净残值率

第四,固定资产减值准备。这是指固定资产已计提的固定资产减值准备累计金额。固定资产计提减值准备后,应当在剩余使用寿命内根据调整后的固定资产账面价值和预计净残值重新计算确定折旧率和折旧额。固定资产应计折旧总额的计算公式如下:

固定资产应计折旧总额＝固定资产原价－预计净残值－固定资产减值准备累计额

三、固定资产折旧的计提范围

企业应当对所有的固定资产计提折旧,但是已提足折旧仍继续使用的固定资产和单独计价入账的土地除外。固定资产应当按月计提折旧,并根据用途计入相关资产的成本或者当期损益。在确定计提折旧的范围时,还应注意以下几点:

(1)固定资产应自达到预定可使用状态时开始计提折旧,终止确认时或划分为持有待售非流动资产时停止计提折旧。为简化核算,当月增加的固定资产,当月不计提折旧,从下月起计提折旧;当月减少的固定资产,当月仍计提折旧,从下月起不计提折旧。

(2)固定资产提足折旧后,不论能否继续使用,均不再计提折旧,提前报废的固定资产也不再补提折旧。所谓提足折旧,是指已经提足该项固定资产的应计折旧额。

(3)已达到预定可使用状态但尚未办理竣工决算的固定资产,应当按照估计价值确定其成本,并计提折旧;待办理竣工决算后再按实际成本调整原来的暂估价值,但不需要调整原已计提的折旧额。

四、固定资产折旧的方法

企业应根据与固定资产有关的经济利益的预期实现方式,合理选择固定资产折旧方法。可选用的折旧方法包括年限平均法、工作量法和加速折旧法(常用的有双倍余额递减法和年数总和法)等。固定资产的折旧方法一经确定,不得随意变更。如需变更,应符合企业会计准则的规定,至少于每年年度终了对固定资产的使用寿命、预计净残值和折旧方法进行复核,按复核的结果进行处理。

(一) 年限平均法

年限平均法又称直线法,是指将固定资产的应计折旧额均衡地分摊到固定资产预计使用寿命内的一种折旧方法。相关计算公式如下:

$$年折旧率 = \frac{1-预计净残值率}{预计使用寿命(年)} \times 100\%$$

$$月折旧率 = 年折旧率 \div 12$$

$$月折旧额 = 固定资产原价 \times 月折旧率$$

【例8-4】 ABC公司某项固定资产的原价为70万元,预计净残值率为4%,预计使用年限为10年,采用年限平均法计提折旧。其折旧率和月折旧额计算如下:

该项固定资产的年折旧率=(1-4%)÷10×100%=9.6%

该项固定资产的月折旧率=9.6%÷12×100%=0.8%

该项固定资产的年折旧额=70×9.6%=6.72(万元)

该项固定资产的月折旧额=70×0.8%=0.56(万元)

(二) 工作量法

工作量法是根据实际工作量计算每期应提折旧额的一种折旧方法。该方法适用于机器设备和运输设备等计提折旧。其计算公式如下:

$$单位工作量折旧额 = 固定资产原价 \times (1-预计净残值率) \div 预计总工作量$$

$$某项固定资产月折旧额 = 该项固定资产当月工作量 \times 单位工作量折旧额$$

【例8-5】 ABC公司一辆货运汽车原价为500 000元,预计净残值率3%,预计总行驶里程450 000千米。本月实际行驶里程为3 000千米。则该货运汽车本月应提折旧额如下:

货运汽车每千米折旧额=500 000×(1-3%)÷450 000=1.08(元/千米)

货运汽车本月应提折旧额=1.08×3 000=3 240(元)

(三) 加速折旧法

加速折旧法又称递减折旧费用法,是指固定资产在使用前期多提折旧,后期少提折旧的一种加速折旧方法。常用的加速折旧法有双倍余额递减法和年数总和法。

1. 双倍余额递减法

双倍余额递减法是指在不考虑固定资产预计净残值的情况下,根据每期期初固定资产原价减去累计折旧后的金额和双倍的直线法折旧率计算固定资产折旧的一种加速折旧方法。企业应用这种方法计算固定资产折旧额时,每年年初固定资产净值没有扣除预计净残值,因此企业在应用这种方法计算固定资产折旧额时,应在其折旧年限到期前2年内,将固定资产净值扣除预计净残值后的余额平均摊销。其计算公式如下:

年折旧率=2÷预计使用寿命(年)×100%

月折旧率=年折旧率÷12

月折旧额=固定资产净值×月折旧率

【例8-6】 ABC公司的一台电子计算机,原价为18 200元,预计使用年限为5年,预计净残值为400元,则该电子计算机折旧计算见表8-1。

表8-1　　　　　　　　　　　电子计算机折旧计算表　　　　　　　　　　金额单位:元

年数	期初净值	年折旧率	年折旧额	累计折旧额	期末净值额
第1年	18 200.00	40%	7 280.00	7 280.00	10 920.00
第2年	10 920.00	40%	4 368.00	11 648.00	6 552.00
第3年	6 552.00	40%	2 620.80	14 268.80	3 931.20
第4年	3 931.20	—	1 765.60	16 034.40	2 165.60
第5年	2 165.60	—	1 765.60	178 000.00	400.00

2. 年数总和法

年数总和法是指将固定资产的原价减去预计净残值后的余额,乘以一个以固定资产尚可使用寿命为分子、以预计使用寿命逐年数字之和为分母的逐年递减的分数计算每年折旧额的一种加速折旧方法。相关计算公式如下:

年折旧率=尚可使用年限÷预计使用寿命的年数总和×100%

月折旧率=年折旧率÷12×100%

月折旧额=(固定资产原价-预计净残值)×月折旧率

【例8-7】 仍以[例8-6]双倍余额递减法列举的资料为例,采用年数总和法,计算的该电子计算机的各年折旧率和各年折旧额如表8-2所示。

表8-2　　　　　　　　　　　电子计算机折旧计算表　　　　　　　　　　金额单位:元

年数	尚可使用寿命(年)	应计提折旧总额	年折旧率	年折旧额	累计折旧
第1年	5	17 800.00	5/15×100%	5 933.33	5 933.33
第2年	4	17 800.00	4/15×100%	4 746.67	10 680.00
第3年	3	17 800.00	3/15×100%	3 560.00	14 240.00
第4年	2	17 800.00	2/15×100%	2 373.33	16 613.33
第5年	1	17 800.00	1/15×100%	1 186.67	17 800.00

五、固定资产折旧的会计处理

固定资产应当按月计提折旧,计提的折旧应通过"累计折旧"账户核算,并根据用途计入相关资产的成本或者当期损益:①企业自行建造固定资产过程中使用的固定资产,其计提的折旧应计入在建工程成本;②基本生产车间所使用的固定资产,其计提的折旧应计入制造费用;③管理部门所使用的固定资产,其计提的折旧应计入管理费用;④销售部门所使用的固定资产,其计提的折旧应计入销售费用;⑤经营租出的固定资产,其应提的折旧额应计入其他业务成本;⑥未使用的固定资产,其计提的折旧应计入管理费用。

【例8-8】　ABC公司固定资产折旧计算情况如下:生产部门计提折旧182 000元,销售部门计提折旧58 000元,管理部门计提折旧18 000元。计提折旧时,ABC公司应编制会计分录如下:

```
借:制造费用                                182 000
    销售费用                                 58 000
    管理费用                                 18 000
    贷:累计折旧                                        258 000
```

第四节　固定资产的后续支出

固定资产的后续支出可分为资本化的后续支出和费用化的后续支出。

一、资本化的后续支出

固定资产发生可资本化的后续支出时,要遵循三步走原则:第一步,企业一般应将该固定资产的原价、已计提的累计折旧和减值准备转销,将固定资产的账面价值转入在建工程,并停止计提折旧。第二步,对发生的后续支出,通过"在建工程"账户核算。第三步,在固定资产完工并达到预定可使用状态时,再从"在建工程"转为"固定资产",并按重新确定的使用寿命、预计净残值和折旧方法计提折旧。

固定资产发生的更新改造支出、房屋装修费用等,符合固定资产确认条件的,应当计入固定资产成本,同时将被替换部分的账面价值扣除。这样可以避免将替换部分的成本和被替换部分的成本同时计入固定资产成本,导致固定资产成本虚高。

【例8-9】　Y航空公司于2013年12月购入一架飞机,总计花费8 000万元(含发动机),发动机当时的购价为500万元。Y航空公司未将发动机作为一项单独的固定资产进行核算。2022年年初,公司开辟新航线,航程增加。为延长飞机的空中飞行时间,Y航空公司决定更换一部性能更为先进的发动机。新发动机购价为700万元,另需支付安装费用5.1万元。假定飞机的年折旧率为3%,不考虑相关税费的影响。根据以上资料,编制会计分录如下:

(1)固定资产转入在建工程时:

2022年年初飞机的累计折旧=8 000×3%×8=1 920(万元)

```
借：在建工程                                        60 800 000
    累计折旧                                        19 200 000
    贷：固定资产                                                 80 000 000
```

（2）安装新发动机时：

```
借：在建工程                                         7 051 000
    贷：工程物资                                                  7 000 000
       银行存款                                                     51 000
```

（3）终止确认老发动机的账面价值时（假定报废处理，无残值）：

2022 年年初老发动机的账面价值＝500－500×3‰×8＝380（万元）

```
借：营业外支出                                       3 800 000
    贷：在建工程                                                  3 800 000
```

（4）发动机安装完毕，投入使用时：

固定资产的入账价值＝6 080＋705.1－380＝6 405.1（万元）

```
借：固定资产                                        64 051 000
    贷：在建工程                                                 64 051 000
```

二、费用化的后续支出

企业行政管理部门等发生的固定资产修理费用等后续支出计入管理费用；企业专设销售机构的，其发生的与专设销售机构相关的固定资产修理费用等后续支出，计入销售费用。与存货的生产和加工相关的固定资产后续支出（如日常修理费用）按照存货成本确定原则进行处理。

第五节　固定资产的处置

固定资产处置包括固定资产的出售、转让、报废或毁损和对外投资等。固定资产处置一般通过"固定资产清理"账户核算。

一、固定资产终止确认的条件

固定资产满足下列条件之一的，应当予以终止确认：

（1）固定资产处于处置状态。处于处置状态的固定资产不再用于生产商品、提供劳务、出租或经营管理，因此不再符合固定资产的定义，应予终止确认。

（2）固定资产预期通过使用或处置不能产生经济利益。如果一项固定资产预期通过使用或处置不能产生经济利益，那么它就不再符合固定资产的定义和确认条件，应予终止确认。

二、固定资产处置的账务处理

固定资产处置的账务处理一般经过以下五个步骤。

（一）固定资产转入清理的处理

固定资产转入清理时，按固定资产账面价值，借记"固定资产清理"账户，按已计提的累计折旧,借记"累计折旧"账户,按已计提的减值准备,借记"固定资产减值准备"账户,按固定资产账面余额,贷记"固定资产"账户。

(二) 清理费用的处理

固定资产在清理过程中发生的有关费用和应支付的相关税费,借记"固定资产清理"账户,贷记"银行存款""应交税费"等账户。

(三) 出售收入和残料等的处理

企业收回出售固定资产的价款、残料价值和变价收入等,应冲减清理支出。按实际收到的出售价款以及残料变价收入等,借记"银行存款""原材料"等账户,贷记"固定资产清理""应交税费——应交增值税"等账户。

(四) 保险赔偿的处理

企业计算或收到的应由保险公司或过失人赔偿的损失,应冲减清理支出,借记"其他应收款""银行存款"等账户,贷记"固定资产清理"账户。

(五) 清理净损益的处理

固定资产清理完成后的净收益或净损失,属于正常出售、转让所产生的利得或损失,借记或贷记"资产处置损益"账户,贷记或借记"固定资产清理"账户;属于已丧失使用功能正常报废所产生的利得或损失,借记或贷记"营业外支出"账户,贷记或借记"固定资产清理"账户;属于自然灾害等非正常原因造成的,借记或贷记"营业外支出"账户,贷记或借记"固定资产清理"账户。

【例 8-10】　ABC 公司出售某项机器设备,原价为 50 000 元,累计折旧为 30 000 元,未计提固定资产减值准备。在清理过程中,ABC 公司用现金支付清理费用 150 元,未取得增值税专用发票;取得出售价款 22 000 元,增值税额 2 860 元,存入银行。根据以上资料,编制会计分录如下:

(1) 固定资产转入清理时:

借:固定资产清理　　　　　　　　　　　　　　　　　　　20 000
　累计折旧　　　　　　　　　　　　　　　　　　　　　30 000
　　贷:固定资产　　　　　　　　　　　　　　　　　　　　50 000

(2) 支付清理费用时:

借:固定资产清理　　　　　　　　　　　　　　　　　　　150
　　贷:库存现金　　　　　　　　　　　　　　　　　　　　150

(3) 收取价款和增值税额时:

借:银行存款　　　　　　　　　　　　　　　　　　　　24 860
　　贷:固定资产清理　　　　　　　　　　　　　　　　　　22 000
　　　应交税费——应交增值税(销项税额)　　　　　　　　2 860

(4) 结转机器设备清理净损益时:

借:固定资产清理　　　　　　　　　　　　　　　　　　　1 850
　　贷:资产处置损益　　　　　　　　　　　　　　　　　　1 850

【例 8-11】 2022 年 1 月 26 日,ABC 公司经批准提前报废一幢办公楼,其账面原价为 550 000 元,累计已提折旧为 500 000 元,支付清理费用为 10 000 元,出售残料收入为 5 000 元,残料款已收到并存入银行,不考虑其他相关税费。根据以上资料,编制会计分录如下:

(1) 办公楼转入清理时:

借:固定资产清理   50 000
    累计折旧   500 000
    贷:固定资产   550 000

(2) 支付清理费用时:

借:固定资产清理   10 000
    贷:银行存款   10 000

(3) 收到残料价款时:

借:银行存款   5 000
    贷:固定资产清理   5 000

(4) 结转清理净损失时:

借:营业外支出   55 000
    贷:固定资产清理   55 000

三、固定资产的清查

企业应当定期或者至少于每年年末对固定资产进行清查盘点,以保证固定资产核算的真实性,充分挖掘企业现有固定资产的潜力。在固定资产清查过程中,如果发现盘盈盘亏的固定资产,应当填制固定资产盘盈盘亏报告表。清查固定资产的损益,应当及时查明原因,并按照规定程序报批处理。

(一) 固定资产盘盈的会计处理

企业盘盈的固定资产,应作为前期差错处理。企业在财产清查中盘盈的固定资产,在按管理权限报经批准处理前,应先通过"以前年度损益调整"账户核算。盘盈的固定资产,应按重置成本确定其入账价值,借记"固定资产"账户,贷记"以前年度损益调整"账户。

(二) 固定资产盘亏的会计处理

固定资产盘亏造成的损失,应当计入当期损益。企业在财产清查中盘亏的固定资产,按盘亏固定资产的账面价值,借记"待处理财产损溢——待处理固定资产损溢"账户,按已计提的累计折旧,借记"累计折旧"账户,按已计提的减值准备,借记"固定资产减值准备"账户,按固定资产原价,贷记"固定资产"账户。按管理权限报经批准后处理时,按可收回的保险赔偿或过失人赔偿,借记"其他应收款"账户,按应计入营业外支出的金额,借记"营业外支出"账户,贷记"待处理财产损溢"账户。

第六节 固定资产的减值及报表列示

一、固定资产的减值迹象

固定资产减值是指由于损坏、技术陈旧或其他经济原因,固定资产的可收回金额低于其账面价值。企业应当在资产负债表日判断资产是否存在可能发生减值的迹象。下列迹象出现时,表明固定资产可能发生了减值。

(1) 固定资产的市价当期大幅度下跌,其跌幅明显高于因时间推移或者正常使用而预计的下跌。

(2) 企业经营所处的经济、技术或者法律等环境,以及资产所处的市场在当期或者将在近期发生重大变化,从而对企业产生不利影响。

(3) 市场利率或者其他市场投资报酬率在当期已经提高,从而影响企业计算固定资产预计未来现金流量现值的折现率,导致资产可收回金额大幅度降低。

(4) 有证据表明固定资产已经陈旧过时或者其实体已经损坏。

(5) 固定资产已经或者将被闲置、终止使用或者计划提前处置。

(6) 企业内部报告的证据表明固定资产的经济绩效已经低于或者将低于预期,如固定资产所创造的净现金流量或者实现的营业利润(或者亏损)远远低于(或者高于)预计金额等。

(7) 其他表明固定资产可能已经发生减值的迹象。

二、固定资产可收回金额的确定

固定资产存在减值迹象的,应当估计其可收回金额。可收回金额应当根据固定资产的公允价值减去处置费用后的净额与固定资产预计未来现金流量的现值两者之间较高者确定。处置费用包括与固定资产处置有关的法律费用、相关税费、搬运费,以及为使固定资产达到可销售状态所发生的直接费用等。固定资产的公允价值减去处置费用后的净额与固定资产预计未来现金流量的现值,只要有一项超过了固定资产的账面价值,就表明固定资产没有发生减值,不需要再估计另一项金额。

固定资产的公允价值减去处置费用后的净额,应当根据公平交易中销售协议价格减去可直接归属于该固定资产处置费用的金额确定。固定资产预计未来现金流量的现值,应按固定资产在持续使用过程中和最终处置时所产生的预计未来现金流量,选择恰当的折现率对其进行折现后的金额加以确定。

三、固定资产减值损失的确定

固定资产在资产负债表日存在可能发生减值迹象时,其可收回金额低于账面价值的,企业应当将该固定资产的账面价值减记至可收回金额,减记的金额确认为减值损失,计入当期损益,同时计提固定资产减值准备。固定资产减值准备一经提取,在以后年度不得转回。

企业计提固定资产减值准备,将对计提折旧的固定资产价值产生影响,使计提基数减少。因此,当固定资产发生减值并计提减值准备后,企业应当重新复核固定资产的折旧方法、预计使用寿命和预计净残值,固定资产的折旧要以减值后的固定资产净值为基础进行调整。

【例 8-12】 ABC 公司于 2020 年 1 月 31 日购入一台生产设备,原价为 100 000 元,预计净残值为 4 000 元,预计使用年限为 5 年,采用平均年限法计提折旧。2021 年 12 月 31 日,该生产设备发生减值,公允价值减去处置费用后的金额为 50 000 元,未来现金流量的现值为 55 000 元。计提减值准备后,该生产设备的剩余使用年限预计为 2 年,预计净残值为 1 000 元。根据以上资料,ABC 公司的账务处理如下:

(1) 2021 年 12 月 31 日,计提减值准备时:

2021 年 12 月 31 日,该生产设备可收回金额 $= \max[50\,000, 55\,000] = 55\,000$(元)

2020 年 2 月 1 日至 2021 年 12 月 31 日,该生产设备累计折旧 $=(100\,000-4\,000) \div (12 \times 5) \times (11+12) = 36\,800$(元)

该生产设备的净值 $= 100\,000 - 36\,800 = 63\,200$(元)

该生产设备减值损失 $= 63\,200 - 55\,000 = 8\,200$(元)

借:资产减值损失   8 200

 贷:固定资产减值准备   8 200

(2) 2022 年 1 月,计提折旧时:

月折旧额 $=(55\,000-1\,000) \div (12 \times 2) = 2\,250$(元)

借:制造费用   2 250

 贷:累计折旧   2 250

四、固定资产的报表列示

在资产负债表中,"固定资产"项目应根据"固定资产"和"固定资产清理"账户的期末余额,减去"累计折旧"和"固定资产减值准备"账户的期末余额后的金额填列。

本 章 习 题

一、思考题

1. 固定资产有哪几种计价形式?

2. 固定资产折旧方法有哪些?固定资产减值对固定资产折旧有什么影响?

3. 外购、自建固定资产的入账价值如何确定?

4. 如何理解固定资产后续支出的资本化和费用化?

5. 固定资产清理如何进行核算?

二、选择题

1. 2022 年 12 月 31 日,ABC 公司一台原价 500 万元,已计提折旧 210 万元,已计提减值准备 20 万元的固定资产出现减值迹象,经减值测试,其未来税前和税后净现金流量现值分别为 250 万元和 210 万元,公允价值减去处置费用后的净额为 240 万元。不考虑其他因素,2022 年 12 月 31 日,ABC 公司应为该固定资产计提减值准备的金额为( )万元。

   A. 50   B. 30   C. 60   D. 20

2. ABC 公司为增值税一般纳税人,购入一套需安装的生产设备,取得的增值税专用发票上注明的价款为 300 万元,增值税额为 39 万元,自行安装耗用材料 20 万元,发生安装人工费 5 万元。不考虑其他因素,该生产设备安装完毕达到预定可使用状态,转入固定资产的入账价值为( )万元。

   A. 320   B. 325   C. 351   D. 376

3. ABC 公司为增值税一般纳税人,增值税税率为 13%。2022 年,该公司采用自营方式建造一条生产线,实际领用工程物资 678 万元(含增值税额 78 万元);另外领用本公司自产产品一批,账面价值为 130 万元,未计提存货跌价准备,公允价值和计税价格均为 160 万元。发生在建工程人员工资及福利费为 230 万元;另外发生专业人员服务费 8 万元。假定该生产线已达到预定可使用状态,不考虑除增值税外的其他相关税费。该生产线的入账价值为( )万元。

   A. 1 046   B. 968   C. 960   D. 995.2

4. ABC 公司为增值税一般纳税人。2022 年 12 月 31 日,ABC 公司出售一台原价为 452 万元,已计提折旧 364 万元的生产设备,开具的增值税专用发票上注明的价款为 150 万元,增值税额为 19.5 万元,出售该生产设备时发生不含增值税的清理费用 8 万元。不考虑其他因素,ABC 公司出售该生产设备的损益为( )万元。

   A. 54   B. 62   C. 87.5   D. 79.5

5. 下列选项中,不应计提折旧的是( )。

   A. 更新改造完成后的固定资产

   B. 提前报废的固定资产

   C. 新购入的一项管理用固定资产

   D. 已达到预定可使用状态但尚未办理竣工决算的固定资产

6. ABC 公司于 2022 年 3 月月初从 Y 公司购入设备一台,实际支付买价 300 万元,支付运杂费 10 万元,支付途中保险费 30 万元,安装过程中发生安装费 50 万元。该设备预计可使用 4 年,无残值。ABC 公司固定资产采用年数总和法计提折旧。由于操作不当,该设备于 2022 年年末报废,责成有关人员赔偿 18 万元,收回变价收入 12 万元。不考虑增值税等其他相关税费,该设备的报废净损失为( )万元。

   A. 216   B. 243   C. 234   D. 255

7. 下列各项固定资产后续支出中,应予以费用化处理的有( )。

   A. 机动车交通事故责任强制保险费   B. 更换飞机发动机成本

C. 办公楼日常修理费   D. 生产线改良支出

8. 企业在固定资产发生资本化后续支出,并达到预定可使用状态时,进行的下列各项会计处理中,正确的有( )。

A. 重新预计净残值   B. 重新确定折旧方法

C. 重新确定入账价值   D. 重新预计使用寿命

9. 企业建造生产经营用固定资产,下列项目中应计入固定资产取得成本的有( )。

A. 工程在达到预定可使用状态前进行试运转时发生的支出

B. 为建造固定资产取得土地使用权而支付的土地出让金

C. 工程领用本企业自产产品的实际成本

D. 达到预定可使用状态前发生的专业人员服务费用

10. 下列各项中,应记入"固定资产清理"账户借方的有( )。

A. 计提清理固定资产人员的工资

B. 因自然灾害损失的固定资产取得的赔款

C. 因出售厂房发生的相关清理费用

D. 因自然灾害损失的固定资产账面净值

三、业务题

资料 ABC 公司为增值税一般纳税人,适用的增值税税率为 13%,有关资料如下:

(1) 2021 年 3 月 2 日,公司购入一台需要安装的生产用机器设备,取得的增值税专用发票上注明的设备价款为 4 400 万元,增值税进项税额为 572 万元,支付的运输费为 88 万元(不考虑运费抵减增值税因素),款项已通过银行支付。安装设备时,公司领用自产的产成品一批,成本为 350 万元,同类产品售价为 450 万元;支付安装费用 32 万元,支付安装工人的薪酬 330 万元;假定不考虑其他相关税费。

(2) 2021 年 6 月 20 日,生产用机器设备达到预定可使用状态,预计使用年限为 10 年,净残值为 200 万元,采用年限平均法计提年折旧额。

(3) 2022 年年末,ABC 公司在进行检查时发现该设备有减值迹象,现时的销售净价为 4 120 万元,预计未来持续使用可为公司带来的现金流量现值为 4 200 万元。计提固定资产减值准备后,固定资产折旧方法预计使用年限均不改变,但预计净残值变更为 120 万元。

(4) 2023 年 6 月 30 日,ABC 公司决定对该设备进行改扩建,以提高其生产能力。当日以银行存款支付工程款 369.2 万元(不考虑相关增值税因素)。

(5) 改扩建过程中替换一主要部件,其账面价值为 79.2 万元,替换的新部件的价值为 150 万元(不考虑相关增值税因素)。假定原部件磨损严重,没有任何价值。

(6) 2023 年 9 月 30 日,该改扩建工程达到预定可使用状态。

要求

(1) 编制固定资产安装及安装完毕的有关会计分录。

(2) 计算 2021 年应计提的折旧额并编制会计分录。

(3) 计算 2022 年应计提的固定资产减值准备并编制会计分录。

(4) 编制有关固定资产改扩建的会计分录。

四、思政园地

调研　某企业的固定资产管理制度。

分析　某企业固定资产年度清查环节的落实情况。

思考　固定资产清查在保障国有资产安全、提高使用效益方面的作用。

第九章

无形资产与
其他非流动资产

○ 【本章要求】

掌握：无形资产的概念、内容和分类；无形资产初始计量和账务处理方法；内部研究开发费用的确认与计量；无形资产的后续计量和账务处理方法。

熟悉：无形资产的特点。

了解：内部研究与开发的区别；使用寿命有限与使用寿命不确定无形资产后续计量的区别。

第一节　无形资产概述

一、无形资产的定义及其特征

无形资产是指企业拥有或者控制的没有实物形态的可辨认非货币性资产。无形资产是企业重要的经济资源，是企业产品获取持续竞争优势的动力源泉。无形资产具有以下特征。

（一）一般不具有实物形态

无形资产区别于固定资产及其他资产的主要标志是其一般不具有实物形态。不同于有形资产通过实物价值的磨损与转移为企业带来经济利益，无形资产代表企业拥有的某种权利、某项技术或者取得超额利润的综合能力，特别在高新技术领域，无形资产的重要性显得尤为突出。

需要指出的是，某些无形资产的存在有赖于实物载体。例如，计算机软件需要存储在磁盘中,但这并不改变无形资产本身不具有实物形态的特性。在确定一项包含无形和有形要素的资产是属于无形资产还是固定资产时,需要通过判断来加以确定,通常以哪个要素更重要作为判断依据。

(二) 具有可辨认性

一项资产要作为无形资产核算,该项资产就一定能够区别于其他资产,可单独辨认。符合下列条件之一的,可认为具有可辨认性:

(1) 能够从企业中分离或者划分出来,并能单独或者与相关资产、负债一起,用于出售、转移、授权许可、租赁或者交换,而不需要同时处置在同一获利活动中的其他资产,就说明该资产可以辨认。某些情况下,无形资产可能需要与有关的合同一起用于出售转让等,这种情况下也视为可辨认无形资产。

(2) 产生于合同权利或其他法定权利,无论这些权利是否可以从企业或其他权利和义务中转移或者分离。如一方通过与另一方签订特许权合同而获得的经营特许权,通过法律程序申请获得的商标权、专利权等。

我国企业会计准则认为商誉自身的存在无法与企业本身分离,不具有可辨认性,因此,商誉不属于无形资产,需要单独核算。

(三) 属于非货币性长期资产

非货币性资产是指货币性资产以外的资产(货币性资产是指企业持有的货币资金和将以固定或可确定的金额收取的资产,包括现金、银行存款、应收账款和应收票据,以及准备持有至到期的债券投资等)。无形资产没有发达的交易市场,一般不容易转化成现金,在持有过程中,其为企业带来的经济利益具有很大的不确定性,不属于可以固定或者可以确定金额收取的资产,使用年限在 1 年以上,因此无形资产属于非货币性长期资产。

二、无形资产的内容

无形资产主要包括专利权、非专利技术、商标权、著作权、土地使用权和特许权等。

(一) 专利权

专利权是指权利人在法定期限内对某一项发明创造所拥有的独占权和专有权,包括发明专利权、实用新型专利权和外观设计专利权等。根据法律规定,发明专利权的期限为 20 年,实用新型专利权和外观设计专利权的期限为 10 年,均自申请日起计算。专利权期限届满前,其他企业与个人未经权利人同意不得无偿使用其专利。专利权期限届满后,专利权终止。

(二) 非专利技术

非专利技术又称为专有技术、技术秘密或技术诀窍,是指先进的、不为外界所知的、生产经营活动中已经采用的、未申请专利的、可以带来经济利益的各种技术和经验。非专利技术具体包括工业专有技术、商业贸易专有技术、管理专有技术、技术人员利用的技术和方法等。非专利技术不是专利法的保护对象,没有固定的使用年限,主要靠保密手段进行自我保护。

(三) 商标权

商标是用来辨认特定的商品或劳务的标记。商标权是指专门在某类指定的商品或产品上使用特定的名称或图案的权利。商标权的有效期为 10 年,自核准注册之日起计算,期满前 12 个月内申请续展,在此期间内未能申请的,可再给予 6 个月的宽展期。续展可无限重复进行,每次续展注册的有效期为 10 年。

（四）著作权

著作权又称版权,是指作者对其创作的文学、科学和艺术作品依法享有的某种特殊权利。著作权体现人身权利(精神权利)和财产权利(经济权利)两方面,如署名权、发表权、修改权、保护作品完整权、复制权和出租权等应当由著作权人享有的权利。

（五）土地使用权

土地使用权是指国家准许企业在一定时间内对国有土地享有开发、利用和经营的权利。企业取得土地使用权的方式主要有外购、投资者投入和政府划拨取得等。我国土地为国家所有,任何单位或个人只能拥有土地的使用权,而不能拥有所有权。土地使用权可以通过出让、行政划拨和有偿转让获得(支付土地出让金)。土地使用者享有土地使用权的期限以出让年限为限,出让年限由出让合同约定,但不得超过法律限定的最高年限。土地使用权出让合同约定的使用年限届满,土地使用者依该合同取得的土地使用权即终止。

（六）特许权

特许权又称经营特许权、专营权,是指企业在某一地区经营或销售某种特定的商品的权利或是一家企业接受另一家企业使用其商标、商号和技术秘密的权利。特许权的形式包括由政府机关授予的特许经营权,如电力、煤气和烟草等;一个企业授予另一个企业生产经营以该企业商号、商标、专利和非专利技术等制造的产品或提供劳务的权利,如连锁加盟店等。

三、无形资产的分类

（一）按来源分类

无形资产按照来源分类,可分为外部取得的无形资产和内部自行研发的无形资产。无形资产取得途径不同,核算方法不同,因此其取得成本的构成不同。其中,外部取得的无形资产包括外购的无形资产、投资者投入的无形资产、接受捐赠取得的无形资产、企业合并取得的无形资产、债务重组取得的无形资产、以非货币性资产交换取得的无形资产,以及政府补助取得的无形资产等。内部自行研发的无形资产为企业内部开发部门或科研人员自行研发形成的无形资产,如申请的专利权与非专利技术等。

（二）按使用寿命分类

无形资产按使用寿命分类,可分为使用寿命有限的无形资产和使用寿命无限的无形资产。企业应当于取得无形资产时分析判断其使用寿命。无形资产的使用寿命如有限,应当估计该使用寿命的年限或者构成使用寿命的产量等类似计量单位数量,这里的使用寿命,是指无形资产为企业带来经济利益的期限是有限的或法律、合同所规定的期限是有限的(比如,在法定期限受法律保护的专利权、特许权、商标权、著作权、土地使用权等)。无法预见无形资产为企业带来经济利益期限的,应当视为使用寿命不确定的无形资产,如企业的非专利技术,这类无形资产为企业带来经济利益的期限取决于市场生产技术的发展水平、企业的保密情况等。使用寿命不确定的无形资产无需进行摊销,但需在持有期间的每个资产负债日进行减值测试。

四、无形资产的确认条件

无形资产应在符合定义的前提下,同时满足以下两个确认条件时,才能予以确认。

(一)该项资产产生的经济利益很可能流入企业

无形资产产生的经济利益能否流入企业,需要企业的高层管理人员进行稳健、合理的判断。无形资产产生的经济利益具有很高的不确定性,而且无形资产一般本身又无法直接产生经济利益,其通常是作为必不可少的技术条件或法定前提参与企业的生产经营,伴随其他生产要素而产生经济利益。因此,在判断无形资产产生的经济利益是否很可能流入企业时,需要对在无形资产预计使用寿命期内可能存在的各种经济因素作合理估计,并获取相关的明确证据支持。

(二)无形资产的成本能够可靠计量

无形资产一般按取得时的实际成本计量入账,这样做可使企业的会计信息更具有可验证性和可靠性。如果成本不能可靠计量,即使其能为企业带来经济利益,也不能确认为无形资产。例如,高科技人才与企业签订了服务合同,并且合同规定在一定时期内这些人才不能为其他企业提供服务。很明显这些人才也是企业的优质资源,但人才的知识资源通常很难辨认,为形成资源所发生的支出又难以计量,因此,人才不能作为企业的无形资产。又如,企业自创商誉和内部产生的品牌、客户名单等,因其成本无法可靠地计量,也不作为无形资产确认。无形资产核算涉及的主要账户有无形资产、累积摊销、研发支出和无形资产减值准备等。

五、无形资产的初始计量

无形资产通常是按实际成本计量,即将取得无形资产并使其达到预定用途而发生的全部支出,作为无形资产的成本。不同来源取得的无形资产,如外购、接受投资、接受捐赠、非货币性资产交换、政府补助和自行研究开发等,其初始成本构成也不尽相同。其中,企业自行研发无形资产的账务处理最为特别,相关内容将在本章第二节中进行阐述。

(一)外购无形资产

外购无形资产的成本包括买价、相关税费以及直接归属于使该项资产达到预定用途所发生的其他支出。其中直接归属于使该项资产达到预定用途所发生的其他支出包括使无形资产达到预定用途所发生的专业服务费、测试无形资产是否能够正常发挥作用的费用。但下列支出不能计入无形资产的初始成本:为宣传新产品而发生的广告费、管理费和其他间接费用;无形资产达到预定可使用状态后发生的费用等。

为了核算企业持有的无形资产(包括专利权、非专利技术、商标权、著作权、土地使用权等),企业应设置"无形资产"账户。采用成本模式计量的已出租的土地使用权和持有并准备增值后转让的土地使用权,在"投资性房地产"账户核算,不在该账户核算。该账户属于资产类账户,其借方登记企业取得无形资产,贷方登记无形资产退出企业,期末余额在借方,表示企业持有的无形资产。企业应当按照无形资产项目进行明细核算。

外购无形资产时,按其确认的成本,借记"无形资产"账户,贷记"银行存款"等账户。企业随同其他资产一并购入的无形资产,应按该无形资产与其他资产的公允价值比例确定成本。

购买无形资产的价款超过正常信用条件延期支付,实质上具有融资性质的,无形资产的成本以购买价款的现值为基础确定。实际支付的价款与购买价款的现值之间的差额,除按规定应予资本化外,应当在信用期间内计入当期损益。

【例9-1】 2022年1月9日,ABC公司购入一项商标权,考虑到公司资金周转比较紧张,经与对方协商,采用分期付款方式支付款项,并在合同中约定,该项商标权总计500万元,每年年末支付250万元,2年付清。假定银行同期贷款率为5%。为了简化核算,假定不考虑其他有关税费(已知2年期5%利率,其年金现值系数为1.8594)。ABC公司未确认的融资费用如表9-1所示。

表9-1 未确认的融资费用 单位:元

期间	融资余额	本年利息 融资余额×利率	付款	还本= 付款−利息	未确认融资费用 上年余额−本年利息
0	4 648 500				351 500
1	2 380 925	232 425	2 500 000	2 267 575	119 075
2	0	119 075	2 500 000	2 380 925	0
合计		351 500	5 000 000	4 668 500	

ABC公司的账务处理如下:

(1) 2022年1月8日,购买该无形资产时:

无形资产现值=2 500 000×1.859 4=4 648 500(元)

未确认的融资费用=5 000 000−4 648 500=351 500(元)

借:无形资产——商标权 4 648 500
　　未确认融资费用 351 500
　　贷:长期应付款 5 000 000

(2) 2022年年底,支付合同款项时:

支付款项:

借:长期应付款 2 500 000
　　贷:银行存款 2 500 000

摊销当年未确认融资费用,确认财务费用:

应确认的财务费用=4 648 500×0.05=232 425(元)

借:财务费用 232 425
　　贷:未确认融资费用 232 425

(3) 2023年年底,支付合同款项时:

支付款项:

借:长期应付款 2 500 000
　　贷:银行存款 2 500 000

摊销当年未确认融资费用,确认财务费用时:

应确认的财务费用为 119 046.3 元(2 380 925×0.05),但考虑到最后一期未确认融资费用的尾差,此时应确认的财务费用为 119 075 元(351 500−232 425)。

借:财务费用 119 075
　贷:未确认融资费用 119 075

(二)其他方式获得的无形资产成本

投资者投入的无形资产的成本,应当按投资合同或协议确定的金额确定;投资合同或协议确定的金额不公允的,应按无形资产的公允价值作为无形资产初始成本入账。无形资产入账价值与所占资本额之间的差异,作为资本溢价,计入资本公积。

通过非货币性资产交换、债务重组和政府补助方式取得的无形资产的成本应按有关规定确定。

第二节　内部研究开发费用的确认与计量

一、研究阶段和开发阶段的划分

现在的市场环境下,很多企业都需要通过自行研究和开发活动取得专利权和非专利技术等,以获得和保持技术上的领先地位,从而获得超额收益。研究阶段和开发阶段的支出具有不同的特点,企业在不同阶段的支出也具有不同的处理原则。因此,需要先区分研究阶段与开发阶段。

研究阶段是指为获取并理解新的科学或技术知识而进行的独创性的、有计划的调查,为进一步的开发进行资料及相关方面的准备。其中,有计划的是指研究活动建立在有计划的调查之上,研发项目已通过董事会或类似管理机构的批准。研究活动主要包括研究新技术、新知识或其他知识的应用研究、评价、最终选择。研究阶段是为进一步的开发活动进行资料及相关方面的准备,这一阶段的最大特点是具有探索性,即从已经进行的研究活动看,将来是否会转入开发、开发后是否会形成无形资产等,具有较大的不确定性。例如,医药企业为研发一种新药,在初始的研究阶段是具有探索性的,其配方是否有效、是否可以进入临床研究,均具有较大的不确定性。

开发阶段是指在进行商业性生产或使用前,将研究成果或其他知识应用于某项计划或设计,以生产出新的或具有实质性改进的材料、装置、产品等。相对于研究阶段而言,开发阶段应当是完成了研究阶段的工作,在很大程度上已经具备形成一项新产品或新技术的基本条件。例如,生产前或使用前的原型和模型的设计、建造和测试;含新技术的工具、夹具、模具和冲模的设计;不具有商业性生产经济规模的试生产设施的设计、建造和运营等。

二、研究开发阶段相关支出的确认与计量原则

《企业会计准则第 6 号——无形资产》对于企业内部研究开发费用的确认与计量是分

研究和开发两个阶段进行规定的。研究阶段是为进一步的开发活动进行资料及相关方面的准备,已进行的研究活动将来是否会转入开发、开发后是否会形成无形资产等均具有较大的不确定性。根据谨慎性要求,研究阶段的有关支出,在发生时应当费用化,计入当期损益。

开发阶段相对于研究阶段而言,具有针对性和形成成果的可能性较大等特点,通常是已完成了研究阶段的工作,在很大程度上具备了形成一项新产品或新技术的基本条件。此时,如果企业能够证明开发支出符合无形资产的定义及相关确认条件,则可将其确认为无形资产。在开发阶段,将有关开发支出资本化计入无形资产成本包括以下条件:

(1) 完成该无形资产以使其能够使用或出售在技术上具有可行性。

(2) 具有完成该无形资产并使用或出售的意图。企业的管理当局应当能够说明其开发无形资产的目的,并具有完成该项无形资产开发并使其能够使用或出售的可能性。

(3) 无形资产产生经济利益的方式,包括能够证明运用该无形资产生产的产品存在市场或无形资产自身存在市场,无形资产将在内部使用的,应当证明其有用性。

(4) 有足够的技术、财务和其他资源支持,以完成该无形资产助开发,并有能力使用或出售该无形资产。

(5) 归属于该无形资产开发阶段的支出能够可靠地计量。

开发阶段的支出符合资本化条件的,才能确认为无形资产;不符合资本化条件的计入当期损益(管理费用)。无法区分研究阶段支出和开发阶段支出时,企业应当将其所发生的研发支出全部费用化,计入当期损益(管理费用)。

三、内部研究开发费用的会计处理

为了归集、核算企业进行内部研究与开发无形资产过程中发生的各项支出,企业应设置"研发支出"账户,并按照研究开发项目,分别在"费用化支出""资本化支出"明细账户进行明细核算。

企业自行研发无形资产,研究阶段的支出全部费用化,通过"研发支出——费用化支出"账户进行归集;进入开发阶段的研发支出,不满足资本化条件的,借记"研发支出——费用化支出"账户,满足资本化条件的,借记"研发支出——资本化支出"账户,贷记"原材料""银行存款""应付职工薪酬"等账户。

研究开发项目达到预定用途可形成无形资产时,应按"研发支出——资本化支出"账户归集的金额,借记"无形资产"账户,贷记"研发支出——资本化支出"账户。期末,将"研发支出——费用化支出"账户归集的金额转入"管理费用"账户,借记"管理费用"账户,贷记"研发支出——费用化支出"账户。"研发支出"账户期末余额在借方,表示企业正在进行的无形资产研究开发项目满足资本化条件的支出金额。

【例 9-2】 2022 年 2 月 1 日,ABC 公司董事会批准研发一项可降低该公司生产成本的新型技术。该公司董事会认为,该项研发具有可靠的技术和财务等资源的支持。2022 年度发生的与该研发活动相关的业务如下:2 月份为调研新技术发生人工费40 000 元、差旅费 10 000 元,其中,差旅费使用库存现金支付;5 月份在开发过程中消耗材料费70 000元、人工费30 000、其他费用40 000元(全部使用银行存款支付),其中,符合资本化条件的为80 000元;6月30日,该技术已经达到预定用途,交付生产车间。ABC公司账务处理如下:

(1) 2月份发生研究支出时:

借:研发支出——费用化支出　　　　　　　　　　　　　　　　　50 000
　　贷:库存现金　　　　　　　　　　　　　　　　　　　　　　　　10 000
　　　　应付职工薪酬　　　　　　　　　　　　　　　　　　　　　　40 000

(2) 2月月末,将2月份发生研究阶段支出转入管理费用时:

借:管理费用　　　　　　　　　　　　　　　　　　　　　　　　　50 000
　　贷:研发费用——费用化支出　　　　　　　　　　　　　　　　　50 000

(3) 5月份发生开发支出时:

借:研发支出——费用化支出　　　　　　　　　　　　　　　　　60 000
　　　　　　　——资本化支出　　　　　　　　　　　　　　　　　80 000
　　贷:原材料　　　　　　　　　　　　　　　　　　　　　　　　70 000
　　　　应付职工薪酬　　　　　　　　　　　　　　　　　　　　　30 000
　　　　银行存款　　　　　　　　　　　　　　　　　　　　　　　40 000

(4) 5月月末,将5月份发生的费用化支出转入管理费用时:

借:管理费用　　　　　　　　　　　　　　　　　　　　　　　　　60 000
　　贷:研发费用——费用化支出　　　　　　　　　　　　　　　　　60 000

(5) 6月30日,该项新型技术已经达到预定用途,将资本化支出转入无形资产时:

借:无形资产——专利权　　　　　　　　　　　　　　　　　　　80 000
　　贷:研发费用——资本化支出　　　　　　　　　　　　　　　　80 000

第三节　无形资产的后续计量

无形资产的后续计量是指在企业取得无形资产并达到预定用途后,退出企业生产经营过程中的某一个时点上对无形资产价值余额的计量,主要包括无形资产的摊销以及减值损失的确定。

一、无形资产后续计量的原则

无形资产初始确认和计量后,在使用期间内应以成本减去累计摊销额和累计减值损失后的余额计量。企业应当于取得无形资产时分析判断其使用寿命。如果无形资产的使用寿命是有限的,则应当估计该使用寿命的年限或者构成使用寿命的产量等类似计量单位数量;对于无法预见为企业带来未来经济利益期限的无形资产,应当视为使用寿命不确定的无形资产。对于使用寿命有限的无形资产,需要在估计使用寿命内采用系统合理的方法进行摊销;对于使用寿命不确定的无形资产则不需要摊销,应在每个会计期末进行减值测试。

(一) 无形资产使用寿命的确定

(1) 企业持有的无形资产,通常来源于合同性权利或是其他法定权利,而且合同或法律规定明确使用年限的,其使用寿命不应超过合同性权利或其他法定权利的期限。

(2) 如果企业使用资产的预期的期限短于合同性权利或其他法定权利规定的期限,则应当按照企业预期使用的期限确定其使用寿命。

(3) 如果合同或法律没有规定使用寿命的,则企业应当综合各方面因素判断,以确定无形资产能为企业带来经济利益的期限。

经过上述方法仍无法合理确定无形资产为企业带来经济利益期限的,才能将其作为使用寿命不确定的无形资产。

(二) 无形资产使用寿命的复核

企业至少应当于每年年度终了,对使用寿命有限的无形资产的使用寿命及摊销方法进行复核。如果有证据表明无形资产的使用寿命及摊销方法不同于以前的估计,如由于合同的续约或无形资产应用条件的改善,延长了无形资产的使用寿命,则对于使用寿命有限的无形资产,应改变其摊销年限及摊销方法并按照会计估计变更进行处理。对于使用寿命不确定的无形资产,如果有证据表明其使用寿命有限,则应当按照会计估计变更处理。

二、无形资产的摊销

(一) 使用寿命有限的无形资产

使用寿命有限的无形资产,应在其预计的使用寿命内采用系统合理的方法对应摊销金额进行摊销。应摊销金额是指无形资产的成本扣除残值后的金额,对已计提减值准备的无形资产,还应扣除已计提的无形资产减值准备累计金额。

1. 无形资产残值的确定

无形资产的残值意味着在其经济寿命结束之前企业预计将会处置该无形资产,并且从该处置中取得的利益。无形资产的残值一般为零,但下列情况除外:有第三方承诺在无形资产使用寿命结束时购买该无形资产或者可以根据活跃市场得到预计残值信息,并且该市场在无形资产使用寿命结束时很可能存在。无形资产持有期间,至少应于每年年末进行复核,预计其残值与原估计金额不同的,应按照会计估计变更处理。如果残值重新估计以后高于其账面价值,则无形资产不再摊销,直至残值降至低于账面价值时再恢复摊销。

2. 摊销期和摊销方法

无形资产的摊销期自其可供使用时(即其达到预定用途)当月开始至终止确认时止,在依前述规定确定的无形资产使用寿命内系统地分摊其应摊销金额。企业选择无形资产摊销方法时,应依据从该项资产中获取的预期未来经济利益的预计消耗方式来选择,并一致地运用于不同会计期间。例如,有特定产量限制的特许经营权或专利权,应采用产量法进行摊销;受技术陈旧因素影响较大的专利权和专有技术等无形资产,也可采用类似固定资产加速折旧的方法进行摊销。无法可靠确定预期实现方式的,应采用直线法进行摊销。

3.无形资产摊销的会计处理

为了核算企业对使用寿命有限的无形资产计提的累计摊销,设置"累计摊销"账户。作为投资性房地产的采用成本模式计量的土地使用权的累计摊销,也通过该账户核算。该账户属于资产类账户,是无形资产账户的备抵账户。其借方登记无形资产退出企业时转出的累计摊销额,贷方登记企业按月计提的无形资产摊销额,期末贷方余额反映企业持有的无形资产累计摊销额。该账户应按无形资产项目进行明细核算。

企业应当按月对无形资产进行摊销,对无形资产的摊销额一般情况下应计入当期损益。摊销时,应当考虑该无形资产所服务的对象,并以此为基础将其摊销价值计入相关资产的成本或当期损益。具体核算时,对企业自用的无形资产,其摊销金额计入管理费用;对出租的无形资产,其摊销金额应计入其他业务成本;如果某项无形资产包含的经济利益通过所生产的产品或其他资产实现,则其摊销金额应计入相关资产成本。

【例9-3】　2022年2月,ABC公司从甲公司购得一项商标权,支付价款3 000万元,款项已支付,该商标权的使用寿命为10年,合同规定ABC公司可以使用该商标权5年。2022年2月,ABC公司又从乙公司购入一项生产工艺技术,合同约定ABC公司自该技术开始使用日起可以使用5年。乙公司提供了关于该工艺的配方及操作方法,共计收费900万元。不考虑税费与残值的因素,有关会计分录如下:

(1)2月,取得无形资产时:

借:无形资产——商标权　　　　　　　　　　　　　　　　　　30 000 000
　　　　　　——专有技术　　　　　　　　　　　　　　　　　9 000 000
　　贷:银行存款　　　　　　　　　　　　　　　　　　　　　　39 000 000

(2)2月,无形资产的摊销额:

商标权的使用年限为5年,其月摊销额为:

30 000 000÷5÷12＝500 000(元)

专有技术的使用年限为9年,其月摊销额为:

9 000 000÷5÷12＝150 000(元)

借:管理费用　　　　　　　　　　　　　　　　　　　　　　　500 000
　　制造费用　　　　　　　　　　　　　　　　　　　　　　　150 000
　　贷:累计摊销　　　　　　　　　　　　　　　　　　　　　　650 000

(二)使用寿命不确定的无形资产

根据可获得的情况判断,有确凿证据表明无法合理估计其使用寿命的无形资产,才能作为使用寿命不确定的无形资产。对于使用寿命不确定的无形资产,在持有期间不需要摊销,应当在每个会计期间进行减值测试。减值测试的方法按照资产减值的原则处理。

三、无形资产的减值

只要无形资产的价格或价值的减损能够可靠地予以计量,而且对于帮助信息使用者作出正确决策具有相关性,就应当确认无形资产价值的减少。企业应当根据实际情况来认定无形资产可能发生减值的迹象。有确凿证据表明资产存在减值迹象的,应当在资产负债表日进行减值测试,估计无形资产的可回收金额。

对于使用寿命有限的无形资产而言,存在减值迹象是其进行减值测试的必要前提;对于使用寿命不确定的无形资产而言,企业至少应当于每年年度终了进行减值测试。在进行减值测试并计算了资产可收回金额后,如果资产的可收回金额低于其账面价值的,应当将账面价值减记至可收回金额,将减记的金额确认为资产减值准备,期末转入"本年利润"账户,同时,计提无形资产减值准备,作为资产负债表"无形资产"项目的备抵项目,以避免利润和资产的虚增。

在计提减值准备后,对于使用寿命有限的无形资产,重新复核预计使用寿命、使用方法和预计净残值等,如果没有变化,则应当按照计提减值准备后的账面价值,重新计算确定摊销额;如果发生变化,则应按照会计估计变更的有关规定进行处理,按照计提减值准备后的账面价值,重新计算确定摊销额。

考虑到无形资产在发生减值后,一方面价值回升的可能性较小,通常属于永久性减值,另一方面为避免确认资产重估增值和利润操纵,无形资产减值损失一经确认,在以后会计期间不得转回;以前期间计提的减值准备,在无形资产处置、出售、对外投资、以非货币资产交换方式或债务重组方式退出企业时,才可予以转销。

为了核算企业无形资产发生减值时计提的减值准备,企业应设置"无形资产减值准备"账户。该账户属于资产类账户,是"无形资产"账户的备抵账户。资产负债表日,企业根据《企业会计准则第6号——无形资产》确定无形资产发生减值的,按照减值金额,借记"资产减值损失"账户,贷记"无形资产减值准备"账户。处置无形资产时,应同时结转已计提的无形资产减值准备。期末"无形资产减值准备"账户余额在贷方,反映企业已计提但尚未转销的无形资产减值准备。该账户应按无形资产的项目进行明细核算。

【例 9-4】 ABC 公司于 2022 年 12 月 31 日对拥有的一项专利权的账面价值进行检查时,发现市场上已出现了类似的专利产品,预期会对未来公司产品的销售造成重大不利影响。此时,该专利的账面余额为 50 万元,剩余摊销期限为 5 年。此时,若将该专利权出售,则在扣除发生的律师费和其他相关税费后,可获得 10 万元,若继续持有该专利进行产品生产,则在未来 5 年内预计可获得的现金流的现值为 9 万元。

该专利权的公允价值减去处置费用后的净额为 10 万元,预计未来现金流量现值为 9 万元,因此,可回收金额为 10 万元。该专利的账面价值为 50 万元,当期应计提的无形资产减值准备为 40 万元(50-10)。

(1)2022 年 12 月 31 日,ABC 公司确认资产减值损失、计提无形资产减值准备的会计分录如下:

借:资产减值损失——计提无形资产减值损失　　　　　　　　　　　　　　　400 000
　　贷:无形资产减值准备　　　　　　　　　　　　　　　　　　　　　　　　　400 000

(2)2023 年年末,专利权摊销金额应扣除已计提减值准备 40 万元之后的新的账面余额进行计算,计算过程及账务处理如下:

2023 年应摊销金额＝100 000÷5＝20 000(元)

借：管理费用　　　　　　　　　　　　　　　　　　　　　　　　　20 000

　　贷：累计摊销　　　　　　　　　　　　　　　　　　　　　　　　　　20 000

第四节　无形资产的出租、处置和报表列示

一、无形资产的出租

企业将所拥有的无形资产的使用权让渡给他人,并收取租金,属于与企业的日常经营活动相关的其他经济业务活动取得的收入,在满足收入确认条件的情况下,所取得的收入及成本应确认为相关的收入和成本,通过"其他业务收入""其他业务成本"账户进行具体核算。企业出租无形资产取得租金收入时,借记"银行存款""应交税费——应交增值税(进项税额)"等账户,贷记"其他业务收入"等账户;摊销出租无形资产的成本并发生出租相关的各种费用支出时,借记"其他业务成本""税金及附加"等账户,贷记"累计摊销""应交税费"等账户。

【例 9-5】　ABC 公司于 2022 年将某商标权使用权出租给甲公司,合同规定出租期限为 3 年,每月租金收入为 200 000 元,每月月末收取当月租金,增值税税率为 6%。该商标权每月的摊销额为 100 000 元。ABC 公司的会计处理如下:

(1) 每月月末,收取租金时:

借：银行存款　　　　　　　　　　　　　　　　　　　　　　　　212 000

　　贷：其他业务收入　　　　　　　　　　　　　　　　　　　　　　200 000

　　　　应交税费——应交增值税(应交税费)　　　　　　　　　　　　12 000

(2) 按月摊销时:

借：其他业务成本　　　　　　　　　　　　　　　　　　　　　　100 000

　　贷：累计摊销　　　　　　　　　　　　　　　　　　　　　　　　100 000

二、无形资产的处置

无形资产的处置主要是指无形资产出售、报废时的终止确认与转销。

(一)无形资产的出售

企业出售无形资产时,应将所取得的价款与该项无形资产账面价值之间的差额作为资产处置利得或损失计入当期损益。企业应按实际收到的金额,借记"银行存款"等账户;按已计提的累计摊销,借记"累计摊销"账户;原已计提减值准备的,借记"无形资产减值准备"账户;按应支付的相关税费,贷记"应交税费"等账户;按其账面余额,贷记"无形资产"账户;最后按其差额,借记或贷记"资产处置收益"账户。

【例 9-6】　2022 年 1 月 4 日,ABC 公司与 B 公司签订商标销售合同,将一项酒类商标

出售,开出的增值税专用发票上注明的价款为 200 000 元,增值税额为 12 000 元,款项已经存入银行。该商标的账面余额为 210 000 元,累计摊销金额为 60 000 元,已提减值准备 10 000 元。ABC 公司的会计处理如下:

借:银行存款   212 000
　　累计摊销   60 000
　　无形资产减值准备   10 000
　　贷:无形资产   210 000
　　　　应交税费——应交增值税(销项税额)   12 000
　　　　资产处置损益   60 000

(二) 无形资产的报废

如果无形资产预期不能为企业带来经济利益,比如该无形资产已被其他新技术所替代,则应将无形资产报废并予以转销,将无形资产的账面价值转入当期损益。企业无形资产的报废与固定资产报废类似,不属于企业的日常经营活动,因此,所取得的利得或损失也应作为营业外收入或损失处理。

转销时,应按照计提的累计摊销,借记"累计摊销"账户;原已计提减值准备的,借记"无形资产减值准备"账户;按照无形资产的账面余额,贷记"无形资产"账户;按其差额,借记"营业外支出——处置非流动资产损失"账户。

【例 9-7】 2022 年 2 月,ABC 公司的专利权的账面价值为 50 万元,该专利权的摊销期限为 10 年,采用直线法进行摊销,已摊销 6 年。该专利权的残值为零,已累计计提减值准备 15 万元。假定该专利权生产的产品已没有市场,预期不能再为企业带来经济利益。假定不考虑其他因素,ABC 公司报废无形资产的账务处理如下:

该专利权处置时的累计摊销额=500 000÷10×6=300 000(元)

账面价值=500 000-300 000-150 000=50 000(元)

借:无形资产减值准备   150 000
　　累计摊销   300 000
　　营业外支出——处置非流动资产损失   50 000
　　贷:无形资产——专利权   500 000

三、无形资产的报表列示

(1)"无形资产"项目。在资产负债表中,"无形资产"项目反映全部无形资产的账面价值,即以无形资产的原始价值扣除累计摊销和无形资产减值准备后的净额列示。

(2)"研发支出"项目。在资产负债表中,"研发支出"项目反映全部处于开发阶段的无形资产符合资本化条件但尚未结转至无形资产的资本化支出,可以按照"研发支出——资本化支出"账户的余额填列。

(3)"研发费用"项目。在利润表中,应将企业的研发过程中的费用化支出从"管理费用"项目中分拆,以"研发费用"项目列示。

第五节　其他非流动资产

一、长期待摊费用

"长期待摊费用"账户用来核算企业已经支出，但摊销期限在1年以上(不含1年)的各项费用，包括固定资产大修支出、经营性租入固定资产的改良支出，以及摊销期限在1年以上的其他待摊费用。长期待摊费用预计能在超过一个会计年度的期间内为企业带来经济利益，所以被列示为企业的非流动资产。

长期待摊费用应当单独核算，并且在费用的收益期间内合理分摊，如果长期待摊费用在未来会计期间不能使企业受益，则应将尚未摊销的余额全部转入当期损益。其中，经营性租入固定资产的改良支出，应按照租赁期与设备尚可使用年限两者中的较短者进行摊销。

企业发生的长期待摊费用，借记"长期待摊费用"账户，贷记"银行存款""原材料"等账户。摊销长期待摊费用，借记"管理费用""销售费用"等账户，贷记"长期待摊费用"账户。"长期待摊费用"账户期末的借方余额，反映企业尚未摊销完毕的长期待摊费用的摊余价值。

二、长期应收款

长期应收款是指企业融资租赁产生的应收款项和采用递延方式分期收款、实质上具有融资性质的销售商品和提供劳务等经营活动产生的应收款项。企业设置"长期应收款"账户，用来核算企业融资租赁产生的应收款项，采用递延方式分期收款、实质上具有融资性质的销售商品和提供劳务等经营活动产生的应收款项。该账户的期末借方余额，反映企业尚未收回的长期应收款。

(1) 出租人融资租赁产生的应收租赁款，在租赁期开始日，应按租赁开始日最低租赁收款额与初始直接费用之和，借记"长期应收款"账户，按未担保余值，借记"未担保余值"账户，按融资租赁资产的公允价值(最低租赁收款额和未担保余值的现值之和)，贷记"融资租赁资产"账户，按融资租赁资产的公允价值与账面价值的差额，借记"营业外支出"账户或贷记"营业外收入"账户，按发生的初始直接费用，贷记"银行存款"等账户，按其差额，贷记"未实现融资收益"账户。

(2) 采用递延方式分期收款销售商品或提供劳务等经营活动产生的长期应收款，满足收入确认条件的，按应收的合同或协议价款，借记"长期应收款"账户，按应收合同或协议价款的公允价值(折现值)，贷记"主营业务收入"等账户，按其差额，贷记"未实现融资收益"账户。其会计处理可类比分期付款购买无形资产处理。

本章习题

一、思考题

1. 无形资产与固定资产在财务处理上主要有哪些区别?

2. 为何自主研发需要划分研究阶段与开发阶段?

3. 开发阶段发生的支出是否应全部资本化?

4. 研发支出全部资本化与有条件的资本化会计处理各自的优缺点是什么?

5. 无形资产的出租和出售核算有何异同?

二、选择题

1. 下列关于无形资产后续计量的说法中,正确的是(　　)。

A. 使用寿命不确定的无形资产应该按系统合理的方法摊销

B. 使用寿命不确定的无形资产,其摊销金额应按 10 年摊销

C. 企业无形资产摊销方法,应当反映与该项无形资产有关的经济利益的预期实现方式

D. 无形资产的摊销方法只有直线法

2. 下列关于企业已取得的正在进行中的研究开发项目发生支出的说法中,正确的是(　　)。

A. 应于发生时计入当期损益

B. 应计入无形资产成本

C. 属于研究开发项目研究阶段的支出,符合条件的,应当于发生时计入当期损益

D. 属于研究开发项目开发阶段的支出,符合条件的,应当于发生时计入当期损益

3. 企业出售无形资产发生的净损失,应计入(　　)。

A. 营业外支出　　　B. 其他业务成本　　C. 销售费用　　　　D. 管理费用

4. ABC 公司成立时接受 B 公司投资转入的商标权。ABC 公司合资期限为 20 年,国家商标法规定商标权的有效法律年限为 10 年,ABC 公司摊销该商标权的期限不得超过(　　)年。

A. 10　　　　　　　B. 20　　　　　　　C. 15　　　　　　　D. 5

5. 2023 年 1 月 1 日,ABC 公司将某专利权的使用权转让给 B 公司,每年收取租金 10 万元,适用的增值税税率为 6%。转让期间 ABC 公司不使用该项专利。该专利权系 ABC 公司在 2020 年 1 月 1 日购入的,初始入账价值为 10 万元,预计使用年限为 5 年。假定不考虑其他因素,ABC 公司 2024 年应摊销(　　)。

A. 0　　　　　　　　B. 2 万元　　　　　C. 1.94 万元　　　　D. 5 万元

6. 无形资产是企业重要的经济资源,按照《企业会计准则第 6 号——无形资产》,无形资产应具有(　　)特征。

A. 一般不具有实物形态　　　　　　B. 可辨认

C. 属于非货币性资产　　　　　　　D. 属于长期资产

7. 在企业财务处理中,作为无形资产进行核算的有(　　)。

A. 专利权　　　　B. 商标权　　　　C. 著作权　　　　D. 商誉

8. 企业外购无形资产的成本包括购买时发生的(　　)。

A. 买价　　　　B. 专业服务费　　　C. 测试费　　　　D. 广告费

9. 无形资产的寿命可以根据(　　)确定。

A. 企业使用的年限　　　　　　　B. 相关合同规定的使用年限

C. 能为企业带来经济利益的期限　　D. 相关法律规定的使用年限

10. "研发支出"账户核算的内容包括企业自行研究开发无形资产时发生的(　　)。

A. 研究阶段的支出　　　　　　　B. 开发阶段符合资本化条件的支出

C. 宣传费用　　　　　　　　　　D. 开发阶段不符合资本化条件的支出

三、业务题

资料　甲公司有关无形资产的业务如下:

(1) 2020年6月,甲公司研发部门准备研究开发一项专有技术。在研究阶段,企业为了研究成果的应用研究、评价,以银行存款支付了相关费用800万元。

(2) 2020年8月,上述专有技术研究成功,转入开发阶段。企业将研究成果应用于该项专有技术的设计,直接发生的研发人员工资、材料费和相关设备折旧费等分别为1 000万元、900万元和400万元,同时,以银行存款支付了其他相关费用100万元。以上开发支出均满足无形资产的确认条件。

(3) 2020年10月,上述专有技术的研究开发项目达到预定用途,形成无形资产。甲公司预计该专有技术的预计使用年限为10年。甲公司无法可靠确定与该专有技术有关的经济利益的预期实现方式。

(4) 2023年5月,这项专有技术预期不能为企业带来经济利益,经批准将其予以转销。

要求　请编制以上业务的会计分录。

四、思政园地

调研　某企业或所在行业的无形资产管理与核算现状。

分析　无形资产管理与核算在推动企业发展、服务社会方面的积极作用。

思考　如何借助现代技术手段(如大数据、人工智能等)提高无形资产管理与核算的效率和准确性。

第十章

流动负债

【**本章要求**】

掌握：负债的概念和分类，应付职工薪酬、应交税费、其他应付款等流动负债的概念及账务处理方法。

熟悉：短期借款、应付票据与应付账款的概念及账务处理方法。

了解：流动负债的分类与计价。

第一节　流动负债概述

一、负债的含义和分类

（一）负债的含义

负债是指企业过去的交易或事项形成的、预期会导致经济利益流出企业的现时义务。现时义务是指企业在现行条件下承担的义务，未来发生的交易或者事项形成的义务不属于现时义务，不应当确认为负债。

（二）负债的分类

负债按流动性进行分类，实质上是按负债偿还期限的长短分类，通常分为流动负债和非流动负债。这是负债最基本的分类。

满足下列条件之一的负债应当归为流动负债：

（1）预计在一个正常营业周期中清偿。

（2）主要为交易目的而持有。

（3）自资产负债表日起1年内到期应予以清偿。

（4）企业无权自主地将清偿推迟至资产负债表日后1年以上。

二、流动负债的分类与计价

（一）流动负债的分类

流动负债按形成的原因不同，可以分为：企业在正常的生产经营活动中，以权责发生制为基础而产生的债务，如应付职工薪酬、应交税费等；企业在与外部有关单位进行结算时所产生的债务，如企业赊购存货而产生的应付账款或应付票据等；企业从银行或其他金融机构筹集资金而产生的债务，如短期借款等。

在实务中，流动负债按应付金额是否确定，可以分为以下三类：

（1）金额确定的流动负债。这类流动负债是指根据合同、协议或法律的规定具有确切的金额、债权人和付款日期，并且到期必须归还的负债，如短期借款、应付票据、应付账款、应付职工薪酬等。

（2）金额视经营结果而定的流动负债。这类流动负债须在企业一定的经营期末才能确定负债金额，在该经营期末之前，负债金额无法确定，如应交税费、应付股利等。

（3）金额需估计的流动负债。这类流动负债的金额、偿还期或债权人在编制资产负债表时仍难以确定，只能按以往的经验或依据有关资料予以估计，如产品质量保证预计负债等。

（二）流动负债的计量

流动负债的计量是指各项流动负债确认入账的金额。从理论上说，负债计量以现值入账比较准确，由于流动负债的期限较短，其到期值或面值与现值之间的差异不会很大，基于重要性原则和谨慎性原则，在我国会计实务中，流动负债均按未来应付金额或面值来计量并列示于资产负债表中。

第二节　短　期　借　款

短期借款是企业向银行或其他金融机构等借入的偿还期在1年以内（含1年）的款项。短期借款一般是企业为维持正常的生产经营所需或者为抵偿某项债务而借入的款项。

企业短期借款的借入与偿还，应通过"短期借款"账户进行核算，并按债权人户名和借款种类设置明细账。"短期借款"账户只记本金数，应付利息作为一项财务费用直接计入当期损益，企业的应计利息通过"应付利息"账户进行核算。

第三节　应付票据与应付账款

一、应付票据

应付票据是指企业签发的允诺在票据上规定的不超过1年的期限内支付一定金额给持

票人的一种书面证明。在我国会计实务中,应付票据仅指应付商业汇票。

企业应设置"应付票据"账户,用来核算各种签发、承兑的商业汇票。出具票据时,带息票据和不带息票据都须按票面金额记录负债。

企业在购买材料、商品或者接受劳务开出商业汇票时,应当按照商业汇票的票面金额,借记"原材料""应交税费——应交增值税(进项税额)"等账户,贷记"应付票据"账户。对于企业申请并签发银行承兑汇票而应支付给银行的手续费,应当直接计入当期损益。

企业应于到期日按照商业汇票的票面金额偿还应付票据。对于带息的商业汇票还应当根据票面金额和票面利率计算并支付相应的利息,借记"应付票据""财务费用"等账户,贷记"银行存款"账户。

如果企业在商业汇票到期时无法支付票据的款项,则应按不同承兑人分别进行处理。如为商业承兑汇票,则企业应将应付的票据金额转至"应付账款"账户;如为银行承兑汇票,则应由银行先行支付,并作为对企业的短期借款。

二、应付账款

应付账款是指企业在生产经营过程中因购买材料、商品或接受劳务等应支付的款项。

在会计实务中,应付账款的入账时间一般为企业收到发票账单的时间。如果货物已到或劳务已经接受但发票账单等凭证尚未到达,则对于企业而言负债已经成立,应于月末估价入账以客观反映企业承担的债务。

如果销货方在赊销商品时为了尽快回笼资金给购货方开出现金折扣条件,则购货方选择总价法时,将不考虑现金折扣的价款总额确认应付账款的金额。若在折扣期内付款,则获得的现金折扣应作为购货价格的扣减,调减购货成本。

第四节　应付职工薪酬

一、职工薪酬的含义与内容

职工薪酬是指企业为获得职工提供的服务或解除劳动关系而给予的各种形式的报酬或补偿。企业提供给职工配偶、子女、受赡养人、已故员工遗属及其他受益人等的福利,也属于职工薪酬。其中职工包括与企业订立劳动合同的所有人员,含全职、兼职和临时职工,也包括虽未与企业订立劳动合同但由企业正式任命的人员。未与企业订立劳动合同或未由其正式任命,但向企业所提供服务与职工所提供服务类似的人员,也属于职工的范畴,包括通过企业与劳务中介公司签订用工合同而向企业提供服务的人员。

职工薪酬包括短期薪酬、离职后福利、辞退福利和其他长期职工福利。

1. 短期薪酬

短期薪酬是指企业在职工提供相关服务的年度报告期间结束后12个月内需要全部予以支付的职工薪酬,因解除与职工的劳动关系而给予的补偿除外。短期薪酬具体包括职工工资、奖金、津贴和补贴,职工福利费,医疗保险费、工伤保险费和生育保险费等社会保险费,住房公积金,工会经费和职工教育经费,短期带薪缺勤,短期利润分享计划,非货币性福利,以及其他短期薪酬。

其中,职工工资、奖金、津贴和补贴,是指按照国家统计局的规定构成职工薪酬总额的计时工资、计件工资、超额劳动报酬和增收节支而支付的奖金、为补偿职工特殊贡献或额外劳动而支付的津贴,以及为了保证职工工资水平不受物价变动的影响而支付给职工的物价补贴等。

职工福利费,是指给职工提供的福利,如职工生活困难补助等。

社会保险费,是指企业按照国家规定的基准和比例计算,向社会保险经办机构交纳的医疗保险费、工伤保险费和生育保险费等。

住房公积金,是指企业按照国家有关规定的基准和比例计算,并向住房公积金管理机构缴存的公积金。

工会经费和职工教育经费,是指为改善职工文化生活、提高职工业务素质,根据国家规定,从成本费用中提取的金额。

短期带薪缺勤,是指企业支付工资或提供补偿的职工缺勤,包括年休假、病假、短期伤残、婚假、产假、丧假、探亲假等。

短期利润分享计划,是指为职工提供服务而与职工达成的基于利润或其他经营成果提供薪酬的协议。

非货币性福利,是指企业以自产产品或外购商品发放给职工作为福利,将自己拥有的资产或租赁的资产无偿提供给职工使用,如为职工无偿提供医疗保健服务或者向职工提供由企业支付一定补贴的商品或服务等。

2. 离职后福利

离职后福利是指企业为获得职工提供的服务而在职工退休或与企业解除劳动关系后,提供的各种形式的报酬和福利,短期薪酬和辞退福利除外。

3. 辞退福利

辞退福利是指企业在职工劳动合同到期之前解除与职工的劳动关系,或者为鼓励职工自愿接受裁减而给予职工的补偿。

4. 其他长期职工福利

其他长期职工福利是指除短期薪酬、离职后福利、辞退福利外所有的职工薪酬,包括长期带薪缺勤、长期残疾福利、长期利润分享计划等。

二、应付短期薪酬的确认与计量

企业应当在职工为其提供服务的会计期间,将实际发生的短期薪酬确认为负债,并计入当期损益,企业会计准则要求或允许计入资产成本的除外。

(一)以货币形式支付短期薪酬

企业以货币形式支付给职工各项短期薪酬时,应当在职工为其提供服务的会计期间,将应付职工短期薪酬确认为负债,并根据职工提供服务的受益对象,分以下情况处理:

企业应由生产产品、提供劳务负担的职工短期薪酬,计入产品成本或劳务成本;应由在建工程、无形资产开发成本负担的职工短期薪酬,计入建造固定资产的成本或无形资产的开发成本;除上述外的其他职工短期薪酬计入当期损益。

企业应当根据应计入职工薪酬的工资总额,按照受益对象计入相关资产的成本或当期费用,借记"生产成本""管理费用"等账户,贷记"应付职工薪酬"账户。企业在实际支付货币性职工薪酬时,应当按照实际应支付给职工的金额,借记"应付职工薪酬"账户;按照实际支付的总额,贷记"银行存款"账户;将应由职工个人负担由企业代扣代交的职工个人所得税,贷记"应交税费——应交个人所得税"账户;将应由职工个人负担由企业代扣代交的医疗保险费、住房公积金等,贷记"其他应付款"账户。

【例 10-1】 ABC 公司根据劳动工资部门提供的资料确认本期应付职工短期薪酬。在职职工应付工资总额为 1 600 万元。其中:生产车间工人工资 800 万元;车间管理人员工资 160 万元;固定资产在建工程人员工资 176 万元;无形资产研发部门人员工资 96 万元;公司行政管理部门人员工资 288 万元;专设销售机构人员工资 80 万元。假定 ABC 公司分别按工资总额的 10%、12%、2% 和 1.5% 提取医疗保险费、住房公积金、工会经费和职工教育经费。ABC 公司当月发放职工工资 1 600 万元,其中,应由公司代扣代交的个人所得税为 240 万元,应由职工个人担由公司代扣代交的各种社会保险费和住房公积金为 117 万元,实发工资部分已经通过银行转账支付。其账务处理如下:

(1) 公司分配工资费用时:

借:生产成本	8 000 000
制造费用	1 600 000
在建工程	1 760 000
研发支出	960 000
管理费用	2 880 000
销售费用	800 000
贷:应付职工薪酬——工资	16 000 000

(2) 公司提取医疗保险费等其他费用时:

借:生产成本	2 040 000
制造费用	408 000
在建工程	448 800
研发支出	244 800
管理费用	734 400
销售费用	204 000
贷:应付职工薪酬——社会保险费	1 600 000
——住房公积金	1 920 000
——工会经费	320 000
——职工教育经费	240 000

（3）公司发放职工工资时：

借：应付职工薪酬——工资 16 000 000

贷：银行存款 12 430 000

应交税费——应交个人所得税 2 400 000

其他应付款 1 170 000

（4）公司实际交纳由其负担的社会保险费和住房公积金时：

借：应付职工薪酬——社会保险费 1 600 000

——住房公积金 1 920 000

贷：银行存款 3 520 000

（二）非货币性福利薪酬

非货币性福利薪酬是指企业将自己的产品或外购商品作为福利发放给职工,企业将自己拥有的资产提供给职工无偿使用或租赁资产供职工无偿使用(比如,提供给企业高级管理人员使用的住房,免费为职工提供诸如医疗保健等服务,或向职工提供企业支付了一定补贴的商品或服务等)形成的薪酬。

企业向职工提供的非货币性福利薪酬,应当分以下情况处理：

（1）企业以自产产品或外购商品作为非货币性福利提供给职工的,应当作为正常产品(商品)销售处理,按产品或商品的公允价值和相关税费进行计量,并在产品发出时确认销售收入,结转产品成本。

（2）企业将拥有的住房等固定资产无偿提供给职工作为非货币性福利时,应当按照企业对该固定资产每期计提的折旧来计量应付职工薪酬,同时,根据职工提供服务的受益对象计入相关资产成本或当期损益。企业将租赁的住房等固定资产无偿提供给职工作为非货币性福利时,应当按照企业每期支付的租金来计量应付职工薪酬,同时根据职工提供服务的受益对象计入相关资产成本或当期损益。

【例 10-2】 ABC 公司决定以自产的毛巾作为福利发放给车间生产工人,其成本为 21 600 元,不含税的销售价格为 25 200 元,增值税额为 3 276 元。其账务处理如下：

（1）公司向车间生产工人实际发放毛巾时：

借：应付职工薪酬——非货币性福利 28 476

贷：主营业务收入 25 200

应交税费——应交增值税(销项税额) 3 276

同时,结转产品成本时：

借：主营业务成本 21 600

贷：库存商品 21 600

（2）公司按用途对发生的非货币性福利进行分配时：

借：生产成本 28 476

贷：应付职工薪酬——非货币性福利 28 476

（三）其他形式的短期薪酬

除上述情况外,在实务中,企业还存在如下形式的职工短期薪酬。

1. 带薪缺勤

带薪缺勤是指企业在职工因病假、休假等原因缺勤期间支付的薪酬。带薪缺勤可以分为累积带薪缺勤和非累积带薪缺勤两种形式。

（1）累积带薪缺勤是指本期尚未用完的带薪缺勤权利可以结转下期、在未来期间继续使用的带薪缺勤。企业应当在职工提供服务从而增加了其未来享有的带薪缺勤权利时,确认与累积带薪缺勤相关的职工薪酬,并以累积未行使权利而增加的预期支付金额进行计量。

（2）非累积带薪缺勤是指带薪缺勤权利不能结转下期的带薪缺勤,本期尚未用完的带薪缺勤权利将予以取消,即使职工离开企业时也无权获得现金支付。我国企业职工可享有的婚假、产假、丧假、探亲假、病假期间的工资通常都属于非累积带薪缺勤。对于非累积带薪缺勤,职工本期未使用的缺勤天数不会产生某种权利,因而企业不会增加额外的义务。

2. 离职后福利

离职后福利是指企业为获得职工提供的服务而在职工退休或与企业解除劳动关系后提供的各种形式的报酬和福利。离职后福利计划包括设定提存计划和设定受益计划。

（1）设定提存计划是指向独立的基金缴存固定费用后,企业不再承担进一步支付义务的离职后福利计划。企业应当在职工为其提供服务的会计期间,将根据设定提存计划确定的应缴存金额确认为负债,同时计入当期损益或相关资产成本。

（2）设定受益计划是指除设定提存计划外的离职后福利计划。企业应当采用预期累计福利单位法和适当的精算假设,确认和计量设定受益计划所产生的义务。

3. 辞退福利

辞退福利包括以下两方面的内容:

（1）职工没有选择权的辞退福利。这是指在职工劳动合同尚未到期前,不论职工本人是否愿意,企业都决定解除与职工的劳动关系而给予的补偿。

（2）职工有选择权的辞退福利。这是指在职工劳动合同尚未到期前,企业为鼓励职工自愿接受裁减而给予的补偿,职工有权选择继续在职或接受补偿离职。

辞退福利的确认原则同其他形式的职工薪酬基本相同,企业应当在同时满足以下两个条件时将辞退福利确认为一项应付职工薪酬:

（1）企业已制定正式的解除劳动关系计划或提出自愿裁减建议,并即将实施。正式的辞退福利计划或建议,应当经过董事会或类似权力机构的批准。

（2）企业不能单方面撤回解除劳动关系计划或自愿裁减建议。

与其他形式的职工薪酬不同的是,由于被辞退的职工不再为企业提供服务,因此不论辞退的职工原先在哪个部门,企业都应将本期确认的辞退福利全部计入当期管理费用,而不能计入资产成本。

第五节　应交税费

　　企业在一定时期内取得的营业收入和实现的利润或发生特定的经营行为,要按照规定向国家交纳各种税费。这些应交的税金在尚未交纳之前,应按权责发生制的原则确认,形成企业的一项负债。企业按照规定应交纳的税费主要包括增值税、消费税、城市维护建设税、资源税、所得税、土地增值税、房产税、车船税、城镇土地使用税、教育费附加、矿产资源补偿费等。其中,增值税和消费税是企业交纳的两个主要税种。

一、增值税

(一) 增值税的含义、性质和税率

　　增值税是以商品(含货物、加工修理修配劳务、服务、无形资产或不动产,以下统称商品)在流转过程中产生的增值额作为计税依据而征收的一种流转税。按照增值税有关规定,企业购入商品支付的增值税(即进项税额),可以从销售商品按规定收取的增值税(即销项税额)中抵扣。

　　增值税的纳税人按其经营规模及会计核算是否健全划分为一般纳税人和小规模纳税人。

　　一般纳税人的税率具体规定如下:

　　(1) 销售或者进口货物及提供加工修理修配劳务或有形资产租赁服务,税率为13%。

　　(2) 销售或者进口下列货物提供服务,适用的税率为9%,具体项目包括:①粮食、食用植物油、食用盐;②自来水、天然气、暖气、冷气、热水、煤气、石油液化气、居民用煤炭制品;③图书、报纸、杂志、音像制品、电子出版物;④饲料、农药、化肥、农机、农膜、二甲醚;⑤提供交通运输、邮政、基础电信、建筑、不动产租赁服务;⑥销售不动产,转让土地使用权等。

　　(3) 提供上述(1)(2)项以外的服务,适用的税率为6%,主要包括现代服务业、金融保险业、租赁、转让无形资产(土地使用权除外)、提供增值电信服务等。

　　(4) 采用简易计税方法的项目征收率为3%。

　　(5) 出口货物适用零税率。

(二) 一般纳税人增值税核算的账户设置

　　我国增值税的计算采用购进抵扣法,以商品的销售额为计税依据,按照税法规定的税率计算出商品应负担的销项税额,同时扣除企业为生产货物或提供劳务外购原材料等物资在以前购买环节已交的进项税额,抵扣后的余额即为实际应交的增值税,用公式表示如下:

$$应交增值税＝销项税额－进项税额$$

　　增值税一般纳税人应当在"应交税费"账户下设置"应交增值税""未交增值税""预交增值税""待抵扣进项税额""待认证进项税额""待转销项税额""简易计税""转让金融商品应交

增值税""代扣代交增值税"等明细账户。

增值税一般纳税人应在"应交增值税"明细账内设置"进项税额""销项税额抵减""已交税金""转出未交增值税""减免税款""出口抵减内销产品应纳税额""销项税额""出口退税""进项税额转出""转出多交增值税"等专栏。其中：

(1)"进项税额"专栏，记录一般纳税人购进货物、加工修理修配劳务、服务、无形资产或不动产而支付或负担的、准予从当期销项税额中抵扣的增值税额。

(2)"销项税额抵减"专栏，记录一般纳税人按照现行增值税制度规定因扣减销售额而减少的销项税额。

(3)"已交税金"专栏，记录一般纳税人当月已交纳的应交增值税。

(4)"转出未交增值税"和"转出多交增值税"专栏，分别记录一般纳税人月度终了转出当月应交未交或多交的增值税额。

(5)"减免税款"专栏，记录一般纳税人按现行增值税制度规定准予减免的增值税额。

(6)"出口抵减内销产品应纳税额"专栏，记录实行"免、抵、退"办法的一般纳税人按规定计算的出口货物的进项税抵减内销产品的应纳税额。

(7)"销项税额"专栏，记录一般纳税人销售货物、加工修理修配劳务、服务、无形资产或不动产应收取的增值税额。

(8)"出口退税"专栏，记录一般纳税人出口货物、加工修理修配劳务、服务、无形资产按规定退回的增值税额。

(9)"进项税额转出"专栏，记录一般纳税人购进货物、加工修理修配劳务、服务、无形资产或不动产等发生非正常损失以及其他原因而不应从销项税额中抵扣、按规定转出的进项税额。

（三）一般纳税人购销业务的账务处理

我国增值税实行的是价外税，价外税是指企业销售（购买）货物或提供（接受）劳务的价款为不含税价款，并按不含税价款乘以增值税税率收取（支付）销项或进项税额。

将含税销售额换算成不含税销售额的公式如下：

$$不含税销售额 = 含税销售额 \div (1 + 增值税税率)$$

具体的账务处理为：一般纳税人购进货物、加工修理修配劳务、服务、无形资产或不动产，按应计入相关成本费用或资产的金额，借记"在途物资"或"原材料""库存商品""生产成本""无形资产""固定资产""管理费用"等账户，按当月已认证的可抵扣增值税额，借记"应交税费——应交增值税（进项税额）"账户，按当月月末认证的可抵扣增值税额，借记"应交税费——待认证进项税额"账户，按应付或实际支付的金额，贷记"应付账款""应付票据""银行存款"等账户。发生退货的，如原增值税专用发票已作认证，应根据税务机关开具的红字增值税专用发票作相反的会计分录；如原增值税专用发票未作认证，应将发票退回并作相反的会计分录。

【例 10-3】 ABC 公司为增值税一般纳税人，本月购进一批原材料，增值税专用发票上注明的原材料价款为 200 万元，增值税额为 26 万元。货款已经支付，材料已经验收入库。同时，该企业当期销售产品收入为 300 万元（不含应向购买方收取的增值税），货款已经收到。假定该产品的增值税税率为13%。

（1）公司购进原材料时：

借：原材料　　　　　　　　　　　　　　　　　　　　　　　　　　2 000 000
　　应交税费——应交增值税（进项税额）　　　　　　　　　　　　　260 000
　　贷：银行存款　　　　　　　　　　　　　　　　　　　　　　　　　　　2 260 000

（2）公司销售产品时：

销项税额＝300×13%＝39（万元）

借：银行存款　　　　　　　　　　　　　　　　　　　　　　　　　3 390 000
　　贷：主营业务收入　　　　　　　　　　　　　　　　　　　　　　　　3 000 000
　　　　应交税费——应交增值税（销项税额）　　　　　　　　　　　　　390 000

（四）视同销售业务的账务处理

会计上销售收入的确认以发生交易为前提，并符合企业会计准则规定的条件。增值税应税销售额的认定主要考虑进入消费前能按税率足额征税，某些经济业务虽不构成交易，但税务上认定其"视同销售"。

【例10-4】 X公司将自产的一批产品无偿捐赠给Y公司。该批产品的成本为40 000元，市场售价（计税价格）为48 000元，适用的增值税税率为13%。

该业务属于视同销售业务，X公司应当按照产品的计税价格和适用税率计算增值税的销项税额。X公司将自产产品无偿捐赠给Y公司。

销项税额＝48 000×13%＝6 240（元）

借：营业外支出　　　　　　　　　　　　　　　　　　　　　　　　46 240
　　贷：库存商品　　　　　　　　　　　　　　　　　　　　　　　　　40 000
　　　　应交税费——应交增值税（销项税额）　　　　　　　　　　　　　6 240

（五）进项税额不予抵扣及抵扣情况发生变化的账务处理

一般纳税人购进货物、加工修理修配劳务、服务、无形资产或不动产，用于简易计税方法计税项目、免征增值税项目、集体福利或个人消费等，其进项税额不得从销项税额中抵扣，应当计入相关成本费用。对于其进项税额按照现行增值税制度规定不得从销项税额中抵扣的，在取得增值税专用发票时，应借记相关成本费用或资产账户，借记"应交税费——待认证进项税额"账户，贷记"银行存款""应付账款"等账户，经税务机关认证后，应借记相关成本费用或资产账户，贷记"应交税费——应交增值税（进项税额转出）"账户。

发生非正常损失或改变用途等，导致原已计入进项税额但按现行增值税制度规定不得从销项税额中抵扣的，应当将进项税额转出，借记"待处理财产损溢""应付职工薪酬"等账户，贷记"应交税费——应交增值税（进项税额转出）"账户。一般纳税人购进时已全额抵扣进项税额的货物或服务等转用于不动产在建工程的，其已抵扣进项税额的40%部分应于转用当期转出，借记"应交税费——待抵扣进项税额"账户，贷记"应交税费——应交增值税（进项税额转出）"账户。原不得抵扣且未抵扣进项税额的固定资产、无形资产等，因改变用途等用于允许抵扣进项税额的应税项目的，应当在用途改变的次月调整相关资产的账面价值，按允许抵扣的进项税额,借记"应交税费——应交增值税(进项税额)"账户,贷记"固定资产""无形资产"等账户,并按调整后的账面价值计提折旧或摊销。

【例 10-5】 ABC 公司为增值税一般纳税人,本期购入一批材料,增值税专用发票上注明的材料价款为 240 万元增值税额为 31.2 万元。材料已入库,货款已通过银行转账支付,公司的存货采用实际成本进行核算。材料入库后,公司将该批材料全部用于发放职工福利。ABC 公司应编制会计分录如下:

(1)公司购入材料并入库时:

借:原材料	2 400 000
应交税费——应交增值税(进项税额)	312 000
贷:银行存款	2 712 000

(2)公司将材料用于发放职工福利时:

借:应付职工薪酬	2 712 000
贷:原材料	2 400 000
应交税费——应交增值税(进项税额转出)	312 000

【例 10-6】 沿用[例 10-5]的资料。材料入库后,ABC 公司将该批材料全部用于办公楼工程建设项目。

(1)公司购入材料并入库时:

借:原材料	2 400 000
应交税费——应交增值税(进项税额)	312 000
贷:银行存款	2 712 000

(2)公司将材料用于办公楼工程建设项目时:

借:在建工程	2 400 000
贷:原材料	2 400 000

(六)转出多交增值税、未交增值税和交纳增值税的账务处理

为了分别反映一般纳税人欠交增值税和待抵扣增值税的情况,确保企业及时足额上交增值税,避免出现企业用以前月份欠交的增值税抵扣以后月份未抵扣的增值税的情况,企业应当在"应交税费"账户下设"未交增值税"账户。

月度终了,企业应当将当月应交未交或多交的增值税自"应交增值税"明细账户转入"未交增值税"明细账户。对于当月应交未交的增值税,借记"应交税费——应交增值税(转出未交增值税)"账户,贷记"应交税费——未交增值税"账户;对于当月多交的增值税,借记"应交税费——未交增值税"账户,贷记"应交税费——应交增值税(转出多交增值税)"账户。

(七)小规模纳税人增值税的账务处理

小规模纳税人是指应纳增值税销售额在规定的标准以下,并且会计核算不健全的纳税人。小规模纳税人增值税的主要特点有:购买货物或接受劳务时,按照所应支付的全部价款计入存货入账价值,不论是否取得增值税专用发票,其支付的增值税额均不确认为进项税

额;销售货物或者提供应税劳务时,只能开具普通发票,销售额通常含增值税;应纳增值税按照不含税销售额和征收率(3%)计算确定。应纳增值税的计算公式如下:

$$销售额=含税销售额÷(1+3\%)$$
$$应纳增值税=不含税销售额×3\%$$

【例10-7】 某企业为小规模纳税人。2022年7月,该企业销售一批产品,开出的普通发票上注明的产品价款(含税)为37 080元,货款尚未收到。该批产品的成本为30 800元。适用的增值税征收率为3%。该企业应编制会计分录如下:

该小规模纳税人销售产品时:

不含税销售额=37 080÷(1+3%)=36 000(元)

应交增值税=36 000×3%=1 080(元)

借:应收账款		37 080
贷:主营业务收入		36 000
应交税费——应交增值税		1 080

同时,结转商品成本时:

借:主营业务成本		30 800
贷:库存商品		30 800

二、消费税

(一)消费税的含义及应纳税额的计算

消费税是以特定消费品的流转额为计税依据而征收的一种商品税。消费税的征收采取从价定率和从量定额两种基本方法。实行从价定率方法计算的应纳税额的税基为销售额,包括价款及价外费用,如价外收取的包装费、运输装卸费、代垫款项等。实行从量定额办法计算的应纳税额的销售数量是指应税消费品的数量。

消费税的计算公式如下:

(1)实行从价定率征收时,其应纳税额计算公式如下:

$$应纳税额=销售额×消费税税率$$

(2)实行从量定额征收时,其应纳税额计算公式如下:

$$应纳税额=销售数量×单位税额$$

(二)消费税的账务处理

企业生产的应税消费品直接对外销售的,按其应交的消费税,借记"税金及附加"账户,贷记"应交税费——应交消费税"账户。

【例10-8】 ABC公司于2022年8月销售20件应税消费品,每件销售价格12 000元(不含应向购买方收取的增值税额),货款尚未收到,每件成本为5 800元。该应税消费品适用的增值税税率为13%,消费税税率为10%。

公司销售应税消费品时：

应向购买方收取的增值税＝12 000×20×13％＝31 200(元)

应交的消费税＝12 000×20×10％＝24 000(元)

借：应收账款		271 200
贷：主营业务收入		240 000
应交税费——应交增值税(销项税额)		31 200
借：税金及附加		24 000
贷：应交税费——应交消费税		24 000
借：主营业务成本		116 000
贷：库存商品		116 000

第六节　预收账款与其他应付款

一、预收账款

预收账款是指企业根据购销合同的规定,向购货方预先收取的款项。企业在收到款项后,应在合同规定的期限内给购货单位发出货物或提供劳务;否则,必须如数退还预收的款项。

企业应设置"预收账款"账户核算预收账款业务。收到预收货款时,借记"银行存款"等账户,贷记"预收账款"账户;待企业以商品或劳务偿还时,借记"预收账款"账户,贷记"主营业务收入""应交税费——应交增值税(销项税额)"等账户。

企业销售商品或提供劳务后,如果预收账款的金额不是全部价款和相关税费,则应当在收到剩余补付款金额时,借记"银行存款"账户,贷记"预收账款"账户。

二、其他应付款

企业除了应付票据、应付账款、预收账款、应付职工薪酬等,还会发生一些应付、暂收其他单位或个人的款项,如应付租入包装物的租金、存入保证金、企业代职工交纳的社会保险费和住房公积金等。企业应设置"其他应付款"账户进行核算。发生各种应付、暂收款项时,借记"管理费用"等账户,贷记"其他应付款"账户;实际支付其他各种应付、暂收款项时,借记"其他应付款"账户,贷记"银行存款"账户。

本 章 习 题

一、思考题

1. 流动负债包括哪些内容?

2. 什么是职工薪酬?职工薪酬包括哪些内容?应付职工薪酬应当如何计量并进行会

计处理?

3. 累积带薪缺勤和非累积带薪缺勤的会计处理有什么区别?

4. 什么是应交税费?如何对因增值税和消费税引起的债务进行处理?

5. 税法上为什么要作增值税的视同销售处理?

二、选择题

1. Y公司为增值税一般纳税人,适用的增值税税率为13%。2021年12月,Y公司董事会决定将该公司生产的50件产品作为福利发放给公司管理人员,该批产品单件成本为1.2万元,市场销售价格为每件2万元(不含增值税),不考虑其他相关税费,甲公司在2022年因该项业务应计入管理费用的金额为(　　)万元。

A. 60　　　　　　B. 100　　　　　　C. 96　　　　　　D. 113

2. 企业开具的银行承兑汇票到期无力支付票款,应按该票据的账面余额贷记的账户是(　　)。

A. "应付账款"　　　　　　　　　　B. "短期借款"

C. "其他货币资金"　　　　　　　　D. "其他应付款"

3. 企业确认的辞退福利,应当记入(　　)账户。

A. "生产成本"　　B. "制造费用"　　C. "管理费用"　　D. "营业外支出"

4. 下列职工薪酬中,不应根据职工提供服务的受益对象计入产品成本的是(　　)。

A. 因解除与职工的劳动关系给予的补偿

B. 构成工资总额的各组成部分

C. 工会经费和职工教育经费

D. 医疗保险费、工伤保险费和生育保险费等社会保险费

5. X公司于2022年1月1日聘请副经理一名,确定该副经理的薪酬计划如下:①月薪6万元;②免费提供一套200平米的公寓供其使用,月租金1万元由公司支付;③免费提供一辆价值为25万元的小汽车供其自用。该小汽车购置于2021年12月30日,预计使用年限为5年,预计净残值为1万元,采用年限平均法计提折旧。该公司外聘副总经理的每月薪酬总额为(　　)万元。

A. 6　　　　　　B. 6.4　　　　　　C. 7　　　　　　D. 7.4

6. 下列职工薪酬中,属于短期薪酬的是(　　)。

A. 辞退福利　　　　　　　　　　B. 长期带薪缺勤

C. 短期带薪缺勤　　　　　　　　D. 长期利润分享计划

7. 下列经济业务中,应通过"其他应付款"账户核算的有(　　)。

A. 企业应付的教育费附加　　　　B. 应付租入包装物租金

C. 应付融资租入固定资产的租赁费　　D. 应付经营租入固定资产的租赁费

8. 下列各项,在会计上作为一项流动负债处理的有(　　)。

A. 计提的短期借款利息　　　　　B. 股东会决议分派的股票股利

C. 股东会决议分派的现金股利　　D. 融资租入固定资产应付的租金

9. 下列职工薪酬中,可以计入产品成本的有(　　)。

A. 住房公积金　　　　　　　　　　　　B. 非货币性福利

C. 职工工资　　　　　　　　　　　　　C. 辞退福利

10. 下列关于企业以自产产品作为福利发放给职工会计处理的表述中,正确的是(　　)。

A. 按产品的账面价值确认主营业务成本

B. 按产品的公允价值确认主营业务收入

C. 按产品的账面价值确认主营业务收入

D. 按产品的账面价值加上增值税销项税额确认应付职工薪酬

三、业务题

1. 资料 甲企业委托乙企业加工收回后用于连续生产应税消费品的 A 材料,甲、乙两企业均为增值税一般纳税人,适用的增值税税率为 13%,适用的消费税税率为 10%,甲企业对原材料按实际成本进行核算,收回加工后的 A 材料用于继续生产应税消费品——B 产品。有关资料如下:

(1) 2022 年 11 月 2 日,甲企业发出加工材料 A 材料一批,实际成本为 620 000 元。

(2) 2022 年 12 月 20 日,甲企业以银行存款支付乙企业加工费 100 000 元(不含增值税)、相应的增值税和消费税。

(3) 2022 年 12 月 31 日,A 材料加工完成,已收回并验收入库,并以银行存款支付往返运杂费 20 000 元,甲企业收回的 A 材料用于生产合同所需的 B 产品 1 000 件,B 产品合同价格每件为 1 200 元。

(4) 2022 年 12 月 31 日,库存的 A 材料预计市场销售价格为 700 000 元,加工成 B 产品估计至完工尚需发生加工成本 500 000 元,预计销售 B 产品所需的税金及费用为 50 000 元,预计销售库存 A 材料所需的销售税金及费用为 2 万元。

要求

(1) 编制甲企业委托加工原材料的有关会计分录。

(2) 计算甲企业 2022 年 12 月 31 日对该存货应计提的存货跌价准备,并编制有关会计分录。

2. 资料 大海公司为增值税一般纳税人,适用的增值税税率为 13%。2022 年发生如下交易或者事项:

(1) 2022 年 2 月,大海公司以其生产的成本为 300 元的微波炉为福利发放给公司 100 名职工。该型号微波炉的售价为每台 450 元。假定 100 名职工中 85 名为直接参加生产的职工,15 名为总部管理人员。大海公司账务处理如下:

借:管理费用(300×15)　　　　　　　　　　　　　　　　4 500
　　生产成本(300×85)　　　　　　　　　　　　　　　　25 500
　　　　贷:应付职工薪酬　　　　　　　　　　　　　　　　　　30 000

借:应付职工薪酬　　　　　　　　　　　　　　　　　　30 000
　　　　贷:库存商品　　　　　　　　　　　　　　　　　　　　30 000

(2) 大海公司于 2022 年 4 月委托外单位加工材料(非金银首饰),原材料价款为 100 000 元,将材料运达受托方发生运杂费 5 000 元,支付受托方加工费用 20 000 元,由受托方代收代交的消费税为 2 000 元,增值税额为 4 800 元。大海公司于 2019 年 9 月收回委托加工物资,收回后以不高于受托方计税价格直接对外销售。大海公司的账务处理如下:

借:委托加工物资 100 000
　　贷:原材料 100 000

借:委托加工物资 25 000
　　应交税费——应交消费税 2 000
　　　　　　——应交增值税(进项税额) 4 800
　　贷:银行存款 31 800

借:原材料 125 000
　　贷:委托加工物资 125 000

（3）大海公司于 2023 年 12 月 20 日制订了一项辞退计划,该计划规定,从 2024 年起企业将以职工自愿的方式,辞退部分销售员工,该项辞退工作计划于 1 年内实施完毕。基于当前状况,预计发生辞退福利 300 万元。大海公司的账务处理如下:

借:销售费用 300
　　贷:应付职工薪酬 300

要求 判断大海公司会计人员上述事项的处理是否正确;如不正确,说明理由,并编制相关的更正分录(相关差错视同当期差错,不通过“以前年度损益调整”账户核算)。

四、思政园地

调研 某企业应纳税费的种类及缴纳义务履行情况。

分析 企业诚信纳税对于国家经济发展、社会和谐稳定等方面的积极作用。

思考 企业应如何在保证合法经营的前提下,通过合理的纳税筹划降低税负,提高企业的竞争力。

第十一章

非流动负债

◎【本章要求】

掌握：长期借款的概念和账务处理方法，一般公司债券和可转换公司债券的核算，长期应付款的概念和内容，专门借款和一般借款费用资本化计量。

熟悉：借款费用资本化条件。

了解：一般公司债券的发行。

第一节　非流动负债概述

非流动负债又称长期负债，是指除流动负债外的债务，通常是指偿还期在1年或超过1年的一个营业周期以上的债务。它包括向银行或其他金融机构借入的长期借款，以及为了筹集长期资金而发行的各种债券等。与流动负债相比，非流动负债具有债务金额较大、偿还期限较长的特点。企业筹措这些资金主要是为了购买大型设备，以及增建或扩建厂房、办公楼等。企业发生这种长期负债就要负担长期的、固定的、数额较大的利息费用，因此必须在债务到期之前提前安排好偿付本息用的货币资金，以免发生财务危机。非流动负债主要包括长期借款、应付债券和长期应付款等。

第二节　长　期　借　款

长期借款是指企业向银行或其他金融机构借入的偿还期在1年以上(不含1年)的各种

借款。长期借款的还本付息方式包括到期一次还本付息和分期付息到期还本。

企业应当设置"长期借款"账户核算长期借款的取得和归还,以及利息确认等业务,并设置"本金"和"利息调整"两个明细账户,分别核算长期借款的本金和因实际利率与合同利率不同产生的利息调整额。

企业应当在资产负债表日确认长期借款当期的利息费用,按照长期借款的摊余成本和实际利率计算确定利息费用,将符合资本化条件的部分,借记"在建工程"等账户,不符合资本化条件的部分,借记"财务费用"账户;按照借款本金和合同利率计算确定的应支付的利息,贷记"应付利息"账户;按照两者的差额,贷记"长期借款——利息调整"账户。

企业在付息日实际支付利息时,按照本期应支付的利息金额,借记"应付利息"账户,贷记"银行存款"账户。

企业到期偿还长期借款时,应当按照偿还的长期借款本金金额,借记"长期借款——本金"账户;同时,贷记"银行存款"账户。

【例 11-1】 ABC 公司于 2020 年 1 月 1 日从中国农业银行借入人民币 200 万元,期限 3 年,用于建造厂房。年利率为 8%,该公司与银行约定本息的偿还方式为分期付息到期还本,即每年年末归还借款利息,3 年后一次还清本金。厂房建造工程在 2021 年年末达到预定可使用状态。假定该借款的利息在建造工程达到预定可使用状态前均符合资本化条件。ABC 公司的账务处理如下:

2020 年 1 月 1 日,ABC 公司取得借款存入银行时:

借:银行存款		2 000 000
贷:长期借款——本金		2 000 000

2020 年 12 月 31 日,ABC 公司计算年利息并偿还时:

应计利息＝200×8%×1＝16(万元)

借:在建工程		160 000
贷:应付利息		160 000
借:应付利息		160 000
贷:银行存款		160 000

2021 年 12 月 31 日,ABC 公司计算年利息并偿还时:

借:在建工程		160 000
贷:应付利息		160 000
借:应付利息		160 000
贷:银行存款		160 000

2022 年 12 月 31 日,ABC 公司计算年利息并偿还时:

借:财务费用		160 000
贷:应付利息		160 000
借:应付利息		160 000
贷:银行存款		160 000
借:长期借款——本金		2 000 000
贷:银行存款		2 000 000

第三节 应付债券

一、债券的性质

债券是企业为筹集长期资金而发行的约定于一定日期支付一定的本金,以及定期支付一定的利息给持有者的一种书面凭证。发行债券是企业筹集长期资金的重要方式之一,是公司取得长期筹资的主要形式。与银行借款相比,债券具有金额较大、期限较长的优点。债券根据发行主体的不同,可以分为政府债券和公司债券。

债券的发行要严格规定债券的票面金额、票面利率、偿还期限和利息支付的方式等。其中,债券面值又称债券的到期值,即债券到期应偿还的本金。债券利率又称名义利率或票面利率,是相对于债券发行时的市场利率而言的,债券利率一般用年利率表示,利息支付方式是指债券利息每半年支付一次或每年支付一次,支付的利息额等于债券面值乘以票面利率。到期日是指偿还债券本金的日期,取决于债券的偿还期限。

二、债券发行价格的确定与发行方式

债券的发行价格从理论上讲应该等于债券的票面价值,但实际上债券的发行价格与其票面价值并不一定相同。原因有两个:①债券的发行需要经过很长一段时间的准备过程,即使预先确定的票面利率与市场利率相同,随着时间的推移,市场利率随时会发生变化,可能导致债券的票面利率和发行债券时的市场利率不一致;②债券是在若干年后按照债券面值偿还本金的,由于资金具有不同的时间价值,同样数量的资金在不同时间具有不同的价值也会导致债券的票面利率和发行债券时的市场利率不一致。债券的票面价值和票面利率等是事先确定的,即使票面利率和市场利率出现不一致,也只能调整债券的售价,即债券的发行价格。

债券的发行价格由债券发行期间的现金流量的现值来确定,包括债券本金的现金流量现值和债券利息的现金流量现值两部分。一般情况下,债券本金于债券到期日一次性支付,因而其现金流量的现值表现为复利现值;而债券利息通常定期支付,如每年支付一次或者每半年支付一次,因而其现金流量的现值表现为年金现值。债券发行价格的计算公式如下:

债券发行价格=债券面值的现值+各期应付利息的现值

【例11-2】 2022年1月1日,ABC公司经批准发行面值为5 000 000元的公司债券。该债券的票面利率为5%,期限为5年,每年6月30日和12月31日各付息一次,债券发行时的市场利率为6%。

[例11-2]中由于债券的票面利率低于市场利率,债券应折价发行,其发行价格计算如下:

债券本金的现值＝5 000 000×(P/F,3%,10)＝5 000 000×0.744 1＝3 720 500(元)

债券利息的现值＝5 000 000×5％×6/12×(P/A,3％,10)

$\qquad$ ＝125 000×8.5302＝1 066 275(元)

债券的发行价格＝3 720 500＋1 066 275＝4 786 775(元)

三、债券发行的账务处理

企业应设置"应付债券"账户,用来核算企业发行债券的本金和利息,并设置"面值""应计利息""利息调整"三个明细账户。

【例11-3】 2022年1月1日,ABC公司经批准发行面值为4 000 000元的公司债券。该债券的票面利率为8％,期限为3年,每年6月30日和12月31日各付息一次。发行时的市场利率等于票面利率为8％。ABC公司发行债券的账务处理如下:

借:银行存款 $\qquad$ 4 000 000

贷:应付债券——面值 $\qquad$ 4 000 000

【例11-4】 沿用[例11-3]的资料。假定ABC公司发行债券的票面利率为10％,其他条件不变,相关账务处理如下:

债券的发行价格＝4 000 000×0.790 3＋4 000 000×10％×1/2×5.242 1

$\qquad$ ＝4 209 620(元)

借:银行存款 $\qquad$ 4 209 620

贷:应付债券——面值 $\qquad$ 4 000 000

$\qquad$ ——利息调整 $\qquad$ 209 620

四、债券摊余成本和利息费用的确定

债券的摊余成本是指应付债券的初始确认金额(债券的发行价格)经过下列调整后的结果:扣除已偿还的本金,加上或减去采用实际利率法将该初始确认金额与到期日金额之间的差额进行摊销形成的累计摊销额。

在举债期间,企业实际负担的各期利息费用,除每期支付的利息外,还应包括债券溢价或折价的摊销(将债券溢价逐期在利息费用中扣除),将债券折价逐期转为利息费用。因此,发行债券的企业每期的利息费用公式如下:

$$利息费用＝支付的利息－溢价摊销$$

或: $\qquad$ ＝支付的利息＋折价摊销

我国现行企业会计准则规定,应当采用实际利率法摊销债券的溢价或折价。实际利率法是以债券发行时的实际利率乘以每期期初债券的摊余成本,求得每期利息费用的一种方法。利息费用与实际支付利息的差额,即为该期利息调整(溢价或折价)的摊销。其中,实际利率是指将应付债券在债券存续期间的未来现金流量,折现为该债券当前账面价值所使用的利率,即债券发行时的市场利率。实际利率一旦确定,在整个债券的存续期间内保持不变。

在实际利率法下,每期的利息调整(溢价或折价)的摊销额可按下列公式计算:

$$溢价摊销额＝应支付的利息－实际利息费用$$
$$折价摊销额＝实际利息费用－应支付的利息$$

其中：实际利息费用＝债券该期期初摊余成本×实际利率。

（一）债券存续期间按面值发行的账务处理

企业以面值发行债券时，应在债券存续期内按期计提利息，每期计提利息时，按应计利息，借记"财务费用"账户或"在建工程"账户，贷记"应付利息"账户（分期付息）或贷记"应付债券——应计利息"账户（到期付息）。

（二）债券存续期间溢价或折价发行的账务处理

企业溢价或折价发行债券时，应在债券存续期内按期计提利息并摊销溢价或折价金额。每期计提利息并摊销溢价或折价金额时，应按实际利息，借记"财务费用"或"在建工程"账户，按溢价或折价金额的摊销额，借记或贷记"应付债券——利息调整"账户，按应计利息，贷记"应付债券——应计利息"账户。若为分期付息债券，通过"应付利息"账户核算。

【例 11-5】 某年 1 月 1 日，X 公司经批准发行面值为 4 000 000 元的公司债券。该债券的票面利率为 10%，期限为 3 年，每年 6 月 30 日和 12 月 31 日各付息一次。发行时的市场利率为 8%，发行收入 4 209 620 元已存入银行。按实际利率法编制的债券溢价摊销表见表 11-1。

表 11-1　　　　　　　　　　　X公司债券溢价摊销表（实际利率法）　　　　　　　　　单位：元

付息期次（半年）	实付利息(1)＝面值×5%	利息费用(2)＝上期(4)×4%	利息调整(3)＝(1)－(2)	摊余成本(4)＝上期(4)－(3)
第 0 期				4 209 620
第 1 期	200 000	168 385	31 615	4 178 005
第 2 期	200 000	167 120	32 880	4 145 125
第 3 期	200 000	165 805	34 195	4 110 930
第 4 期	200 000	164 437	35 563	4 075 367
第 5 期	200 000	163 015	36 985	4 038 382
第 6 期	200 000	161 618*	38 382	4 000 000
合计	1 200 000	990 380	209 620	—

* 尾差调整。

X 公司第 1 期期末计提利息时：

借：在建工程或财务费用　　　　　　　　　　　　　　　　　　　　　　168 385
　　应付债券——利息调整　　　　　　　　　　　　　　　　　　　　　　31 615
　　贷：应付利息　　　　　　　　　　　　　　　　　　　　　　　　　　　　200 000

X 公司第 1 期期末实际支付利息时：

借：应付利息　　　　　　　　　　　　　　　　　　　　　　　　　　　　200 000
　　贷：银行存款　　　　　　　　　　　　　　　　　　　　　　　　　　　　200 000

以后各期的账务处理略。

第四节　可转换债券

我国发行可转换公司债券采取记名式无纸化发行方式,债券最短期限为 1 年,最长期限为 6 年。企业发行的可转换公司债券在"应付债券"账户下设置"可转换公司债券"明细账户核算。

企业发行的可转换公司债券,应当在初始确认时将其包含的负债成分和权益成分进行分拆,将负债成分确认为应付债券,将权益成分确认为其他权益工具。在进行分拆时,应当先对负债成分的未来现金流量进行折现确定负债成分的初始确认金额,再按发行价格总额扣除负债成分初始确认金额后的金额确定权益成分的初始确认金额。发行可转换公司债券发生的交易费用,应当在负债成分和权益成分之间按照各自的相对公允价值进行分摊。企业应按实际收到的款项,借记"银行存款"等账户,按可转换公司债券包含的负债成分面值,贷记"应付债券——可转换公司债券(面值)"账户,按权益成分的公允价值,贷记"其他权益工具"账户,按借贷双方之间的差额,借记或贷记"应付债券——可转换公司债券(利息调整)"账户。

对于可转换公司债券的负债成分,在转换为股份前,其会计处理与一般公司债券相同,即按照实际利率和摊余成本确认利息费用,按照面值和票面利率确认应付债券,其差额作为利息调整。可转换公司债券持有者在债券存续期间内行使转换权利,将可转换公司债券转换为股份时,对于债券面额不足转换 1 股股份的部分,企业应当以现金偿还。

可转换公司债券持有人行使转换权利,将其持有的债券转换为股票时,按可转换公司债券的余额,借记"应付债券——可转换公司债券(面值、利息调整)"账户,按其权益成分的金额,借记"其他权益工具"账户,按股票面值和转换的股数计算的股票面值总额,贷记"股本"账户,按其差额,贷记"资本公积——股本溢价"账户。如用现金支付不可转换股票的部分,则还应贷记"库存现金""银行存款"等账户。

【例 11-6】　ABC 公司经批准于 2022 年 1 月 1 日按面值发行 5 年期一次还本付息的可转换公司债券 200 000 000 元,款项已收存银行,债券票面年利率为 6%。债券发行 1 年后可转换为普通股股票,初始转股价为每股 10 元,股票面值为每股 1 元。

2023 年 1 月 1 日,债券持有人将持有的可转换公司债券全部转换为普通股股票(假定按当日可转换公司债券的账面价值计算转股数),ABC 公司发行可转换公司债券时二级市场上与之类似的没有转换权的债券市场利率为 9%。

2022 年 1 月 1 日,公司发行可转换公司债券时:

借:银行存款　　　　　　　　　　　　　　　　　　　　　　　　200 000 000
　　应付债券——可转换公司债券(利息调整)　　　　　　　　　　 31 026 000
　　贷:应付债券——可转换公司债券(面值)　　　　　　　　　　 200 000 000
　　　　其他权益工具　　　　　　　　　　　　　　　　　　　　 31 026 000

可转换公司债券负债成分的公允价值为:

200 000 000×0.649 9+200 000 000×6%×5×0.649 9＝168 974 000(元)

可转换公司债券权益成分的公允价值为：

200 000 000－168 974 000＝31 026 000(元)

2022 年 12 月 31 日,公司确认利息费用时：

借：财务费用等   15 207 660
  贷：应付债券——可转换公司债券(应计利息)   12 000 000
      可转换公司债券(利息调整)   3 207 660

2023 年 1 月 1 日,公司债券持有人行使转换权时：

转换的股份数＝(168 974 000＋12 000 000＋3 207 660)÷10＝18 418 166(股)

借：应付债券——可转换公司债券(面值)   200 000 000
      ——可转换公司债券(应计利息)   12 000 000
  其他权益工具   31 026 000
  贷：股本   18 418 166
    应付债券——可转换公司债券(利息调整)   27 818 340
    资本公积——股本溢价   196 789 494

第五节　长期应付款

长期应付款是指企业除长期借款和应付债券外的其他各种长期应付款项,包括以分期付款方式购入固定资产、无形资产或存货等发生的应付款项、售后租回交易中承租人转让资产确认的负债等。

企业购买资产有可能延期支付有关价款。如果延期支付的购买价款超过正常信用条件,实质上具有融资性质的,所购资产的成本应当以延期支付购买价款的现值为基础确定。实际支付的价款与购买价款的现值之间的差额,应当在信用期间内采用实际利率法进行摊销,计入相关资产成本或当期损益。具体来说,企业购入资产超过正常信用条件,延期付款实质上具有融资性质时,应按购买价款的现值,借记"固定资产""在建工程"等账户,按应支付的价款总额,贷记"长期应付款"账户,按其差额,借记"未确认融资费用"账户。企业在信用期间内采用实际利率法摊销未确认融资费用,应按摊销额,借记"在建工程""财务费用"等账户,贷记"未确认融资费用"账户。

第六节　借款费用资本化

一、借款费用资本化概述

借款费用资本化是指将借款费用按照一定的条件和方法计入有关资产的成本。

(一) 借款的范围

借款包括专门借款和一般借款。

（1）专门借款是指为了购建或生产符合资本化条件的资产而专门借入的款项,包括指定用途的长期银行借款和应付债券等。例如,企业为了自行建造厂房,向银行借入 5 年期借款 6 000 万元,借款合同明确规定了借款的用途,不得用于购建该厂房之外的其他支出。

（2）一般借款是指除专门借款外借入的没有指定用途的款项,主要包括没有指定用途的长短期银行借款和应付债券等。例如,企业发行 5 年期债券 2 亿元,用于补充流动资金。

（二）借款费用的范围

借款费用是指企业因借款而付出的代价,具体来说,借款费用是按照企业会计准则的规定确认的利息费用。

企业发生的利息费用因借款的形式不同而有所不同。

1. 短期银行借款利息费用

短期银行借款合同规定的利率即实际利率,因此短期银行借款支付的利息为利息费用。一般情况下,短期银行借款发生的手续费、佣金等辅助费用的数额较少,不计入短期借款的入账价值,不属于借款费用,在实际支付时计入当期损益。

2. 长期银行借款利息费用

分期付息的长期银行借款,合同规定的利率即实际利率,因此支付的利息为利息费用。到期一次付息的长期银行借款,合同规定的利率一般为单利,而企业需要采用复利方式确定实际利率,因此到期一次付息长期借款的利息费用为按照实际利率法确认的利息费用,即包括按照合同规定应付的利息与利息调整摊销两部分内容。长期银行借款发生的辅助费用一般也较少,不计入长期借款的入账价值,因此,也不属于借款费用。

3. 应付债券利息费用

应付债券的利息费用为按照实际利率法确认的利息费用,包括应付票面利息与利息调整摊销两部分内容。需要说明的是,企业发行债券发生的手续费、审计费等交易费用（即辅助费用）计入发行债券的入账价值,确认为利息调整,在利息调整摊销时计入利息费用,因此,发行债券的辅助费用应属于借款费用。

4. 因外币借款发生的汇兑差额

因外币借款发生的汇兑差额是指由于汇率变动对外币借款本金及其利息的记账本位币金额产生的影响金额。汇率的变化往往和利率的变化相联动,是企业外币借款所需承担的风险,因此,外币借款相关汇率变化导致的汇兑差额应属于借款费用。

（三）符合资本化条件的资产范围

符合资本化条件的资产是指需要经过相当长时间（指为资产的购建或者生产所必需的时间,通常为 1 年以上）的购建或者生产活动才能达到预定可使用或者可销售状态的固定资产、投资性房地产、存货等资产。例如,企业自行建造的厂房,生产的船舶、大型成套设备等。

二、借款费用的确认

借款费用的确认是指根据企业会计准则的规定,判断借款费用应予以资本化还是费用化。借款费用确认的基本原则是：企业发生的可以直接归属于符合资本化条件资产的借款费用,应予以资本化,计入相关资产成本;发生的其他借款费用,应予以费用化,计入当期损益。

(一) 借款费用开始资本化的时点

借款费用开始资本化,必须同时满足以下条件:

1. 资产支出已经发生

资产支出包括为购建或者生产符合资本化条件的资产已经支付的现金、转移的非现金资产或者承担的带息债务等发生的支出。资产支出的发生意味着购建或者生产符合资本化条件的资产已经占用了借款,满足借款费用资本化的必要条件;如果未发生支出,则说明未占用借款,借款费用不应开始资本化。

2. 借款费用已经发生

借款费用的发生是资本化的基本条件,如果是无息借款,则不存在借款费用的问题。

3. 为使资产达到预定可使用或者可销售状态所必要的购建或者生产活动已经开始

为使资产达到预定可使用或者可销售状态所必要的购建或者生产活动已经开始,是指实体购建或者生产工作已经开始进行。如果实体购建或者生产工作尚未开始进行,则后续工作会存在一定的不确定性,因此,借款费用不得开始资本化。例如,企业仅仅预付了工程款,虽然满足"资产支出已经发生"的条件,但工程尚未开工,不得开始资本化。又如,房地产企业仅仅支付了土地出让金,但房屋建造工程尚未开工,也不得开始资本化。企业发生的借款费用只有同时满足以上条件,才能够开始资本化。

(二) 借款费用暂停资本化的时间

符合资本化条件的资产在购建或者生产过程中发生非正常中断且中断时间连续超过3个月的,应当暂停借款费用的资本化。在非正常中断期间,未发生实质性的购建或生产活动,不应负担借款费用,直至资产的购建或者生产活动重新开始,再恢复借款费用资本化。在中断期间发生的借款费用,计入当期损益。如果中断是购建或者生产的符合资本化条件的资产达到预定可使用或者可销售状态必要的程序,借款费用的资本化应当继续进行。

(三) 借款费用停止资本化的时点

购建或者生产符合资本化条件的资产达到预定可使用或可销售状态时,借款费用应当停止资本化。在符合资本化条件的资产达到预定可使用或者可销售状态之后发生的借款费用,应予以费用化,计入当期损益。

三、借款费用的计量

(一) 专门借款的借款费用资本化计量

为购建或者生产符合资本化条件的资产而借入的专门借款,应当自借款费用开始资本化的时点起,以专门借款当期实际发生的利息费用,减去将尚未动用的借款资金存入银行取得的利息收入或进行暂时性投资取得的投资收益后的金额确定。

专门借款的用途就是购建或生产符合资本化条件的资产,原则上发生的借款费用应全部计入相关资产成本。但是,企业借入的专门借款不一定在借入时就全部使用。未使用的专门借款存在银行或进行暂时性投资,会取得一定的存款利息或投资收益,这部分利息收入或投资收益是未使用借款产生的,因此,应冲减借款费用资本化的金额,不能确认为利息收入或投资收益。

(二) 一般借款的借款费用资本化计量

一般借款由于没有规定具体用途,无法判明是用于购建或生产符合资本化条件的支出还是用于其他方面的支出。但是,企业会计准则规定,如购建或生产符合资本化条件的支出超过了专门借款,假定先占用一般借款,应将占用一般借款的利息费用予以资本化。一般借款的借款费用资本化金额计算公式如下:

$$\begin{matrix}\text{一般借款的借款}\\\text{费用资本化金额}\end{matrix}=\begin{matrix}\text{累计资产支出超过专门借款}\\\text{部分的资产支出加权平均数}\end{matrix}\times\begin{matrix}\text{所占用一般借款}\\\text{的资本化率}\end{matrix}$$

1. 累计资产支出超过专门借款部分的资产支出加权平均数

累计资产支出超过专门借款部分的资产支出加权平均数是指按照超过专门借款部分的资产支出在某一会计期间占用天数折算的在该会计期间平均支出数。

会计期间可以按照季度确定,也可以按照半年度或年度确定。一般来说,银行借款大多在季末收取利息,借款费用资本化的会计期间可以按照季度划分,在季末确认借款费用资本化的金额。分期付息应付债券大多每年付息一次,借款费用资本化的会计期间可以按照年度确定,在年末确认借款费用资本化的金额;一次付息应付债券在到期日支付利息,借款费用资本化的会计期间既可以按照年度确定,在年末确认借款费用资本化的金额,也可以按照半年度或季度确定,在 6 月月末或季末确认借款费用资本化的金额。

累计资产支出超过专门借款部分的资产支出加权平均数的计算公式如下:

$$\text{累计资产支出加权平均数}=\sum\left(\text{每笔资产支出}\times\frac{\text{这笔支出在当期所占用的天数}}{\text{会计期间涵盖的天数}}\right)$$

【例 11-7】 ABC 公司于 2022 年 1 月 1 日发生超过专门借款的支出 2 000 万元;2022 年 2 月 1 日,发生超过专门借款的支出 3 000 万元;2022 年 3 月 1 日,发生超过专门借款的支出 4 200 万元。ABC 公司按照季度确认借款费用资本化金额,2022 年一季度累计资产支出超过专门借款的加权平均数计算如下:

累计资产支出加权平均数 = 2 000×3÷3＋3 000×2÷3＋4 200×1÷3＝5 400(万元)

2. 一般借款的资本化率

一般借款的资本化率是指一般借款的平均利率。如果企业仅有一笔一般借款,则其资本化率即为该笔借款的利率;如果企业有多笔一般借款,且借款的时间不同、利率不同,则资本化率为这些借款的加权平均利率。加权平均利率的计算公式如下:

$$\text{加权平均利率}=\frac{\text{所占用一般借款当期实际发生的利息之和}}{\text{所占用一般借款本金加权平均数}}\times100\%$$

式中:

$$\begin{matrix}\text{一般借款本金}\\\text{加权平均数}\end{matrix}=\sum\left(\text{每笔一般借款本金}\times\frac{\text{每笔一般借款在当期所占用的天数}}{\text{会计期间涵盖的天数}}\right)$$

【例 11-8】 ABC 公司于 2022 年 1 月 1 日借入短期一般借款 2 000 万元,年利率为 6%;2022 年 3 月 1 日,借入短期一般借款 6 000 万元,年利率为 8%;银行于每季度末收取利息。ABC 公司 2022 年一季度加权平均利率计算如下:

一季度实际支付利息＝2 000×6%×3÷12＋6 000×8%×1÷12＝70(万元)

一般借款本金加权平均数＝2 000×3÷3＋6 000×1÷3＝4 000(万元)

一季度一般借款加权平均利率＝70÷4 000×100%＝1.75%

本 章 习 题

一、思考题

1. 借款费用包括哪些内容? 其资本化和费用化处理会对企业有何影响?

2. 短期借款的利息和长期借款的利息在账务处理上有什么不同?

3. 债券的发行价格与票面价值为什么会出现不一致的情况?

4. 企业在什么样的情况下举借长期债务较为有利?

5. 长期债务与增加企业资本金相比有什么利弊?

二、选择题

1. 下列项目中,不属于借款费用的是(   )。

A. 应付公司债券的利息   B. 发行公司债券的手续费

C. 发行公司债券的折价   D. 外币借款发生的汇兑差额

2. ABC 公司为股份有限公司,2022 年 7 月 1 日,为新建生产车间而向商业银行借入专门借款 2 000 万元,年利率为 4%,款项已存入银行。截至 2022 年 12 月 31 日,因建筑地面上建筑物的拆迁补偿问题尚未解决,建筑地面上原建筑物尚未开始拆迁;该项借款存入银行所获得的利息收入为 19.8 万元。甲公司 2022 年就上述借款应予以资本化的利息为(   )。

A. 0   B. 0.2 万元   C. 20.2 万元   D. 40 万元

3. 下列关于长期借款利息费用的计算的说法中,正确的是(   )。

A. 根据长期借款的摊余成本和实际利率计算确定

B. 根据长期借款的摊余成本和合同利率计算确定

C. 根据长期借款的面值和实际利率计算确定

D. 根据长期借款的面值和合同利率计算确定

4. 下列各项中,不属于《企业会计准则第 17 号——借款费用》中的资产支出的有(   )。

A. 计提的在建工程人员的工资

B. 企业赊购工程建设所用物资而承担的带息债务

C. 企业为建设工程项目而转移的非现金资产

D. 支付的工程人员工资

5. ABC 公司从银行专门借入一笔款项,于 2021 年 2 月 1 日采用出包方式开工兴建一幢办公楼。2022 年,ABC 公司相关业务如下:10 月 18 日,工程按照合同要求全部完工;

10 月 31 日,验收合格;11 月 10 日,办理工程竣工结算;11 月 20 日,完成全部资产移交手续; 12 月 1 日,办公楼正式投入使用。则公司专门借款利息停止资本化的时点应当为(　　)。

    A. 2022 年 10 月 18 日   B. 2022 年 10 月 31 日

    C. 2022 年 11 月 10 日   D. 2022 年 12 月 1 日

  6. 下列关于企业发行可转换公司债券会计处理的表述中,正确的有(　　)。

    A. 将负债成分确认为应付债券

    B. 将权益成分确认为其他权益工具

    C. 按债券面值计量负债成分初始确认金额

    D. 按公允价值计量负债成分初始确认金额

  7. 下列情况中,应暂停借款费用资本化的是(　　)。

    A. 由于劳务纠纷而造成连续超过 3 个月的固定资产的建造中断

    B. 由于资金周转困难而造成连续超过 3 个月的固定资产的建造中断

    C. 由于发生安全事故而造成连续超过 3 个月的固定资产的建造中断

    D. 由于可预测的气候影响而造成连续超过 3 个月的固定资产的建造中断

  8. 下列各项中,属于资产支出已经发生的是(　　)。

    A. 工程领用自产的钢材   B. 计提在建工程人员的工资

    C. 购入工程物资,货款尚未支付   D. 用带息银行承兑汇票购入工程物资

  9. 下列关于可转换公司债券的说法中,正确的有(　　)。

    A. 企业发行的可转换公司债券应当在初始确认时将其包含的负债成分和权益成分进行分拆,将负债成分确认为应付债券,将权益成分确认为其他权益工具

    B. 可转换公司债券在进行分拆时应该对负债成分的未来现金流量进行折现,确定负债成分的初始金额

    C. 发行可转换公司债券发生的交易费用应直接计入当期费用

    D. 可转换公司债券的负债成分在转换为股份之前应按照实际利率和摊余成本确认利息费用,按照面值和票面利率确认应付利息

  10. "长期应付款"账户核算的内容有(　　)。

    A. 应付的购货款

    B. 从银行机构借入的期限在 1 年以上的借款

    C. 应付可转换公司债券的面值

    D. 企业购买存货支付的具有融资性质的延期款项

三、业务题

  1. 资料　B 公司于 2021 年 1 月 1 日动工兴建一栋厂房,工程采用出包方式建造,每半年支付一次进度款,于 2022 年 6 月 30 日完工达到预定可使用状态。发生的资产支出具体为:2021 年 1 月 1 日,支出 1 500 万元;2021 年 7 月 1 日,支出 500 万元;2022 年 1 月 1 日,支出 500 万元。B 公司为建造此项办公楼于 2021 年 1 月 1 日专门按面值发行公司债券 2 500 万元,期限为 5 年,年利率为 8%,按年于每年年末支付利息。企业将闲置的专门借款资金用于固定收益的短期债券投资,假定短期投资月收益率为 0.5%,短期投资收益尚未收

到。假定全年按照 360 天计算,每月按 30 天计算。

要求

(1) 计算 2021 年度应予以资本化的借款费用金额并作出相关账务处理。

(2) 计算 2022 年度应予以资本化的借款费用金额并作出相关账务处理。

2. 资料 C 上市公司(以下简称 C 公司)经批准于 2021 年 1 月 1 日以 5 010 万元的价格(不考虑相关税费)发行面值总额为 5 000 万元的可转换公司债券,筹集资金专门用于某工程项目,工程项目于当日开工。

(1) 该可转换公司债券期限为 3 年,票面年利率为 5%,实际年利率为 6%,自 2022 年起,每年 1 月 1 日支付上年度利息。自 2022 年 1 月 1 日起,该可转换公司债券持有人可以申请按债券面值转为 C 公司的普通股股票(每股面值为 1 元),初始转换价格为每股 10 元,即按债券面值每 10 元转换 1 股股票。

(2) 2022 年 1 月 1 日,C 公司支付了上年度的利息,且债券持有者于当日将可转换公司债券全部转为 C 公司的普通股股票,相关手续已于当日办妥。

(3) 2021 年 1 月 1 日,支出 2 000 万元;2021 年 5 月 1 日,支出 2 600 万元。2021 年 8 月 1 日,发生安全事故导致人员伤亡,工程停工。2022 年 1 月 1 日,工程再次开工,并于当日发生支出 600 万元。2022 年 12 月 31 日,工程验收合格,试生产出合格产品。

(4) 专门借款未动用部分用于短期投资,月收益率为 0.5%。

(5) 其他资料:(P/A,6%,3)=2.673 0;(P/F,6%,3)=0.839 6。

要求

(1) 编制 2021 年 1 月 1 日发行可转换公司债券的会计分录。

(2) 判断该在建工程的资本化期间。

(3) 计算 2021 年专门借款应予以资本化的金额,并编制与利息费用相关的会计分录。

(4) 编制 2022 年 1 月 1 日支付债券利息及可转换公司债券转为 C 公司普通股有关的会计分录。

四、思政园地

调研 某企业非流动负债的种类、期限及利息支付情况。

分析 积极履行还款义务,体现企业的责任、担当和在构建和谐商业环境和社会环境中的作用。

思考 企业应如何合理利用非流动负债进行融资,以促进企业的可持续发展。

第十二章

所有者权益

──────◎ **【本章要求】**

掌握：所有者权益的概念和内容；实收资本、资本公积和留存收益的账务处理方法。

熟悉：所有者权益的构成。

了解：企业的组织形式。

第一节　所有者权益概述

一、企业的组织形式

我国实行的市场经济体制已形成多种经济成分并存的格局。在市场经济条件下，企业是主体。虽然企业所有制的性质不同，但与所有者权益会计密切相关的不是企业所有制的性质，而是企业的组织形式。所有者权益会计要解决不同企业的所有者对企业应承担的风险及其享有的利益的问题。国际通行的做法是按企业资产经营的法律责任，把企业划分为非公司制企业和公司制企业。

（一）非公司制企业

1. 独资型企业

独资型企业又称私人独资企业。它是企业最简单、最原始的组织形式。独资型企业中，企业的全部资产归出资者一人所有，企业的经营也由出资者个人负责，因此，企业的所有权与经营权是统一的。独资企业不具有法人资格，企业的所有者对企业的债务负有无限的清偿责任。这种类型的企业一般规模比较小,资金来源有限。这种组织形式适合生产条件和生产过程比较简单、经营规模比较小的生产经营活动,具有较大的局限性。

2. 合伙型企业

合伙型企业是指两个或两个以上的合伙人按照协议共同出资,共同承担企业经营风险,并且对企业债务承担连带责任的企业。其最大的特点是,合伙人对债务承担无限连带责任,一旦发生债务,则债权人可以向任何一个合伙人请求清偿全部债务。企业的事务通常先由合伙人共同决定,再委托一个或部分合伙人去执行。合伙企业吸收了其他私人的投资,为扩大企业生产经营规模提供了一定的条件,因而是一种比私人独资企业更先进的企业组织形式。但是,合伙企业也具有很大的局限性,主要包括权力分散、决策缓慢、筹资困难等。此外,合伙企业不具有法人资格,因此,合伙人对企业的债务担负无限责任,风险也比较大。

(二) 公司制企业

公司制企业(公司)是依据一定的法律程序申请登记设立,并以营利为目的的具有法人资格的经济组织。它有自己独立的财产,独立地承担经济责任,同时享有相应的民事权利。公司制企业具有法人资格,这是其区别于非法人企业(如独资企业和合伙企业)的一个重要标志。法人是具有民事权利能力和民事行为能力,依法独立享有民事权利和承担民事义务的组织。因此,它必须具有独立的法人财产,自主经营、自负盈亏。公司制企业是随着资本主义制度的发展,伴随着资本集中的过程而兴起的,这种组织形式适合规模比较大的生产经营企业。

《中华人民共和国公司法》(以下简称《公司法》)规定:"本法所称公司,是指依照本法在中华人民共和国境内设立的有限责任公司和股份有限公司。"可见,公司是以责任形式设立的,而不是以所有制或以行政隶属关系来建立的。公司包含多种经济成分,容纳多种来源的投资,不同的所有者都可以采用公司形式。我国《公司法》将公司分为有限责任公司和股份有限公司。

1. 有限责任公司

有限责任公司是指由一定数量的股东共同出资组成,股东仅就自己的出资额对公司的债务承担有限责任的公司。有限责任公司的股东不限于自然人,也可以是法人和政府。有限责任公司的股东应在 50 个以下。有限责任公司对公司的资本不分为等额股份,不对外公开募集股份,不能发行股票。股东以其出资比例,享受公司权利,承担公司义务。公司股东以其出资额承担有限责任,并享受相应的权益。公司股份的转让有严格的限制,如需转让,应在其他股东同意的条件下进行。

我国《公司法》规定,可以设立一人有限责任公司。一人有限责任公司是指只有一个自然人股东或者一个法人股东的有限责任公司。一个自然人只能投资设立一个一人有限责任公司,该一人有限责任公司不能投资设立新的一人有限责任公司。一人有限责任公司应当在公司登记中注明自然人独资或者法人独资,并在公司营业执照中载明。一人有限责任公司的股东不能证明公司财产独立于股东自己的财产的,应当对公司债务承担连带责任。

我国《公司法》规定,可以设立国有独资公司。国有独资公司是指国家单独出资、由国务院或者地方人民政府授权本级人民政府国有资产监督管理机构履行出资人职责的有限责任公司。国有独资公司不设股东会,由国有资产监督管理机构行使股东会职权。公司应设董事会,董事每届任期不得超过 3 年,董事会成员中应当有公司职工代表;应设监事会,并且成员不得少于 5 人,其中职工代表的比例不得低于 1/3,具体比例由公司章程规定。

2. 股份有限公司

股份有限公司是指由一定数量的股东共同出资组成,股东仅就自己的出资额对公司的债务承担有限责任的公司。它与有限责任公司的重要区别就是,公司的资本总额平分为金额相等的股份,并通过公开发行股票向社会筹集资金。同时,公司的股份可以自由转让,股票可以在社会上公开交易、转让,但不能退股。股份有限公司彻底实现了所有权与经营权的分离,因此,其具有筹资便利、风险分散、资本流动性好等优点。股份有限公司资本雄厚、实力强大,因此,其在发达国家的整个国民经济中占统治地位。这种组织形式适合从事较大规模的生产经营活动。

不同的企业组织形式对资产和负债的账务处理并无重大影响,但涉及所有者权益方面的账务处理却存在区别。

二、所有者权益的含义和构成

(一) 所有者权益的含义

国际会计准则委员会(IASB)在其发布的《财务报告概念框架》中,将所有者权益表述为,权益是指主体资产中扣除所有负债后的剩余利益。美国财务会计准则委员会(FASB)在其发布的《财务报表要素》中,将所有者权益表述为,所有者权益(或净资产)是某个主体的资产减去负债后的剩余权益。上述这两种表述侧重于从定量方面来对所有者权益进行界定,说明了所有者权益的量化办法,即所有者权益=资产总计-负债总计。

我国《企业会计准则——基本准则》规定,"所有者权益是指企业资产扣除负债后由所有者享有的剩余权益"。股份有限公司的所有者权益又称股东权益。所有者权益是所有者对企业资产的剩余索取权,是企业资产中扣除债权人权益后应由所有者享有的部分,既可以反映所有者投入资本的保值增值情况,又体现保护债权人权益的理念。

所有者对企业的经营活动承担最终的风险,也享有最终的权益。如果企业在经营中获利,则所有者权益将随之增长;反之,所有者权益将随之减少。任何企业的所有者权益都是由企业的投资者投入资本及其增值构成的。

(二) 所有者权益的构成

所有者权益的来源通常由实收资本(或股本)、其他权益工具、资本公积、其他综合收益和留存收益(盈余公积和未分配利润)构成。

实收资本是指所有者在企业注册资本的范围内实际投入的资本。注册资本是指企业在设立时向工商行政管理部门登记的资本总额,也是全部出资者设定的出资额之和。注册资本是企业的法定资本,是企业承担民事责任的财力保证。

其他权益工具是指企业发行的除普通股外的归类于权益工具的各种金融工具,主要包括归类于权益工具的优先股、永续债(如长期限含权中期票据)、认股权、可转换公司债券等。

资本公积是指企业收到投资者的超过其在企业注册资本(或股本)中所占份额的投资，以及直接计入所有者权益的利得和损失等。资本公积包括资本溢价(或股本溢价)和其他资本公积。

其他综合收益是指在企业经营活动中形成的未计入当期损益但归所有者共有的利得或损失，主要包括以公允价值计量且其变动计入其他综合收益的金融资产公允价值变动，权益法下被投资单位其他所有者权益变动等。

留存收益是指归所有者共有的、企业历年实现的净利润留存于企业的部分，主要包括法定盈余公积、任意盈余公积和未分配利润。

第二节 实收资本(或股本)与其他权益工具

一、实收资本(或股本)

(一) 实收资本的性质

实收资本(或股本)是所有者投入资本形成法定资本的价值。所有者向企业投入的资本，在一般情况下无须偿还，可供企业长期周转使用。实收资本(或股本)的构成比例，通常是确定所有者在企业所有者权益中所占的份额和参与企业财务经营决策的基础，也是企业进行利润分配或股利分配的依据，同时还是企业清算时确定所有者对净资产要求权的依据。《公司法》规定，公司注册资本应为在工商行政管理机关登记的实收资本总额。根据这一规定，公司的实收资本(或股本)即注册资本。

(二) 关于注册资本的主要法律规定

第一，有限责任公司的注册资本为在公司登记机关登记的全体股东认缴的出资额。股东可以用货币出资，也可以用实物、知识产权、土地使用权等可以用货币估价并可以依法转让的非货币财产作价出资，但法律、行政法规规定不得作为出资的财产除外。对作为出资的非货币财产应当评估作价、核实财产，不得高估或者低估作价。股东应当按期足额交纳公司章程中规定的各自所认缴的出资额。股东以货币出资的，应当将货币出资足额存入有限责任公司在银行开设的账户；以非货币财产出资的，应当依法办理其财产权的转移手续。股东不按照前款规定交纳出资的，除应当向公司足额交纳外，还应当向已按期足额交纳出资的股东承担违约责任。

第二，股份有限公司采取发起设立方式设立的，注册资本为在公司登记机关登记的全体发起人认购的股本总额。在发起人认购的股份缴足前，不得向他人募集股份。发起人应当书面认足公司章程规定其认购的股份，并按照公司章程规定交纳出资。以非货币财产出资的，应当依法办理其财产权的转移手续；发起人不依照前款规定交纳出资的，应当按照发起人协议承担违约责任；发起人认足公司章程规定的出资后，应当选举董事会和监事会，由董事会向公司登记机关报送公司章程，以及法律、行政法规规定的其他文件，申请设立登记。

第三,股份有限公司采取募集方式设立的,注册资本为在公司登记机关登记的实收股本总额。法律、行政法规以及国务院决定对股份有限公司注册资本实缴、注册资本最低限额另有规定的,从其规定。发起人认购的股份不得少于公司股份总数的35%,法律、行政法规另有规定的,从其规定。

(三) 实收资本的账务处理

1. 一般企业的实收资本

一般企业是指除股份有限公司外的企业。投资者投入资本的形式可以有多种,如投资者可以用现金投资,可以用实物资产投资,也可以用无形资产投资。一般企业投入资本通过"实收资本"账户进行账务处理。

企业收到投资时,一般应作如下账务处理:收到投资人投入的现金,应当以实际收到或存入企业开户银行的金额,借记"库存现金""银行存款"账户;以实物资产投资的,应在办理实物产权转移手续时,借记有关资产账户;以无形资产投资的,应在按合同、协议或公司章程规定移交有关凭证时,借记"无形资产"账户;当企业接受股东或国家的股权投资时,以其投资额为股权的评估价值,借记"长期股权投资""交易性金融资产""其他权益工具投资"等账户,贷记"实收资本"账户。

2. 股份有限公司的股本

股份有限公司与一般企业相比,其显著特点在于将公司资本划分为等额股份,并通过发行股票的方式来筹集资本。股份有限公司股票发行的普通股的账务处理主要通过"股本"账户进行,仅核算公司发行股票的面值部分。企业在"股本"账户下,按股票种类及股东名称设置明细账,进行明细核算。

股票的发行价格受发行时资本市场的需求和投资人对公司获利能力的估计的影响,公司发行股票的价格往往与股票的面值不一致。我国目前仅允许股票溢价、平价发行,不允许折价发行。

企业在发行普通股时,记入"股本"账户的金额必须按照股票的票面金额入账,超过部分作为股票溢价,记入"资本公积——股本溢价"账户。

二、其他权益工具

其他权益工具是指企业发行的除普通股外的归类为权益工具的各种金融工具,如企业发行的分类为权益工具的优先股等。

如果企业有其他权益工具,则需要在所有者权益类账户中增设"其他权益工具——优先股"账户核算该类业务。企业发行优先股收到的价款,登记在该账户的贷方,可转换优先股转换为普通股的账面价值,登记在该账户的借方,贷方余额反映发行在外的优先股账面价值。

【例 12-1】 ABC 公司发行归类于权益工具的可转换优先股 180 万股,实际收到价款 252 万元。其账务处理如下:

借:银行存款   2 520 000

  贷:其他权益工具——优先股   2 520 000

【例 12-2】 沿用[例 12-5]的资料。可转换优先股全部转换为普通股 36 万股,每股面值 1 元。其账务处理如下:

借:其他权益工具——优先股   2 520 000
    贷:股本   360 000
      资本公积——股本溢价   2 160 000

第三节 资本公积

资本公积是指企业收到的投资者超出其在企业注册资本(或股本)中所占份额的投资,以及直接计入所有者权益的利得和损失。资本公积包括资本溢价(或股本溢价)和其他资本公积。企业应设置"资本公积"账户,核算该类业务。

一、资本溢价

有限责任公司的出资者依其出资份额对企业经营决策享有表决权,依其所认缴的出资额对企业承担有限责任。在企业创立时,出资者认缴的出资额全部记入"实收资本"账户。在企业重组并有新的投资者加入时,为了维护原有投资者的权益,新加入的投资者的出资额并不一定全部作为实收资本处理,因此,新加入的投资者投入的资本中按其投资比例计算的出资额部分,应记入"实收资本"账户,超出部分应记入"资本公积——资本溢价"账户。

二、股本溢价

股份有限公司以发行股票的方式筹集股本,股票是企业签发的证明股东按其所持股份享有权利和承担义务的书面证明。由于股东按其所持的企业股份享有权利和承担义务,为了反映和便于计算各股东所持股份占企业全部股本的比例,企业的股本总额应按股票的面值与股份总数的乘积计算。

在采用与股票面值相同的价格发行股票的情况下,企业发行股票取得的收入,应全部记入"股本"账户;在采用溢价发行股票的情况下,企业发行股票取得的收入,相当于股票面值的部分,记入"股本"账户,超出股票面值的溢价收入,记入"资本公积——股本溢价"账户。这里要注意的是,委托证券商代理发行股票而支付的手续费、佣金等,应从溢价发行收入中扣除,企业应按扣除手续费、佣金后的数额,记入"资本公积——股本溢价"账户。

三、其他资本公积

其他资本公积是指除资本溢价(或股本溢价)外所形成的资本公积,包括以权益结算的股份支付及采用权益法核算的长期股权投资涉及的业务。

企业以权益结算的股份支付换取职工或其他方提供服务的,应按照确定的金额,记入"管理费用"账户,同时增加资本公积(其他资本公积)。在行权日,应按实际行权的权益工具数量计算确定的金额,借记"资本公积——其他资本公积"账户,按计入实收资本或股本的金额,贷记"实收资本"或"股本"账户,并将其差额,记入"资本公积——资本溢价"或"资本公积——股本溢价"账户。

企业长期股权投资采用权益法核算的,被投资单位除净损益、其他综合收益和利润分配外所有者权益的其他变动,投资方按持股比例计算应享有的份额,应当增加或减少长期股权投资的账面价值,同时增加或减少资本公积(其他资本公积)。

第四节　库存股与其他综合收益

一、库存股概述

库存股是指公司已发行但由于各种原因又回到公司手中,为公司所持有的股票。公司的库存股主要包括经批准减资而回购的股票、为奖励职工而回购的股票,以及暂时回购日后再出售的股票。尚未发行的股票,不属于库存股。为了反映库存股的回购和处置情况,应设置"库存股"账户。

二、经批准减资而回购的库存股

股份有限公司缩小经营规模而导致资本过剩等,经有关部门批准,可以在《公司法》规定的股份有限公司最低注册资本以上的范围内,回购已发行的股票,以核销股本。《公司法》规定公司收回的股票,必须在 10 天以内注销。

以减资为目的回购的库存股,应按实际支付的价款计价,借记"库存股"账户,贷记"银行存款"等账户。

回购的股票注销时,应冲减股本;库存股实际成本大于股票面值的差额,应先冲减资本公积(股本溢价);资本公积不足冲减的,则应冲减留存收益。股份公司注销股本时,应根据注销股票的面值,借记"股本"账户,根据库存股实际成本大于股本的差额,借记"资本公积——股本溢价""盈余公积""利润分配——未分配利润"等账户;同时,按库存股的实际成本,贷记"库存股"账户。

如果公司回购股票的实际成本低于面值,其差额应记入"资本公积——股本溢价"账户。

【例 12-3】　ABC 股份有限公司经批准回购本公司面值为 1 元的普通股股票 1 000 000 股,用来减少股本,回购股票的实际价款为 1 300 000 元。假定该公司的资本公积(股本溢价)账面余额为 3 000 000 元。该公司的账务处理如下:

(1)公司回购股票时:

借:库存股——减资库存股　　　　　　　　　　　　　　　　　1 300 000
　　贷:银行存款　　　　　　　　　　　　　　　　　　　　　　　　　1 300 000

(2)公司注销股票时:

库存股面值=1×1 000 000=1 000 000(元)

冲减股本溢价=1 300 000-1 000 000=300 000(元)

借：股本——普通股   1 000 000
 资本公积——股本溢价   300 000
 贷：库存股——减资库存股   1 300 000

三、为奖励职工而回购的库存股

企业为奖励本公司职工而回购的股票,应按实际支付的价款计价,借记"库存股"账户,贷记"银行存款"等账户。

企业将回购的股票奖励给本公司职工时,如果向职工收取一定的价款,则应根据收到的价款,借记"银行存款"账户,根据奖励股票期权的公允价值,借记"资本公积——其他资本公积"账户,根据奖励库存股的账面余额,贷记"库存股"账户,根据前述确认金额的差额,贷记或借记"资本公积——股本溢价"账户。

【例 12-4】 ABC 公司于 2020 年 1 月 1 日实行一项股权激励计划,可行权日为 2022 年 12 月 31 日,每股行权价格为 6 元。截至 2022 年 12 月 31 日,B 公司因股权激励累计确认的资本公积(权益结算的股份支付)为 810 000 元,可行权数量为 90 000 股。假定 ABC 公司于 2022 年 12 月 31 日回购 ABC 公司股票 90 000 股,每股价格为 20 元,实际支付价款 1 800 000 元。2023 年 1 月 1 日,股权激励对象全部行权,ABC 公司收取行权价款 540 000 元(6×90 000),以回购的库存股向行权的股权激励对象发放股票。假定 ABC 公司的资本公积(股本溢价)账面余额为 3 000 000 元。ABC 公司的账务处理如下:

(1)2022 年 12 月 31 日,公司回购股票时:

借：库存股——股权激励库存股   1 800 000
 贷：银行存款   1 800 000

(2)2023 年 1 月 1 日,公司发放股票时:

借：银行存款   540 000
 资本公积——其他资本公积   810 000
 股本溢价   450 000
 贷：库存股——股权激励库存股   1 800 000

四、暂时回购日后再出售的库存股

股份公司在本公司股票价格严重低于其价值等情况下,可能暂时回购本公司的股票,在股票价格回升至正常水平时再将其出售。公司在回购股票时,应按实际支付的价款计价,借记"库存股"账户,贷记"银行存款"等账户。日后再出售股票时,实收价款与库存股成本的差额,应调整资本公积(股本溢价),如果资本公积(股本溢价)不足冲减的,应冲减留存收益。企业出售库存股时,如果实收价款大于库存股成本,则应按实收价款,借记"银行存款"等账户,按库存股成本,贷记"库存股"账户,按其差额,贷记"资本公积——股本溢价"账户。如果实收价款小于库存股成本,则应按实收价款,借记"银行存款"等账户,按库存股成本,贷记"库存股"账户,按其差额,借记"资本公积——股本溢价""盈余公积""利润分配——未分配利润"账户。

【例12-5】　ABC股份有限公司根据发生的有关库存股交易业务,编制相关会计分录如下:

(1) 公司回购本公司股票100 000股,每股价格1.40元,实付价款140 000元时:

借:库存股——再出售股 　　　　　　　　　　　　　　　　　140 000
　　贷:银行存款 　　　　　　　　　　　　　　　　　　　　　　　　140 000

(2) 公司将其全部出售,每股价格1.50元,实收价款150 000元时:

借:银行存款 　　　　　　　　　　　　　　　　　　　　　　　150 000
　　贷:库存股——再出售股 　　　　　　　　　　　　　　　　　　　140 000
　　　　资本公积——股本溢价 　　　　　　　　　　　　　　　　　　 10 000

在资产负债表中,"库存股"项目按照库存股账面价值列示。由于库存股在未来处置时,可能会冲减股本(如减资库存股),也可能增加或冲减资本公积,还可能冲减留存收益,因此,从理论上讲,资产负债表日库存股的账面价值属于所有者权益总额的抵减,而不是单纯对资本公积或股本的抵减。基于上述原因,在资产负债表所有者权益项目中,"库存股"项目应排列在"未分配利润"项目之后。

但是,基于企业的实践,减资目的回购库存股的事项极少发生,因此,冲减股本的可能性也极小;股份公司的股本溢价大多数额较大,在库存股处置时,回购价格低于处置价格的差额大多小于股本溢价,因此,冲减留存收益的可能性也极小。按照我国企业会计准则的规定,在所有者权益项目中,"库存股"项目排列在"资本公积"项目之后。

五、其他综合收益

其他综合收益是指企业在企业经营活动中形成的未在当期损益中确认的各项利得和损失,主要包括以公允价值计量且其变动计入其他综合收益的金融资产公允价值变动、权益法下被投资单位发生其他综合收益变动等。

以公允价值计量且其变动计入其他综合收益的金融资产的公允价值高于其账面余额的差额,应计入其他综合收益;反之,应冲减其他综合收益。

第五节　留存收益

一、留存收益的性质及构成

(一)留存收益的性质

留存收益是股东权益的一个重要项目,是公司历年剩余的净收益累积而成的资本,因此留存收益也可称为累积收益。虽然留存收益与投资者投入的资本属性一致,但两者也存在本质差异:投入资本是由所有者从外部投入公司的,构成了公司股东权益的基本部分;留存收益不是由投资者从外部投入的,而是依靠公司经营所得的盈利累积形成的。

留存收益既然是股东权益,股东便有权决定如何使用。按照公司章程或其他有关规定,公司可将留存收益在股东间进行分配,作为公司股东的投资所得;也可以为了某些特殊用途和目的,将其中一部分留在公司不予分配。可见留存收益会因经营获取收益而增加,又会因分给投资者而减少。留存收益的反面为亏损,公司经营如果入不敷出,就意味着亏损。发生经营亏损将减少留存收益。

对留存收益有较大影响的是股利分配。公司将会因分配股利而大幅减少留存收益,因此,公司必须有足够的留存收益才能分配股利,但这并不意味着只要有留存收益就能进行股利分配。公司往往会因特殊目的或法令规定而限制留存收益,不作股利分配。在我国,为了约束企业过量分配,有关法规规定企业必须留有一定积累(如提取盈余公积),以利于企业持续经营,维护债权人利益。

(二)留存收益的构成

留存收益由盈余公积和未分配利润构成。

1. 盈余公积

盈余公积包括法定盈余公积和任意盈余公积。

1)法定盈余公积

法定盈余公积是指企业按规定从净利润中提出的积累资金。"法定"意味着提取时由国家法规强制规定。企业必须提取法定盈余公积,目的是确保企业不断积累资本。《公司法》规定,公司制企业的法定盈余公积按照税后利润的 10% 提取,法定盈余公积累计额已达注册资本的 50% 时可以不再提取。

2)任意盈余公积

任意盈余公积是公司出于实际需要或采取审慎经营策略,从税后利润中提取的一部分留存利润。如果公司发行优先股,则必须在支付优先股股利之后,才可提取任意盈余公积。任意盈余公积是企业自愿拨定的留存收益,因此其数额也视实际情况而定。

企业提取任意盈余公积的原因多种多样,如可能是控制本期股利的分派水平不至于过高,也可能是需要偿还一笔长期负债等。任意盈余公积提取后就不能再供本期发放股利之用,因而提取任意盈余公积本身就是压低当年股利分配水平的一种手段,是企业管理层对发放股利所施加的限制。

法定盈余公积和任意盈余公积的区别在于其各自计提的依据不同。前者以国家的法律或行政规章为依据提取,后者则由企业自行决定提取。

2. 未分配利润

未分配利润是企业留待以后年度进行分配的结存利润,也是企业股东权益的组成部分。相对于股东权益的其他部分来说,企业对于未分配利润的使用和分配具有较大的自主权。从数量上来说,未分配利润是期初未分配利润加上本期实现的税后利润再减去提取的各种盈余公积和分配利润后的余额。未分配利润有两层含义:一是留待以后年度处理的利润;二是未指定特定用途的利润。

二、留存收益的账务处理

(一)盈余公积的账务处理

为了反映盈余公积的形成及使用情况,企业应设置"盈余公积"账户,并按其种类设置明细账,分别进行明细核算。

企业提取盈余公积时,借记"利润分配"账户,贷记"盈余公积"账户。企业用提取的盈余公积转增资本时,应当按照批准的转增资本的数额,借记"盈余公积"账户,贷记"股本"账户。企业将盈余公积转增股本时,应当按照转增股本前的股本结构比例,将盈余公积转增股本的数额记入"股本"账户下各股东的明细账户,相应增加各股东对企业的股权投资。

(二) 未分配利润的账务处理

企业未分配利润的核算是通过"利润分配——未分配利润"账户进行的,具体来说,是通过"利润分配"账户之下的"未分配利润"明细账户进行的。企业在生产经营过程中取得的收入和发生的成本费用,最终通过"本年利润"账户进行归集,先计算出当年利润,再转入"利润分配——未分配利润"账户进行分配。

年度终了,再将"利润分配"账户下的其他明细账户(提取法定盈余公积、提取任意盈余公积、应付现金股利或利润、转作股本的股利、盈余公积补亏)的余额,转入"未分配利润"明细账户。结转后,"未分配利润"明细账户的贷方余额就是累积未分配利润;如出现借方余额,则表示未弥补亏损。

(三) 弥补亏损的账务处理

企业在生产经营过程中既可能发生盈利,也有可能出现亏损。企业在当年发生亏损的情况下,与实现利润的情况相同,应当先将当年发生的亏损自"本年利润"账户转入"利润分配——未分配利润"账户,借记"利润分配——未分配利润"账户,贷记"本年利润"账户,结转后"利润分配"账户的借方余额即为未弥补亏损。再通过"利润分配"账户核算有关亏损的弥补情况。

企业发生的亏损可以以次年实现的税前利润弥补。在以次年实现的税前利润弥补以前年度亏损的情况下,企业当年实现的利润自"本年利润"账户转入"利润分配——未分配利润"账户,借记"本年利润"账户,贷记"利润分配——未分配利润"账户,其贷方发生额与"利润分配——未分配利润"账户的借方余额进行自然抵补。因此,以当年实现的净利润弥补以前年度结转的未弥补亏损时,不需要进行专门的账务处理。

本 章 习 题

一、思考题

1. 简述企业的组织形式和特征。

2. 实收资本(股本)与资本溢价(股本溢价)有何区别?

3. 简述股票发行的账务处理。

4. 其他综合收益是什么?其与利润表中的利得和损失有何区别?

5. 留存收益包含哪些内容?企业年末"未分配利润"金额是如何确定的?

二、单项选择题

1. 下列各项中,会导致所有者权益总额发生变化的是(　　　)。

A. 资本公积转增资本   B. 盈余公积转增资本

C. 盈余公积弥补亏损   D. 向股东分派现金股利

2. 下列各项中,归所有者共有、由非收益转化而形成的资本是(　　)。

A. 实收资本   B. 资本公积   C. 盈余公积   D. 未分配利润

3. 下列关于股份有限公司采用收购本公司股票方式减资的会计处理的说法中,正确的是(　　)。

A. 按所注销股份的股票的面值总额减少股本

B. 按所注销股份的股票的面值总额减少库存股

C. 按所注销股份的股票的面值总额增加库存股

D. 按所注销股份的股票的面值总额冲减资本公积

4. 甲企业委托某证券公司发行普通股 10 000 000 股,每股面值为 1 元,发行价为 4 元,双方约定发行手续费率为发行收入的 2%。发行股票冻结期间产生的利息收入为 300 000 元。则甲公司发行股票成功后应记入"资本公积"账户的金额为(　　)元。

A. 300 000   B. 800 000   C. 28 900 000   D. 29 500 000

5. 某公司于 2013 年成立,成立当年发生亏损 1 000 000 元,2014—2019 年分别实现税前利润 100 000 元、150 000 元、150 000 元、200 000 元、250 000 元和 400 000 元。假设该公司的所得税税率为 25%,提取法定盈余公积后不再提取任意盈余公积,则 2019 年年末"未分配利润"明细账户的余额为(　　)元。

A. 100 000   B. 135 000   C. 62 500   D. 187 500

6. 企业用盈余公积转增资本时,所留存的法定盈余公积不得少于转增前公司注册资本的比例为(　　)。

A. 10%   B. 25%   C. 50%   D. 20%

7. 留存收益包括(　　)。

A. 实收资本   B. 资本公积   C. 库存股   D. 盈余公积

8. 企业增加资本的途径主要包括(　　)。

A. 投资者超额认缴资本   B. 投资者追加投资

C. 资本公积转增资本   D. 盈余公积转增资本

9. 下列各项中,应通过"其他综合收益"账户核算的有(　　)。

A. 投资者超过其在企业注册资本或股本中所占份额的投资

B. 权益法下被投资企业其他综合收益变动中依照持股比例应享有的份额

C. 其他债权投资公允价值的变动

D. 将持有至到期投资重分类为其他债权投资,重分类日该投资账面价值与公允价值的差额

10. 企业提取的盈余公积经批准可用于(　　)。

A. 弥补亏损   B. 转增资本   C. 奖励职工   D. 发放股票股利

三、业务题

1. 资料 A 股份有限公司累积亏损已引起注册资本的实际减少。2022 年 12 月 31 日,

该公司的股本为 5 000 000 股,面值为 1 元,股本溢价为 300 000 元,盈余公积为 600 000 元。经批准,该公司以现金回购本公司股票 200 000 股并注销。假设公司回购股票的价格分别为 2 元、4 元和 0.8 元。

要求　根据上述资料,分别作出有关的账务处理。

2. 资料　ABC 公司于 2022 年 1 月 1 日向 B 公司投资 1 000 000 元,拥有 B 公司有表决资本的 20%,对 B 公司有重大影响。2022 年 12 月 31 日,B 公司因持有的其他债权投资的公允价值变动,增加其他综合收益 600 000 元,从而使所有者权益增加 600 000 元。假定除此之外,B 公司的所有者权益没有变化,ABC 公司的持股比例也未发生变化,B 公司资产的账面价值与公允价值一致。

要求　不考虑其他因素,作出 ABC 公司的账务处理。

3. 资料　ABC 公司于 2022 年度实现净利润 10 000 000 元,年初未分配利润 200 000 元,按当年净利润的 10% 提取法定盈余公积。经股东大会批准,提取任意盈余公积 1 000 000 元,向投资者分配利润 3 000 000 元。

要求　根据上述资料,作出 ABC 公司的账务处理。

四、思政园地

调研　某企业所有者权益近 3 年的金额变动及利润分配情况。

分析　宏观形势和政策对本企业所有者权益金额变动的影响。

思考　在当前经济环境下,企业应如何加强所有者权益核算的管理,以提高企业价值和保护投资者利益。

第十三章

收入、费用和利润

◎ **【本章要求】**

掌握：一般商品销售收入的核算、合同取得成本与合同履约成本的核算、期间费用与利润的核算。

熟悉：收入确认与计量的步骤、费用的内容、利润的构成内容。

了解：了解收入确认的可变对价、结转本年利润的方法。

第一节　收　入

作为企业会计核算中三大损益类要素——收入、费用和利润的核算，直接关系到企业的经营成果、盈利能力等数据和指标的形成，因此，合理、规范、科学地选择并运用这三大要素的会计政策、会计估计十分重要。

一、收入的概念及其分类

收入是指企业在日常活动中形成的、会导致所有者权益增加的、与所有者投入资本无关的经济利益的总流入。其中，日常活动是指企业为完成其经营目标所从事的经常性活动，以及与之相关的其他活动。

一般企业在工商行政管理部门注册登记时，会申报主营和兼营的业务范围，同时会在颁发的营业执照上注明。企业在营业范围内获得的经济利益流入均为该企业的营业收入，在主营业务范围内实现的收入即为主营业务收入，在兼营业务范围内实现的收入则为其他业务收入。例如，工业企业制造并销售产品、商品流通企业销售商品、咨询公司提供咨询服务、软件公司提供软件开发、安装公司提供安装服务、建筑公司提供建造服务等均属于各类企业的主营业务,但制造企业销售材料、出租包装物、收取无形资产使用费等,则属于其他业务。

二、收入的确认和计量

根据《企业会计准则第 14 号——收入》的规定,收入的确认和计量应遵循以下五个基本步骤:第一步,识别与客户订立的合同;第二步,识别合同中的单项履约义务;第三步,确定交易价格;第四步,将交易价格分摊至各单项履约义务;第五步,履行各单项履约义务时确认收入。其中,第一步、第二步和第五步主要与收入的确认有关,第三步和第四步主要与收入的计量有关。

(一) 识别与客户订立的合同

《企业会计准则第 14 号——收入》中所称合同,是指双方或多方之间订立有法律约束力的权利义务的协议,包括书面形式、口头形式以及其他可验证的形式(如隐含于商业惯例或企业以往的习惯做法等)。

1. 收入确认的原则

企业应当在履行了合同中的履约义务,即在客户取得相关商品控制权时确认收入。取得相关商品控制权是指能够主导该商品的使用并从中获得几乎全部的经济利益,也包括有能力阻止其他方主导该商品的使用并从中获得经济利益。取得商品控制权包括以下三个要素:一是客户必须拥有现时权利,能够主导该商品的使用并从中获得几乎全部经济利益。如果客户只能在未来的某一期间主导该商品的使用并从中获益,则表明其尚未取得该商品的控制权。二是客户有能力主导该商品的使用,即客户有权使用该商品,或能够允许或阻止其他方式使用该商品。三是客户能够获得几乎全部的经济利益,即客户可以通过多种方式直接或间接获得商品的经济利益,如使用、消耗、出售或持有该商品,或将该商品用于清偿债务、支付费用或抵押等。

2. 收入确认的前提条件

企业与客户之间的合同同时满足下列条件的,企业应当在客户取得相关商品控制权时确认收入:

(1) 合同各方已批准该合同并承诺将履行各自的义务。

(2) 该合同明确了合同各方与所转让的商品相关的权利和义务。

(3) 该合同有明确的与所转让的商品相关的支付条款。

(4) 该合同具有商业实质,即履行该合同将改变企业未来现金流量的风险、时间分布或金额。

(5) 企业因向客户转让商品而有权取得的对价很可能收回。

(二) 识别合同中的单项履约义务

履约义务是指合同中企业向客户转让可明确区分商品的承诺。合同开始日,企业应当对合同进行评估,识别该合同包含的各单项履约义务,并确定各单项履约义务是在某一时段内履行,还是在某一时点履行,然后在履行了各单项履约义务时分别确认收入。例如,A 公司向 B 公司销售一台生产的设备并负责安装服务。安装服务是指在客户制定的车间将各种零部件组装起来,使其成为一个单独运行的设备,安装过程需要根据客户现场条件对设备进行修改和调整,设备在没有安装的情况下无法运行。此时判断是否为单项履约义务的关键是设备销售与设备安装服务是否可以进行单独售卖和提供。如果设备销售与设备安装服务,均可以进行单独销售和提供安装服务,则可将此项合同认定为两项履约义务,因为两者之间不具有高度的关联性。但如果设备销售与设备安装服务,均不可以进行单独销售或提供安装服务,则应将其合并为一项履约义务,因为其具有高度关联性。

需要说明的是,企业向客户销售商品时,往往约定企业需要将商品运送至客户指定的地点。通常情况下,商品控制权转移给客户之前发生的运输活动不构成单项履约义务;相反,商品控制权转移给客户之后发生的运输活动可能表明企业向客户提供了一项运输服务,企业应当考虑该项服务是否构成单项履约义务。

(三) 确定交易价格

交易价格是指企业因向客户转让商品而预期有权收取的对价金额。企业代第三方收取的款项(如增值税)和企业预期将退还给客户的款项,应当作为负债进行会计处理,不计入交易价格。合同标价并不一定代表交易价格,企业应当根据合同条款,并结合以往的习惯做法等确定交易价格。企业在确定交易价格时,应当假定将按照现有合同的约定向客户转让商品,且该合同不会被取消、续约或变更。

(四) 将交易价格分摊至各单项履约义务

当合同中包含两项或多项履约义务时,企业应当在合同开始日,按照各单项履约义务所承诺商品的单独售价的相对比例,将交易价格分摊至各单项履约义务。单独售价即企业向客户单独销售商品的价格。单独售价无法直接观察的,企业应当综合考虑其能够合理取得的全部相关信息,采用市场调整法、成本加成法和余值法等方法合理估计单独售价。

(五) 履行各单项履约义务时确认收入

当企业将商品的控制权转移给客户时,意味着企业履行了合同中的履约义务,应确认收入。企业将商品控制权转移给客户,可能是在某一时段内(即履行履约义务的过程中)发生,也可能在某一时点(即履约义务完成时)发生。企业应当根据实际情况,先判断履约义务是否满足在某一时段内履行的条件,如不满足,则该履约义务属于在某一时点履行的履约义务。对于在某一时段内履行的履约义务,企业应当选取恰当的方法来确定履约进度;对于在某一时点履行的履约义务,企业应当综合分析控制权转移的迹象,判断其转移时点。

需要说明的是,一般而言,确认和计量任何一项合同收入应考虑全部的五个步骤,但履行某些合同义务确认收入不一定都经过五个步骤。如企业按照第二步确定某项合同仅为单项履约义务时,可以从第三步骤直接进入第五步骤,无需经过第四步(分摊交易价格)。

三、会计账户的设置

企业为核算与客户之间合同产生的收入及相关成本费用,一般应设置"主营业务收入""其他业务收入""主营业务成本""其他业务成本""合同取得成本""合同履约成本""合同资产""合同负债"等账户。

"主营业务收入"账户用来核算企业确认的销售商品、提供服务等主营业务的收入。该账户的贷方登记企业主营业务活动实现的收入,借方登记期末转入"本年利润"账户的主营业务收入,结转后该账户无余额。该账户一般可按主营业务的种类进行明细分类核算。

"其他业务收入"账户用来核算企业确认的除主营业务活动外的其他经营活动实现的收入,包括出租固定资产、出租无形资产、出租包装物和商品、销售材料等实现的收入。该账户的贷方登记企业其他业务活动实现的收入,借方登记期末转入"本年利润"账户的其他业务收入,结转后该账户无余额。该账户一般可按其他业务的种类进行明细分类核算。

"主营业务成本"账户核算企业确认销售商品、提供服务等主营业务收入时应结转的成本。该账户的借方登记应结转的主营业务成本,贷方登记期末转入"本年利润"账户的主营业务成本,结转后该账户无余额。该账户一般可按主营业务的种类进行明细分类核算。

"其他业务成本"账户核算企业确认的除主营业务活动外的其他经营活动所形成的成本,包括出租固定资产的折旧额、出租无形资产的摊销额、出租包装物的成本或摊销额、销售材料的成本等。该账户的借方登记应结转的其他业务成本,贷方登记期末转入"本年利润"账户的其他业务成本,结转后该账户无余额。该账户一般可按其他业务的种类进行明细分类核算。

"合同取得成本"账户核算企业取得合同发生的、预计能够收回的增量成本。该账户的借方登记发生合同取得成本,贷方登记摊销的合同取得成本,期末借方余额反映企业尚未结转的合同取得成本。该账户可按合同进行明细分类核算。

"合同履约成本"账户核算企业为履行当前或预期取得的合同所发生的、不属于其他企业会计准则规范范围且按照收入准则应当确认为一项资产的成本。该账户的借方登记发生的合履约成本,贷方登记摊销的合同履约成本,期末借方余额反映企业尚未结转的合同履约成本。该账户一般可按合同分别设置"服务成本""工程施工"等明细账户进行明细分类核算。

"合同资产"账户核算企业已向客户转让商品而有权收取对价的权利。与"应收账款"相比,"合同资产"并不是一项无条件收款权,该权利除时间流逝外,还取决于其他条件(如履行合同中的其他履约义务)才能收取相应的合同对价,企业除了要承担信用风险,还可能承担其他风险(如履约风险等)。该账户的借方登记因已转让商品而有权收取的对价金额,贷方登记取得无条件收款权的金额,期末借方余额反映企业已向客户转让商品而有权收取的对价金额。该账户可按合同进行明细分类核算。

"合同负债"账户核算企业已收或应收客户对价而应向客户转让商品的义务。该账户的贷方登记企业在向客户转让商品之前,已经收到或已经取得无条件收取合同对价权利的金额,借方登记企业向客户转让商品时冲销的金额,期末贷方余额反映企业在向客户转让商品之前已经收到的合同对价或已经取得的无条件收取合同对价权利的金额。该账户可按合同进行明细分类核算。

企业发生减值的,还应当设置"合同履约成本减值准备""合同取得成本减值准备""合同资产减值准备"等账户进行核算。

四、一般商品销售收入的账务处理

企业一般商品销售属于在某一时点履行的履约义务。对于在某一时点履行的履约义务,企业应当在客户取得相关商品控制权时点确认收入。在判断控制权是否转移时,企业应当综合考虑下列迹象:①企业就该商品享有现时收款权利,即客户就该商品负有现时付款义务;②企业已将该商品的法定所有权转移给客户,即客户已拥有该商品的法定所有权;③企业已将该商品实物转移给客户,即客户已占有该商品实物;④企业已将该商品所有权上的主要风险和报酬转移给客户,即客户已取得该商品所有权上的主要风险和报酬;⑤客户已接受该商品;⑥其他表明客户已取得商品控制权的迹象。

与企业一般商品销售收入相关的账务处理,通常包括现金结算、委托收款结算、商业汇票结算、赊销、发出商品、材料销售和销售退回等内容。

(一) 现金结算方式销售业务的账务处理

企业以现金结算方式对外销售商品,应在客户取得相关商品控制权时确认收入,并按实际收到的款项,借记"库存现金""银行存款"等账户,按实现的收入,贷记"主营业务收入"账户,按应交的增值税,贷记"应交税费——应交增值税(销项税额)"账户。同时,应结转已销售产品的成本。

【例13-1】 2022年4月1日,A公司向B公司销售一批商品,开具的增值税专用发票上注明的售价为20 000元,增值税额为2 600元;当日,A公司收到了B公司开出的转账支票,该批商品的实际成本为15 000元。B公司收到商品并已验收入库。

[例13-1]中,A公司已经收到B公司支付的货款,客户B公司收到商品并已验收入库,因此,该项业务为单项履约义务且属于在某一时点履行的履约义务。A公司应编制会计分录如下:

(1) 2022年4月1日,确认收入时:

借:银行存款 22 600
  贷:主营业务收入 20 000
   应交税费——应交增值税(销项税额) 2 600

(2) 结转销售商品成本时:

借:主营业务成本 15 000
  贷:库存商品 15 000

(二) 委托收款结算方式销售业务的账务处理

企业以委托收款结算方式销售商品,应在办妥委托收款手续且客户取得相关商品控制权时确认收入,按应收的款项,借记"应收账款"账户,按实现的收入,贷记"主营业务收入"账户,按应交的增值税,贷记"应交税费——应交增值税(销项税额)"账户。同时,应结转已销售产品的成本。在实际收到账款时,借记"银行存款"账户,贷记"应收账款"账户。

【例13-2】 2022年4月11日,A公司向B公司销售一批商品,开具的增值税专用发票上注明的售价为60 000元,增值税额为7 800元,A公司另以银行存款1 000元代B公司垫付运费。B公司收到商品并已验收入库。A公司将委托收款凭证和债务证明提交开户银行,办妥了托收手续。该批商品的实际成本为45 000元。4月20日,A公司收到银行的进账单,货款已全部存入银行。

[例13-2]中,A公司已向银行办妥委托收款手续,客户B公司收到商品并已验收入库,因此,该项业务为单项履约义务且属于在某一时点履行的履约义务。A公司应编制会计分录如下:

(1)2022年4月11日,确认收入时:

借:应收账款		68 800
贷:主营业务收入		60 000
应交税费——应交增值税(销项税额)		7 800
银行存款		1 000

(2)结转销售商品成本时:

借:主营业务成本		45 000
贷:库存商品		45 000

(3)4月20日,收到银行进账单时:

借:银行存款		68 800
贷:应收账款		68 800

(三)商业汇票结算方式销售业务的账务处理

企业以商业汇票结算方式销售商品,应在收到商业汇票且客户取得相关商品控制权时确认收入,按收到商业汇票的票面金额,借记"应收票据"账户,按实现的收入,贷记"主营业务收入"账户,按应交的增值税,贷记"应交税费——应交增值税(销项税额)"账户。同时,应结转已销售产品的成本。

【例13-3】 A公司向B公司销售商品一批,开出的增值税专用发票上注明售价为200 000元,增值税额为26 000元,A公司收到B公司开出的不带息银行承兑汇票一张,票面金额为226 000元,期限为3个月;该批商品成本为160 000元;B公司收到商品并验收入库。

[例13-3]中,A公司已收到B公司开出的不带息银行承兑汇票,客户B公司收到商品并已验收入库,因此,该项业务为单项履约义务且属于在某一时点履行的履约义务。A公司应编制会计分录如下:

(1)确认收入时:

借:应收票据		226 000
贷:主营业务收入		200 000
应交税费——应交增值税(销项税额)		26 000

(2)结转成本时:

借:主营业务成本		160 000
贷:库存商品		160 000

(四)赊销方式销售业务的账务处理

企业以赊销方式销售商品,应在客户取得相关商品控制权时确认收入,按应收的款项,借记"应收账款"账户,按实现的收入,贷记"主营业务收入"账户,按应交的增值税,贷记"应交税费——应交增值税(销项税额)"账户。同时,应结转已销售产品的成本。在实际收到账款时,借记"银行存款"账户,贷记"应收账款"账户。

【例 13-4】 2022 年 6 月 1 日,A 公司向 B 公司赊销一批商品,开具的增值税专用发票上注明的售价为 50 000 元,增值税额为 6 500 元;双方约定 2 个月内支付货款。当日,B 公司收到商品并已验收入库。该批商品的实际成本为 30 000 元。7 月 30 日,A 公司收到 B 公司支付的货款并存入银行。

[例 13-4]中,A 公司与 B 公司约定 2 个月内付款,客户 B 公司收到商品并已验收入库,因此,该项业务为单项履约义务且属于在某一时点履行的履约义务。A 公司应编制会计分录如下:

(1)2022 年 6 月 1 日,确认收入时:

借:应收账款 56 500
  贷:主营业务收入 50 000
    应交税费——应交增值税(销项税额) 6 500

(2)结转销售商品成本时:

借:主营业务成本 30 000
  贷:库存商品 30 000

(3)7 月 30 日,收到货款时:

借:银行存款 56 500
  贷:应收账款 56 500

【例 13-5】 2022 年 3 月 1 日,A 公司与客户签订合同,向 B 公司销售甲、乙两项商品,甲商品的单独售价为 9 000 元,乙商品的单独售价为 27 000 元。不含税的合同总价款为 30 000 元。合同约定,甲商品于合同开始日交付,乙商品在 1 个月之后交付,只有当两项商品全部交付之后,ABC 公司才有权收取 30 000 元的合同对价。假定甲商品和乙商品分别构成单项履约义务,其控制权在交付时转移给客户。上述价格均不包含增值税,且假定不考虑相关税费影响。假定甲、乙商品的实际成本分别为 6 000 元和 21 000 元。4 月 1 日,A 公司交付乙商品,开具的增值税专用发票上注明售价为 30 000 元,增值税额为 3 900 元。2022 年 4 月 30 日,A 公司收到 B 公司支付的货款存入银行。

[例 13-5]中,A 公司将甲商品交付给客户之际,与该商品相关的履约义务已经履行,但需要等到后续交付乙商品时,A 公司才具有无条件收取合同对价的权利,因此,A 公司应将甲商品在交付客户取得收取对价权时确认为合同资产,而不是应收账款。

A 公司应先按照甲、乙两种产品各单项履约义务所承诺商品的单独售价的相对比例进行分摊:

分摊至甲商品的合同价款=9 000÷(9 000+27 000)×30 000=7 500(元)

分摊至乙商品的合同价款＝27 000÷(9 000＋27 000)×30 000＝22 500(元)

A公司的账务处理如下：

(1) 3月1日,交付甲商品时：

借：合同资产 7 500

　　贷：主营业务收入 7 500

借：主营业务成本 6 000

　　贷：库存商品 6 000

(2) 4月1日,交付乙商品时：

借：应收账款 33 900

　　贷：合同资产 7 500

　　　　主营业务收入 22 500

　　　　应交税费——应交增值税(销项税额) 3 900

借：主营业务成本 21 000

　　贷：库存商品 21 000

(3) 4月30日,收到货款时：

借：银行存款 33 900

　　贷：应收账款 33 900

(五) 发出商品业务的账务处理

企业按合同发出商品,合同约定客户只有在商品售出取得价款后才支付货款,企业向客户转让商品的对价未达到"很可能收回"的收入确认条件。在发出商品时,企业不应确认收入,而应将发出商品的成本,计入发出商品,借记"发出商品"账户,贷记"库存商品"账户。"发出商品"账户核算企业商品已发出但客户尚未取得商品控制权的商品成本。如已发出的商品被客户退回,则应编制相反的会计分录。企业应于收到货款或取得收取货款的权利时再确认收入,借记"银行存款""应收账款"账户,贷记"主营业务收入""应交税费——应交增值税(销项税额)"账户;同时,结转已销售产品成本,借记"主营业务成本"账户,贷记"发出商品"账户。

【例13-6】 7月1日,A公司委托B公司销售商品100件,商品已经发出,每件成本为50元。合同约定B公司应按每件80元对外销售,A公司按合同售价的8%向B公司支付手续费。7月,B公司对外实际销售80件,开出的增值税专用发票上注明的销售价款为6 400元,增值税额为1 024元,款项已经收到。A公司收到B公司7月31日开具的代销清单时,向B公司开具一张相同金额的增值税专用发票。A公司和B公司均为增值税一般纳税人,销售商品适用的增值税税率均为13%。假定A公司发出商品时纳税义务尚未发生,不考虑其他因素,A、B公司的账务处理分别如下：

(1) A公司的账务处理如下：

7月1日,发出商品时：

借：发出商品 5 000

　　贷：库存商品 5 000

7月31日,收到代销清单、代销手续费发票时:

借:应收账款		7 232
贷:主营业务收入		6 400
应交税费——应交增值税(销项税额)		832

借:主营业务成本		4 000
贷:发出商品		4 000

借:销售费用		512
贷:应收账款		512

7月31日,收到B公司支付的货款时:

借:银行存款		6 720
贷:应收账款		6 720

(2)B公司的账务处理如下:

7月1日,收到商品时:

借:受托代销商品		8 000
贷:受托代销商品款		8 000

7月对外销售时:

借:银行存款		7 230
贷:应付账款		6 400
应交税费——应交增值税(销项税额)		832

7月31日,收到增值税专用发票时:

借:应交税费——应交增值税(进项税额)		832
贷:应付账款		832

借:受托代销商品款		6 400
贷:受托代销商品		6 400

7月31日,支付货款并计算代销手续费时:

借:应付账款		7 232
贷:银行存款		6 720
主营业务收入		512

(六) 材料销售业务的账务处理

企业在日常活动中发生对外销售不需用的原材料、随同商品对外销售单独计价的包装物等业务时,取得的收入确认与计量的原则与商品销售基本一致,不同之处在于此类收入对于一般的制造企业而言,应作为其他业务收入予以确认,结转的相关成本作为其他业务成本。

【例 13-7】 A公司向B公司销售一批原材料,开具的增值税专用发票上注明售价为

20 000 元,增值税额为 2 600 元;A 公司收到 B 公司支付的款项已存入银行;该批原材料的实际成本为 15 000 元。B 公司收到原材料并验收入库。A 公司的账务处理如下:

(1)确认原材料销售收入时:

借:银行存款 22 600
　　贷:其他业务收入 20 000
　　　　应交税费——应交增值税(销项税额) 2 600

(2)结转已销原材料的成本时:

借:其他业务成本 15 000
　　贷:原材料 15 000

(七)销售退回业务的账务处理

销售退回是指企业因售出商品在质量、规格等方面不符合销售合同规定条款的要求,客户要求企业予以退货。企业已确认销售商品收入的售出商品,发生销售退回的,除属于资产负债表日后事项的以外,企业收到退回的商品时,应退回货款或冲减应收账款,并冲减主营业务收入和增值税销项税额,收到退回商品验收入库。

【例 13-8】 2022 年 5 月 20 日,A 公司销售一批商品,增值税专用发票上注明售价为 400 000 元,增值税额为 52 000 元;客户收到该批商品并验收入库;当日收到客户支付的货款存入银行。该批商品成本为 300 000 元。该项业务属于在某一时点履行的履约义务并确认销售收入。

2022 年 7 月 20 日,该批部分商品质量出现严重问题,客户将该批商品的 50% 退回给 A 公司。A 公司同意退货,于退货当日支付退货款,并按规定向客户开具了增值税专用发票(红字)。假定不考虑其他因素,A 公司应编制会计分录如下:

(1)5 月 20 日,确认收入时:

借:银行存款 452 000
　　贷:主营业务收入 400 000
　　　　应交税费——应交增值税(销项税额) 52 000

(2)同时,结转销售商品成本:

借:主营业务成本 300 000
　　贷:库存商品 300 000

(3)7 月 20 日,商品的 50% 销售退回时:

借:主营业务收入 200 000
　　应交税费——应交增值税(销项税额) 26 000
　　贷:银行存款 226 000

借:库存商品 150 000
　　贷:主营业务成本 150 000

五、可变对价的账务处理

(一)可变对价的管理

企业与客户的合同中约定的对价金额可能是固定的,也可能会因折扣、价格折让、返利、退款、奖励积分、激励措施、业绩奖金、索赔等因素而变化。此外,根据一项或多项或有事项的发生而收取不同对价金额的合同,也属于可变对价的情形。

合同中存在可变对价,企业应当对计入交易价格的可变对价进行估计。企业应当按照期望值或最可能发生金额确定可变对价的最佳估计数。但企业不能在两种方法间随意选择。期望值是按照各种可能发生的对价金额及相关概率计算确定的金额;最可能发生金额是一系列可能发生的对价金额中最可能发生的单一金额,即合同最可能产生的单一结果。此外需要注意的是,企业确定可变对价金额之后,计入交易价格的可变对价金额还应满足限制条件,即包含可变对价的交易价格,应当不超过在相关不确定性消除时累计已确认收入极可能不会发生重大转回的金额。

(二)可变对价的账务处理

企业使用该例外规定时,应当对特许权使用费整体采用该规定,而不应当将特许权使用费进行分拆。如果与授予知识产权许可相关的对价同时包含固定金额和按客户实际销售或使用情况收取的变动金额两部分,则只有后者能采用该例外规定,而前者应当在相关履约义务履行的时点或期间内确认收入。对于不适用该例外规定的特许权使用费,应当按照估计可变对价的一般原则进行处理。

【例 13-9】 2022 年 7 月 1 日,A 公司向 B 公司销售一批商品,增值税专用发票上注明售价为 800 000 元,增值税额为 104 000 元,款项尚未收到;该批商品成本为 600 000 元。该项业务属于在某一时点履行的履约义务。7 月 20 日,B 公司在验收过程中发现商品外观上存在瑕疵,但基本上不影响使用,要求 A 公司在价格上(不含增值税额)给予 5% 的折让。假定 A 公司已确认收入,A 公司同意价格折让,并按规定向 B 公司开具红字增值税专用发票。7 月 31 日,A 公司收到 B 公司支付的货款存入银行。A 公司应编制会计分录如下:

(1)7 月 1 日,确认收入时:

借:应收账款　　　　　　　　　　　　　　　　904 000
　　贷:主营业务收入　　　　　　　　　　　　　　800 000
　　　　应交税费——应交增值税(销项税额)　　　104 000

(2)同时,结转销售商品成本:

借:主营业务成本　　　　　　　　　　　　　　600 000
　　贷:库存商品　　　　　　　　　　　　　　　600 000

(3)7 月 20 日,发生销售折让 40 000 元(800 000×5%)时:

借:主营业务收入　　　　　　　　　　　　　　40 000
　　应交税费——应交增值税(销项税额)　　　　5 200
　　贷:应收账款　　　　　　　　　　　　　　　45 200

因未发生退货,不用冲销售成本。

(4)7月31日,收到货款时:

借:银行存款　　　　　　　　　　　　　　　　　　　　　　　　858 800

　　贷:应收账款　　　　　　　　　　　　　　　　　　　　　　　　858 800

【例 13-10】 A 公司生产和销售电视机。2022 年 3 月,A 公司向零售商 B 公司销售 1 000 台电视机,每台价格为 3 000 元,合同价款合计 300 万元。每台电视机的成本为 2 000 元。B 公司收到电视机并验收入库。A 公司向 B 公司提供价格保护,同意在未来 6 个月内,如果同款电视机售价下降,则按照合同价格与最低售价之间的差额向 B 公司支付差价。A 公司根据以往执行类似合同的经验,预计各种结果发生的概率如表 13-1 所示。

表 13-1　　　　　　　　　　　　　　电视机售价下降的概率　　　　　　　　　　　金额单位:元

未来 6 个月内每台的降价金额	概率
0	40%
100	30%
200	20%
300	10%

注:上述价格均不包含增值税。

[例 13-10]中,该项销售业务属于在某一时点履行的履约义务。A 公司认为期望值能够更好地预测其有权获取的对价金额。在该方法下,A 公司估计每台交易价格为 2 900 元 (3 000×40%+2 900×30%+2 800×20%+2 700×10%),应确认的销售商品收入金额为 2 900 000 元(2 900×1 000)。增值税销项税额为 390 000 元(3 000×1 000×13%)。

2022 年 3 月,A 公司应编制会计分录如下:

(1)确认收入时:

借:应收账款　　　　　　　　　　　　　　　　　　　　　　　3 290 000

　　贷:主营业务收入　　　　　　　　　　　　　　　　　　　　　2 900 000

　　　　应交税费——应交增值税(销项税额)　　　　　　　　　　　 390 000

(2)结转销售商品成本时:

借:主营业务成本　　　　　　　　　　　　　　　　　　　　　　2 000 000

　　贷:库存商品　　　　　　　　　　　　　　　　　　　　　　　2 000 000

六、在某一时段内完成的商品销售收入的账务处理

当一项履约义务不属于在某一时段内履行的履约义务时,应当属于在某一时点履行的履约义务。对于在某一时点履行的履约义务,企业应当在客户取得相关商品控制权时点确认收入,履约进度不能合理确定的除外。

满足下列条件之一的,属于在某一时段内履行的履约义务:①客户在企业履约的同时即取得并消耗企业履约所带来的经济利益。②客户能够控制企业履约过程中在建的商品。

③企业履约过程中所产出的商品具有不可替代用途且该企业在整个合同期间内有权就累计至今已完成的履约部分收取款项。具有不可替代用途是指因合同限制或实际可行性限制，企业不能轻易地将商品用于其他用途。当企业产出的商品只能提供给某特定客户，而不能被轻易地用于其他用途（例如销售给其他客户）时，该商品就具有不可替代用途。在判断商品是否具有不可替代用途时，企业既应当考虑合同限制，也应当考虑实际可行性限制，但无须考虑合同被终止的可能性。有权就累计至今已完成的履约部分收取款项，是指在由于客户或其他方原因终止合同的情况下，企业有权就累计至今已完成的履约部分收取能够补偿其已发生成本和合理利润的款项，并且该权利具有法律约束力。需要强调的是，合同终止必须是客户或其他方而非企业自身的原因所致，在整个合同期间内的任一时点，企业均应当拥有此项权利。企业在进行判断时，既要考虑合同条款的约定，还应当充分考虑适用的法律法规、补充或者凌驾于合同条款之上的以往司法实践，以及类似案例的结果等。

企业应当考虑商品的性质，采用实际测量的完工进度、评估已实现的结果、时间进度、已完工或交付的产品等产出指标，或采用投入的材料数量、花费的人工工时、机器工时、发生的成本和时间进度等投入指标确定恰当的履约进度，并且在确定履约进度时，应当扣除那些控制权尚未转移给客户的商品和服务。通常企业按照累计实际发生的成本占预计总成本的比例（即成本法）确定履约进度。累计实际发生的成本包括企业向客户转移商品过程中所发生的直接成本和间接成本，如直接人工、直接材料、分包成本，以及其他与合同相关的成本。

对于每一项履约义务，企业只能采用一种方法来确定其履约进度，并加以一贯运用。对于类似情况下的类似履约义务，企业应当采用相同的方法确定履约进度。在资产负债表日，企业按照合同的交易价格总额乘以履约进度扣除以前会计期间累计已确认的收入后的金额，确认当期收入。当履约进度不能合理确定时，企业已经发生的成本预计能够得到补偿的，应当按照已经发生的成本金额确认收入，直到履约进度能够合理确定为止。

（一）合同成本与合同负债

1. 合同取得成本

企业为取得合同发生的增量成本预期能够收回的，应当作为合同取得成本确认为一项资产。增量成本是指企业不取得合同就不会发生的成本，但又不是所签订合同的对象或内容本身直接发生的费用，例如，销售佣金如预期可通过未来的相关服务收入予以补偿，则该销售佣金（即增量成本）应在发生时确认为一项资产，即合同取得成本。

企业为取得合同发生的、除了预期能够收回的增量成本外的其他支出，如无论是否取得合同均会发生的差旅费、投标费、为准备投标资料发生的相关费用等，应当在发生时计入当期损益，除非这些支出明确由客户承担。

2. 合同履约成本

企业为履行合同可能会发生各种成本，企业应当对这些成本进行分析，若不属于存货、固定资产、无形资产等规范范围且同时满足以下条件的，应当作为合同履约成本确认为一项资产：

（1）该成本与一份当前或预期取得的合同直接相关。一是与合同直接相关的成本包括直接人工（如支付给直接为客户提供所承诺服务的人员的工资、奖金等）、直接材料（如为履行合同耗用的原材料、辅助材料、构配件、零件、半成品的成本和周转材料的摊销及租赁费用等)、制造费用(或类似费用,例如,组织和管理相关生产、施工、服务等活动发生的费用,包括管理人员的职工薪酬、劳动保护费、固定资产折旧费及修理费、物料消耗、取暖费、水电费、办公费、差旅费、财产保险费、工程保修费、排污费、临时设施摊销费等)。二是明确由客户承担的成本以及仅因该合同而发生的其他成本,如支付给分包商的成本、机械使用费、设计和技术援助费用、施工现场二次搬运费、生产工具和用具使用费、检验试验费、工程定位复测费、工程点交费用、场地清理费等。

(2) 该成本增加了企业未来用于履行(包括持续履行)履约义务的资源。

(3) 该成本预期能够收回。企业应当在下列支出发生时,将其计入当期损益:一是管理费用,除非这些费用明确由客户承担。二是非正常消耗的直接材料、直接人工和制造费用(或类似费用),这些支出为履行合同发生,但未反映在合同价格中。三是与履约义务中已履行(包括已全部履行或部分履行)部分相关的支出,即该支出与企业过去的履约活动相关。四是无法在尚未履行的与已履行(或已部分履行)的履约义务之间作出区分的相关支出。

3. 合同负债

合同负债是指企业已收或应收客户对价而应向客户转让商品的义务。需要说明的是,对于尚未向客户履行转让商品的义务而已收或应收客户对价中的增值税部分,因不符合合同负债的定义,不应确认为合同负债。

(二) 合同取得成本和销售收入的账务处理

企业对已确认为资产的合同取得成本,应当采用与该资产相关的商品收入确认相同的基础进行摊销,计入当期损益。为简化实务操作,该资产摊销期限不超过1年的,可以在发生时计入当期损益。企业发生合同取得成本时,借记"合同取得成本"账户,贷记"银行存款""应付职工薪酬"等账户;对合同取得成本进行摊销时,借记"销售费用"等账户,贷记"合同取得成本"账户。

【例13-11】 A公司是一家咨询公司,为增值税一般纳税人,对外提供咨询服务使用的增值税税率为6%。2022年A公司通过竞标赢得一个服务期为5年的客户,该客户每年年末支付给A公司含税咨询费1 590 000元。为取得该客户合同,A公司聘请律师进行尽职调查支付相关费用12 000元,为投标而发生差旅费10 000元,支付销售人员佣金48 000元。A公司预期这些支出未来均能够收回。此外,A公司根据年度销售目标、整体盈利情况及个人业绩等,向销售部门经理支付年度奖金10 000元。

[例13-11]中,A公司因签订该客户合同而向销售人员支付的佣金属于取得合同发生的增量成本,应将其作为合同取得成本确认为一项资产;A公司聘请律师发生的支出、为投标发生的差旅费,以及向销售部门经理支付的年度奖金不属于增量成本,应当于发生时直接计入当期损益。A公司应编制会计分录如下:

(1) 支付与取得合同相关的费用时:

借:合同取得成本   48 000

  管理费用   22 000

  贷:银行存款   70 000

（2）每月确认服务收入，并摊销合同取得成本时：

每月应确认收入＝1 590 000÷（1＋6%）÷12＝125 000（元）

每月摊销销售佣金＝48 000÷5÷12＝800（元）

借：应收账款   132 500

  贷：主营业务收入   125 000

    应交税费——应交增值税（销项税额） 7 500

借：销售费用   800

  贷：合同取得成本   800

（3）确认销售部门经理奖金时：

借：销售费用   10 000

  贷：应付职工薪酬   10 000

（4）发放销售部门经理奖金时：

借：应付职工薪酬   10 000

  贷：银行存款   10 000

（三）合同履约成本和销售收入的账务处理

企业对已确认为资产的合同履约成本，应当采用与该资产相关的商品收入确认相同的基础进行摊销，计入当期损益。企业发生合同履约成本时，借记"合同履约成本"账户，贷记"银行存款""应付职工薪酬""原材料"等账户；对合同履约成本摊销时，借记"主营业务成本""其他业务成本"等账户，贷记"合同履约成本"账户。涉及增值税的还应进行相应的会计处理。

【例13-12】 2022年9月1日，A建筑公司与B公司签订一项施工合同，合同约定工程造价6 200 000元（不含税），工期半年。A公司负责工程施工及全面管理，B公司按第三方确认的工程完工程度，每两个月与A公司结算一次。预计2023年1月31日完工，预计可能发生的总成本为4 000 000元。假定该建造工程整体构成单项履约义务，并属于在某一时段履行的履约义务，A公司采用成本法确定履约进度，增值税税率为9%，不考虑其他因素。工程进度、消耗成本及收款状况如表13-2所示。

表13-2   工程进度、消耗成本及收款状况表   金额单位：万元

时间	累计发生成本	履约进度	结算价款	实际收到价款
2022年10月31日	150	37.5%	250	200
2022年12月31日	300	75%	110	100
2023年2月28日	400	100%	260	320

上述价款均不含增值税额，假定A公司与B公司结算时即发生增值税纳税义务，B公司在实际工程价款的同时支付对应的增值税款。A公司的账务处理如下：

（1）2022年9月1日至10月31日，实际发生工程成本时：

借：合同履约成本——工程施工   1 500 000

  贷：原材料、应付职工薪酬等   1 500 000

(2) 2022 年 10 月 31 日,根据履约进度确认合同收入时:

合同收入＝6 200 000×37.5%＝2 325 000(元)

借:合同结算——收入结转 2 325 000
　　贷:主营业务收入 2 325 000

借:主营业务成本 1 500 000
　　贷:合同履约成本——工程施工 1 500 000

借:应收账款 2 725 000
　　贷:合同结算——价款结算 2 500 000
　　　　应交税费——应交增值税(销项税额) 225 000

借:银行存款 2 180 000
　　贷:应收账款(2 000 000＋税 180 000) 2 180 000

当日"合同结算"账户的余额为贷方余额 175 万元,表明已经结算但尚未履行的履约义务,因此应在资产负债表中作为"合同负债"列示。

(3) 2022 年 11 月 1 日至 12 月 31 日,实际发生工程成本时:

借:合同履约成本——工程施工 1 500 000
　　贷:原材料、应付职工薪酬等 1 500 000

(4) 2022 年 12 月 31 日,根据履约进度确认合同收入时:

合同收入＝6 200 000×75%－2 325 000＝2 325 000(元)

借:合同结算——收入结转 2 325 000
　　贷:主营业务收入 2 325 000

借:主营业务成本 1 500 000
　　贷:合同履约成本——工程施工 1 500 000

借:应收账款 1 199 000
　　贷:合同结算——价款结算 1 100 000
　　　　应交税费——应交增值税(销项税额) 99 000

借:银行存款 1 090 000
　　贷:应收账款(1 000 000＋税 90 000) 1 090 000

当日,"合同结算"账户的余额为借方余额 105 万元,表明已经履行履约义务但尚未结算的金额,因此应在资产负债表中作为"合同资产"列示。

(5) 2023 年 1 月 1 日至 2 月 28 日,实际发生工程成本时:

借:合同履约成本——工程施工 1 100 000
　　贷:原材料、应付职工薪酬等 1 100 000

(6) 2023 年 2 月 28 日,工程已竣工决算,履约进度 100% 时:

合同收入＝6 200 000－2 325 000－2 325 000＝1 550 000(元)

借:合同结算——收入结转 1 550 000
　　贷:主营业务收入 1 550 000

```
借：主营业务成本                                                    1 100 000
    贷：合同履约成本——工程施工                                              1 100 000
借：应收账款                                                      2 834 000
    贷：合同结算——价款结算                                                2 600 000
        应交税费——应交增值税（销项税额）                                        234 000
借：银行存款                                                      3 488 000
    贷：应收账款（3 200 000＋税 288 000）                                    3 488 000
```

第二节　费　　用

一、费用概述

费用是指企业日常活动所发生的、会导致所有者权益减少的、与向投资者分配利润无关的经济利益的总流出。费用包括企业为取得营业收入进行产品销售等营业活动发生的营业成本、税金及附加和期间费用。

（一）费用的内容

1. 营业成本

营业成本是指企业为生产产品、提供劳务等发生的可归属于产品成本、劳务成本等的费用。企业应当在确认销售商品收入、提供劳务收入等时，将已销售商品、已提供劳务的成本确认为营业成本（包括主营业务成本和其他业务成本）。

2. 税金及附加

税金及附加是指企业经营活动应负担的相关税费，包括消费税、城市维护建设税、教育费附加、资源税、环境保护税、房产税、车船税、城镇土地使用税和印花税等。

3. 期间费用

期间费用是企业当期发生的费用中的重要组成部分，是指本期发生的、不能直接或间接归入某种产品成本而直接计入损益的各项费用，包括管理费用、销售费用和财务费用。

销售费用是指企业在销售商品和材料、提供劳务的过程中所发生的各种费用，包括企业在销售商品过程中发生的保险费、包装费、展览费和广告费、商品维修费、装卸费等，以及为销售本企业商品而专设的销售机构职工薪酬、折旧费和固定资产修理费等。

管理费用是指企业为组织和管理企业生产经营所发生的管理费用，包括企业在筹建期间内发生的开办费、董事会和行政管理部门在企业经营中发生的或者应由企业统一负担的公司经费、工会经费、董事会费、聘请中介机构费、咨询费、诉讼费、业务招待费、技术转让费、研究费用和行政管理部门发生的固定资产修理费用等。

财务费用是指企业为筹集生产经营所需资金等而发生的筹资费用，包括利息支出（减利息收入）、汇兑损失（减汇兑收益）和相关的手续费等。

（二）费用的确认与计量

企业费用的确认应以权责发生制为基础，凡是属于当期应当负担的费用，不论款项是否支付,均应确认为当期的费用;反之,凡是不属于当期负担的费用,即使款项已在当期支付,也不应确认为当期的费用。

二、费用的账务处理

(一) 税金及附加

企业应设置"税金及附加"账户,用来核算计入当期损益的税费,包括消费税、城市维护建设税、教育费附加、地方教育附加、资源税、房产税、环境保护税、城镇土地使用税、车船税和印花税等。企业按规定计算确定除印花税外的相关税费时,借记"税金及附加"账户,贷记"应交税费"账户。期末,应将"税金及附加"账户期末余额结转至"本年利润"账户,结转后该账户无余额。

企业交纳的印花税一般不会发生应付未付的情况,不需要预计应纳税金额,同时也不存在与税务机关结算或者清算的问题。因此,企业交纳的印花税不通过"应交税费"账户核算,应于购买印花税票时,直接借记"税金及附加"账户,贷记"银行存款"账户。

(二) 销售费用

企业应设置"销售费用"账户,核算销售费用的发生和结转情况。该账户的借方登记企业所发生的各项销售费用,贷方登记期末转入"本年利润"账户的销售费用,结转后该账户应无余额。该账户应按销售费用的费用项目进行明细核算。

【例 13-13】 A公司于2022年12月为宣传新产品发生广告费,取得的增值税专用发票上注明的价款为300 000元,增值税额为18 000元,款项均已用银行存款支付。该公司编制的会计分录如下:

借:销售费用　　　　　　　　　　　　　　　　　　　　　　　　　300 000
　　应交税费——应交增值税(进项税额)　　　　　　　　　　　　18 000
　　贷:银行存款　　　　　　　　　　　　　　　　　　　　　　　　318 000

【例 13-14】 2022年12月,A公司销售部共发生费用220 000元,其中,销售人员薪酬100 000元,销售部专用办公设备折旧费50 000元,业务费70 000元(均用银行存款支付)。假设不考虑其他因素,该公司应编制的会计分录如下:

借:销售费用　　　　　　　　　　　　　　　　　　　　　　　　　220 000
　　贷:应付职工薪酬　　　　　　　　　　　　　　　　　　　　　　100 000
　　　　累计折旧　　　　　　　　　　　　　　　　　　　　　　　　50 000
　　　　银行存款　　　　　　　　　　　　　　　　　　　　　　　　70 000

【例 13-15】 A公司于2022年12月销售一批产品,取得的增值税专用发票上注明的运输费为7 000元,增值税额为630元;取得的增值税普通发票上注明的装卸费含税价为2 000元。上述款项均用银行存款支付。该公司应编制的会计分录如下:

借:销售费用　　　　　　　　　　　　　　　　　　　　　　　　　9 000
　　应交税费——应交增值税(进项税额)　　　　　　　　　　　　630
　　贷:银行存款　　　　　　　　　　　　　　　　　　　　　　　　9 630

(三) 管理费用

企业应设置"管理费用"账户,用来核算管理费用的发生和结转情况。该账户的借方登记企业发生的各项管理费用,贷方登记期末全转入"本年利润"账户的管理费用,结转后该账户应无余额。该账户应按管理费用的费用项目进行明细核算。

【例13-16】 2022年12月,A公司行政管理部门用银行存款支付接待客户的住宿费和餐费,取得的增值税专用发票上注明的住宿费为10 000元,增值税额为600元;取得的增值税普通发票上注明的餐费含税价为5 000元。该公司应编制的会计分录如下:

借:管理费用 15 300
  应交税费——应交增值税(进项税额) 600
  贷:银行存款 15 900

【例13-17】 2022年12月,A公司行政管理部门共发生费用310 000元,其中,行政管理人员薪酬150 000元;行政部门专用办公设备折旧费50 000元,摊销行政部门用无形资产成本80 000元;报销行政管理人员差旅费10 000元(假定出差人员均未预借差旅费),其他办公费、水电费20 000元(均用银行存款支付)。假设不考虑增值税等其他因素,该公司应编制的会计分录如下:

借:管理费用 310 000
  贷:库存现金 10 000
    银行存款 20 000
    应付职工薪酬 150 000
    累计折旧 50 000
    累计摊销 80 000

企业内部研发项目所发生的支出,应区分研究阶段和开发阶段支出,先通过"研发支出"账户进行归集。研究阶段的支出和开发阶段的支出不满足资本化条件的,期末转入"管理费用"账户。

(四) 财务费用

企业应设置"财务费用"账户,用来核算财务费用的发生和结转情况。该账户借方登记已发生的各项财务费用,贷方登记期末结转入"本年利润"账户的财务费用。结转后该账户应无余额。该账户应按财务费用的费用项目进行明细核算。相应例题已在负债部分详述,在此不再赘述。

第三节 利 润

一、利润的构成

利润是指企业在一定会计期间的经营成果。利润包括收入减去费用后的净额、直接计入当期利润的利得和损失等。利得是指由企业非日常活动所形成的、会导致所有者权益增加的、与所有者投入资本无关的经济利益流入。损失是指由企业非日常活动所形成的、会导致所有者权益减少的、与向所有者分配利润无关的经济利益流出。

(一) 营业利润

按照利润表的列报要求,营业利润的构成内容如下:

营业利润＝营业收入－营业成本－税金及附加－销售费用－管理费用－研发费用－财务费用＋其他收益±投资收益(或损失)±公允价值变动收益(或损失)－信用减值损失－资产减值损失±资产处置收益(或损失)

其中,营业收入是指企业经营业务所确认的收入总额,包括主营业务收入和其他业务收入。营业成本是指企业经营业务所发生的实际成本总额,包括主营业务成本和其他业务成本。研发费用是指企业计入管理费用的进行研究与开发过程中发生的费用化支出,以及计入管理费用的自行开发无形资产的摊销。其他收益主要是指与企业日常活动有关,除冲减相关成本费用外的政府补助,以及其他计入其他收益的内容。投资收益(或损失)是指企业以各种方式对外投资所取得的收益(或发生的损失)。公允价值变动收益(或损失)是指企业交易性金融资产等公允价值变动形成的应计入当期损益的利得(或损失)。信用减值损失是指企业计提各项金融资产信用减值准备所确认的信用损失。资产减值损失是指企业计提各项资产减值准备所形成的损失。资产处置收益(或损失)反映企业出售划分为持有待售的非流动资产(金融工具、长期股权投资和投资性房地产除外)或处置组时确认的处置利得或损失,以及处置未划分为持有待售的固定资产、在建工程、生产性生物资产及无形资产而产生的处置利得或损失,还包括非货币性资产交换中换出非流动资产产生的利得或损失。

(二) 利润总额

利润总额的计算公式为:

利润总额＝营业利润＋营业外收入－营业外支出

其中,营业外收入是指企业发生的与其日常活动无直接关系的各项利得。营业外支出是指企业发生的与其日常活动无直接关系的各项损失。

(三) 净利润

净利润的计算公式为:

净利润＝利润总额－所得税费用

其中,所得税费用是指企业确认的应从当期利润总额中扣除的所得税费用。

二、营业外收入和营业外支出的核算

(一) 营业外收入

1. 营业外收入核算的内容

营业外收入是指企业发生的与其日常活动无直接关系的各项利得。营业外收入并不是企业经营资金耗费所产生的,不需要企业付出代价,实际上是经济利益的净流入,不可能也不需要与有关的费用进行配比。营业外收入主要包括非流动资产毁损报废收益、与企业日常活动无关的政府补助、盘盈利得、捐赠利得、确实无法支付而按规定程序经批准后转作营业外收入的应付款项等。

其中,非流动资产毁损报废收益是指因自然灾害等发生毁损、已丧失使用功能而报废非流动资产所产生的清理收益。政府补助是指企业与企业日常活动无关的、从政府无偿取得货币性资产或非货币性资产形成的利得。盘盈利得是指企业对于现金等资产清查盘点中盘盈的资产,报经批准后计入营业外收入的金额。捐赠利得是指企业接受捐赠产生的利得。企业接受的捐赠和债务豁免,按照企业会计准则规定符合确认条件的,通常应当确认为当期收益。

2. 营业外收入的账务处理

企业应设置"营业外收入"账户,用来核算营业外收入的取得及结转情况。该账户的贷方登记企业确认的各项营业外收入,借方登记期末结转入本年利润的营业外收入。结转后该账户应无余额。该账户应按照营业外收入的项目进行明细核算。

企业确认营业外收入,借记"固定资产清理""银行存款""待处理财产损溢""应付账款"等账户,贷记"营业外收入"账户。期末,应将"营业外收入"账户余额转入"本年利润"账户,借记"营业外收入"账户,贷记"本年利润"账户。

(二)营业外支出

1. 营业外支出核算的内容

营业外支出是指企业发生的与其日常活动无直接关系的各项损失,主要包括非流动资产毁损报废损失、盘亏损失、罚款支出、捐赠支出和非常损失等。

其中,非流动资产毁损报废损失是指因自然灾害发生的毁损、已丧失使用功能而报废非流动资产所产生的清理损失。捐赠支出是指企业对外进行捐赠发生的支出。盘亏损失主要是指对于财产清查盘点中盘亏的资产,在查明原因并报经批准计入营业外支出的金额。非常损失是指企业对于因客观因素(如自然灾害等)造成的损失,在扣除保险公司赔偿后应计入营业外支出的净损失。罚款支出是指企业支付的行政罚款、税务罚款,以及其他违反法律法规、合同协议等而支付的罚款、违约金、赔偿金等支出。

2. 营业外支出的账务处理

企业应设置"营业外支出"账户,用来核算营业外支出的发生及结转情况。该账户的借方登记企业发生的各项营业外支出,贷方登记期末结转入本年利润的营业外支出。结转后该账户应无余额。该账户应按照营业外支出的项目进行明细核算。

企业发生营业外支出时,借记"营业外支出"账户,贷记"固定资产清理""待处理财产损溢""库存现金""银行存款"等账户。期末,应将"营业外支出"账户余额结转入"本年利润"账户,借记"本年利润"账户,贷记"营业外支出"账户。

三、所得税费用的核算

所得税是根据企业应纳税所得额的一定比例上交的一种税金。企业在计算确定当期所得税和递延所得税费用(或收益)的基础上,应将两者之和确认为利润表中的所得税费用(或收益)。其计算公式如下:

$$\begin{aligned}\text{所得税费用}\atop\text{(或收益)} &=\text{当期所得税}+\text{递延所得税费用}(-\text{递延所得税收益})\text{递延所得税费用}\\ &=\text{递延所得税负债增加额}+\text{递延所得税资产减少额递延所得税收益}\\ &=\text{递延所得税负债减少额}+\text{递延所得税资产增加额}\end{aligned}$$

(一) 应交所得税

应交所得税是指企业按照税法规定计算确定的针对当期发生的交易和事项,应交纳给税务部的所得税金额,当期应交所得税。其计算公式为:

$$\text{应纳税所得额}=\text{税前会计利润}+\text{纳税调整增加额}-\text{纳税调整减少额}$$
$$\text{应交所得税}=\text{应纳税所得额}\times\text{所得税税率}$$

纳税调整是会计制度和税收法规差异形成的,指的是按照税法对利润所得进行调整,包括纳税调整增加额和纳税调整减少额。纳税调整增加额主要包括超过税法规定标准的职工福利费、工会经费、职工教育经费、业务招待费、税收滞纳金、行政罚款和罚金等。纳税调整减少额主要包括按税法规定允许弥补的亏损和准予免税的项目,如前 5 年内未弥补亏损和国债利息收入等。

(二) 所得税费用的账务处理

企业应根据企业会计准则的规定,计算当期所得税和递延所得税,据以确定应从当期利润总额中扣除的所得税费用。其计算公式为:

$$\text{所得税费用}=\text{当期所得税}+\text{递延所得税}$$

$$\text{递延所得税}=\left(\begin{matrix}\text{递延所得税}\\ \text{负债期末余额}\end{matrix}-\begin{matrix}\text{递延所得税}\\ \text{负债期初余额}\end{matrix}\right)-\left(\begin{matrix}\text{递延所得税}\\ \text{资产期末余额}\end{matrix}-\begin{matrix}\text{递延所得税}\\ \text{资产期初余额}\end{matrix}\right)$$

企业应设置"所得税费用"账户,用来核算企业所得税费用的确认及其结转情况。计算所得税费用时,借记或贷记"所得税费用""递延所得税资产"账户,贷记或借记"应交税费——应交所得税""递延所得税负债"账户。期末,将"所得税费用"账户的余额转入"本年利润"账户,结转后该账户应无余额。在不存在递延所得税的情况下应交所得税和所得税费用是相等的。

【例 13-18】 A 公司 2022 年度利润总额(税前会计利润)为 1 980 万元,所得税税率为 25%。A 公司全年实发工资、薪金为 200 万元,职工福利费为 30 万元,工会经费为 5 万元,职工教育经费为 21 万元,经查,A 公司当年营业外支出中有 12 万元为税收滞纳罚金。假定 A 公司全年无其他纳税调整因素。A 公司相关计算如下:

应纳税所得额 $=1\,980+(30-28)+(5-4)+(21-16)+12=2\,000$(万元)

当期应交所得税额 $=2\,000\times25\%=500$(万元)

【例 13-19】 2022 年,A 公司递延所得税负债年初数为 40 万元,年末数为 50 万元,递延所得税资产年初数为 25 万元,年末数为 20 万元,当期应交所得税为 500 万元。A 公司的账务处理如下:

递延所得税 $=(50-40)-(20-25)=15$(万元)

所得税费用 $=500+15=515$(万元)

借：所得税费用	5 150 000
贷：应交税费——应交所得税	5 000 000
递延所得税负债	100 000
递延所得税资产	50 000

四、本年利润的会计处理

（一）本年利润的结转方法

会计期末结转本年利润的方法有表结法和账结法两种。表结法下，各损益类账户每月月末只需结计出本月发生额和月末累计余额，不结转到"本年利润"账户，只有在年末时才将其全年累计余额结转入"本年利润"账户。账结法下，每月月末均需编制转账凭证，将在账上结计出的各损益类账户的余额结转入"本年利润"账户。两种方法相比，表结法减少了年中损益类账户的结转工作量，但并不影响利润表的编制及有关损益指标的利用。

（二）结转本年利润的账务处理

企业应设置"本年利润"账户，用来核算企业本年度实现的净利润或净亏损。年度终了，应将本年收入和支出相抵后结出的本年实现的净利润，由"本年利润"账户结转入"利润分配"账户。

【例13-20】 2022年，A公司有关损益类账户的年末余额如表13-3所示，该公司采用表结法年末一次结转损益类账户，所得税税率为25%。

表13-3　　　　　　　　　损益类账户的年末余额　　　　　　　单位：万元

账户名称	借贷方向	年末余额	账户名称	借贷方向	年末余额
主营业务收入	贷	600	主营业务成本	借	400
其他业务收入	贷	70	其他业务成本	借	40
公允价值变动损益	贷	15	税金及附加	借	8
投资收益	贷	100	销售费用	借	50
营业外收入	贷	5	管理费用	借	77
			财务费用	借	30
			营业外支出	借	25

该公司年末结转本年利润时，应编制会计分录如下：

（1）结转各项收入、利得类账户时：

借：主营业务收入	6 000 000
其他业务收入	700 000
公允价值变动损益	150 000
投资收益	1 000 000
营业外收入	50 000
贷：本年利润	7 900 000

（2）结转各项费用、损失类账户时：

借：本年利润	6 300 000
贷：主营业务成本	4 000 000
其他业务成本	400 000
税金及附加	80 000
销售费用	500 000
管理费用	770 000
财务费用	300 000
营业外支出	250 000

（3）经过上述结转后，"本年利润"账户的贷方发生额合计为790万元，减去借方发生额合计630万元，即为税前会计利润160万元。假设A公司2022年度不存在所得税纳税调整因素。应交所得税＝160×25%＝40（万元）

确认所得税费用时：

借：所得税费用	400 000
贷：应交税费——应交所得税	400 000

将所得税费用结转入"本年利润"账户时：

借：本年利润	400 000
贷：所得税费用	400 000

（4）将"本年利润"账户年末余额120万元（790－630－40）转入"利润分配——未分配利润"账户时：

借：本年利润	1 200 000
贷：利润分配——未分配利润	1 200 000

本 章 习 题

一、思考题

1. 收入确认与计量的基本步骤有哪些？

2. 对于在某一时点和某一时段内履行的履约义务，企业应分别如何确认收入？

3. 履约进度的确认方法有哪些？

4. 合同取得成本、合同履约成本的内容有哪些？

5. 费用的主要内容包括哪些？营业外收入和营业外支出、所得税费用、本年利润应如何核算？

二、选择题

1. 企业应当在履行了合同中的履约义务，即在（ ）时确认收入。

A. 签订合同   B. 发出商品

C. 客户取得相关商品控制权   D. 风险报酬转移

2. 依据《企业会计准则第14号——收入》,下列对于合同存在形式的说法中,错误的是( )。

     A. 只能是书面形式合同   B. 口头形式合同

     C. 其他形式合同   D. 书面形式合同

3. 企业与同一客户同时订立的两份或多份合同,应当合并为一份合同进行会计处理的是( )。

     A. 该两份或多份合同没有构成一揽子交易

     B. 该两份或多份合同中所承诺的商品构成一项单项履约义务

     C. 该两份或多份合同中的一份合同的对价金额与其他合同的定价或履行情况无关

     D. 该两份或多份合同在1个月内订立

4. 依据《企业会计准则第14号——收入》的规定,在确定交易价格时,不属于企业应当考虑的因素是( )。

     A. 可变对价   B. 应收客户款项

     C. 非现金对价   D. 合同中存在的重大融资成分

5. 下列经济业务中,应作为A公司主要责任人的是( )。

     A. A公司从X航空公司购买折扣机票,对外销售时,可自行决定售价,但未出售机票不能退回X航空公司

     B. A公司从X航空公司购买折扣机票,对外销售时,X航空公司决定机票售价,未出售机票由X航空公司收回

     C. A公司运营一购物网站,由零售商负责商品定价、发货及售后服务等,A公司仅收取一定手续费用

     D. A公司经营的商场中设立有M品牌服装专柜,M品牌服装经销商自行决定商品定价、销售等情况,按年支付商场经营费用,A公司无权干预M专柜的经营活动

6. A公司为一家篮球俱乐部,于2021年1月与B公司签订合同,约定B公司有权在未来2年内在其生产的水杯上使用A公司球队的图标,A公司收取固定使用费420万元,以及按照B公司当年销售额的10%计算提成。B公司预期A公司会继续参加当地联赛,并取得优异成绩。B公司2021年实现销售收入200万元。假定不考虑其他因素,A公司2021年应确认收入的金额为( )。

     A. 230万元   B. 0   C. 210万元   D. 420万元

7. A公司为一家会员制健身会所。2022年1月,A公司与客户签订为期3年的健身合同,约定自合同签订日起客户有权在该健身会所健身,除签订合同日客户需支付的3年年费2 700元外,A公司额外收取30元会员费,作为为客户定制健身卡的工本费及注册登记等初始活动的补偿,无论客户是否在未来期间进行健身活动,A公司收取的年费及会员费均无须退还。假定不考虑其他因素,A公司2022年应确认的收入金额为( )元。

     A. 2 700   B. 2 730   C. 910   D. 30

8. 下列关于售后回购交易的会计处理中,符合企业会计准则规定的是( )。

A. 企业因存在与客户的远期安排而负有回购义务或企业享有回购权利的,回购价格低于售价,应当视为租赁交易

B. 企业到期未行使回购权利的,应当在该回购权利到期时终止确认金融负债,但无须确认收入

C. 企业负有应客户要求回购商品义务的,客户具有行使该要求权重大经济动因的,企业应当将售后回购作为融资交易

D. 企业负有应客户要求回购商品义务的,客户不具有行使该要求权重大经济动因的,应当将其作为正常销售交易

9. A公司为增值税一般纳税人。2022年发生的有关交易或事项如下:①销售产品确认收入1 000万元,结转成本800万元,当期应交纳的增值税为170万元;②持有的以公允价值计量且其变动计入当期损益的金融资产当期公允价值上升300万元;③当期购入的以公允价值计量且其变动计入其他综合收益的金融资产期末公允价值上升200万元;④出售一栋办公楼产生收益150万元;⑤计提坏账准备100万元;⑥取得政府补助50万元,该项补助款是补偿企业前期发生的与日常活动相关的经营损失。假定A公司以公允价值计量且其变动计入当期损益的金融资产和以公允价值计量且其变动计入其他综合收益的金融资产在2022年年末未出售,A公司政府补助采用总额法核算,不考虑所得税及其他因素。A公司下列处理中,正确的是(　　)。

A. A公司2022年度综合收益总额为650万元

B. A公司2022年度营业利润为400万元

C. A公司2022年度利润总额为600万元

D. A公司2022年度确认其他综合收益为500万元

10. 下列交易或事项中,不影响企业当期利润表中营业利润金额的是(　　)。

A. 计提存货跌价准备

B. 出售原材料并结转成本

C. 按产品销售数量支付专利技术转让费

D. 固定资产报废发生的净损失

三、业务题

资料　2020年1月1日,A商场店庆酬宾,开展一项奖励积分计划。该奖励积分计划规定:2020年1月1日,客户每在商场内消费10元可兑换1个积分,每个积分可在未来购买产品时按1元的折扣兑现,有效期为3年。当日,共销售了100 000元的产品,应授予客户可在未来购买时兑现的积分10 000个。A公司预计积分兑换率为98%。基于兑换的可能性估计每个积分的单独售价为1元。至2020年年末,有4 800个积分被兑换,A公司预计积分兑换率变为95%。至2021年年末,累计有8 700个积分被兑换,A公司预计积分兑换率变为97%。2022年12月31日,剩余未兑换奖励积分全部失效。假定不考虑相关税费等因素的影响。

要求

(1) 计算A公司2020年1月1日授予奖励积分的公允价值、因销售商品应当确认的销

售收入,并编制相关会计分录。

(2) 计算 A 公司 2020 年度因客户使用奖励积分应当确认的收入,并编制相关会计分录。

(3) 计算 A 公司 2021 年度因客户使用奖励积分应当确认的收入,并编制相关会计分录。

(4) 计算 A 公司 2022 年度因客户使用奖励积分应当确认的收入,并编制相关会计分录。

四、思政园地

调研 某企业近两年的利润表中营业利润、利润总额和净利润的金额及其变化情况。

分析 企业盈利能力的未来变动趋势。

思考 企业应如何通过加强企业文化建设来提升员工的归属感和工作效率,进而增强盈利能力。

第十四章

财务报告

---◎ **【本章要求】**

掌握：财务报告的组成，财务报告的编制要求，资产负债表的概念、意义、结构及其编制方法，利润表的概念、意义、结构及其编制方法。

熟悉：现金流量表的意义，现金流量的分类，现金流量表的结构。

了解：所有者权益变动表及报表附注的概念和内容。

第一节 财务报告概述

一、财务报告的组成

财务报告是指企业对外提供的、总括反映企业某一特定日期财务状况和某一会计期间经营成果、现金流量的文件，是对企业财务状况、经营成果和现金流量等的结构性表述。财务报表由报表本身及其附注两部分组成。一套完整的财务报表至少应当包括"四表一注"，即资产负债表、利润表、现金流量表和所有者权益（或股东权益）变动表以及报表附注。

二、财务报表的分类

财务报表按照不同的标志，可以有不同的分类。

（一）按照反映的经济内容分类

财务报表按反映的经济内容不同，可分为资产负债表、利润表、现金流量表和所有者权益变动表。资产负债表反映企业一定日期的财务状况，利润表反映企业一定期间的经营成果,现金流量表反映企业一定期间的现金流量情况。

（二）按照编制时间分类

财务报表按编制的时间长度不同,可分为中期报表和年度报表。1个月、一个季度和半年度都是中期。一般情况下,中期报表的内容相对简化,例如,月度报表通常可只编制资产负债表和利润表,而年度财务报表较为完整,包括了企业会计准则规定需对外报送的全部财务报表。

（三）按照编报主体分类

财务报表按编制主体不同,可分为合并财务报表和个别财务报表。合并财务报表是以母公司和子公司组成的企业集团为主体,根据母公司和所属子公司的财务报表,由母公司编制的综合反映企业集团整体财务状况、经营成果和现金流量等信息的财务报表。个别财务报表是由独立核算的某一会计主体编制的,是反映该会计主体本身财务状况、经营成果和现金流量等信息的财务报表。

第二节　资产负债表

一、资产负债表的意义及结构

资产负债表的编制依据是"资产＝负债＋所有者权益"的会计等式,是总括反映企业在某一特定日期(如月末、季末、半年年末、年末)财务状况的会计报表。

资产负债表是企业必须编制的主要财务报表之一。资产负债表可以反映企业在月末、季末、年末的资产、负债和所有者权益的总额及其构成情况。其可以反映出企业所拥有或控制的资产及分布构成情况;企业负债的偿还期限、长短期负债的比例结构;所有者权益的结构状况等。通过资产负债表,投资者可以把握企业的财务状况,据以分析评价企业的财务结构、偿债能力和筹资能力,考察企业资本的保全、增值情况,预测企业未来的财务状况和财务安全程度,从而为进行决策提供重要参考。

资产负债表格式有账户式和报告式两种。

账户式资产负债表将表分为左右两方,左方列示资产,右方列示负债和所有者权益。报告式资产负债表是按资产在上方,负债和所有者权益在下方的顺序列示。

我国企业会计准则规定,企业的资产负债表采用账户式。

资产负债表中,资产项目的排列标准是资产的流动性。流动性强的项目排在前,流动性弱的排在后;负债项目按照偿还期限排列,流动负债项目排在前,非流动负债排在后;所有者权益项目按永久性程度排列,永久性程度强的项目排在前,永久性程度弱的项目排在后。

资产负债表中各项目不仅列示期末余额,而且列示出上年年末余额,以便于会计报表使用者了解企业财务状况的变动情况,预测发展趋势。

二、资产负债表的编制方法

（一）资产负债表"上年年末余额"的填列方法

资产负债表"上年年末余额"栏各项目应根据上年年末资产负债表"期末余额"栏内所列

数字填列。

（二）资产负债表"期末余额"项目的填列方法

资产负债表"期末余额"栏各项目主要有以下几种填列方法：

（1）根据总账余额直接填列。资产负债表中的某些项目可根据有关总账余额直接填列，例如，"短期借款""应付职工薪酬""应交税费""实收资本""资本公积""盈余公积"等项目。

（2）根据若干总分类账户的余额合计数填列。例如，"货币资金"项目，应当根据"库存现金""银行存款"和"其他货币资金"账户的余额合计数计算填列；"其他应付款"项目，应根据"应付利息""应付股利"和"其他应付款"账户的期末余额合计数填列。

（3）根据总账所属明细账的余额方向分析填列，例如，"应收账款""预收款项""应付账款""预付款项"等。为了准确反映企业应收应付、预收预付项目的实际情况，应根据总账所属明细账的余额方向确定其性质，并分别填列。其中，"应收账款"和"预收款项"这两个项目需同时考虑"应收账款"和"预收账款"两个总账所属明细账户的余额方向，两个账户的借方余额本质上属于"应收账款"，贷方余额则本质上属于"预收账款"。因此，"应收账款"项目应根据"应收账款"和"预收账款"两个总账所属明细账户的借方余额合计填列；"预收款项"项目应根据"应收账款"和"预收账款"两个总账所属明细账户的贷方余额合计填列。"应付账款"和"预付款项"这两个项目需同时考虑"应付账款"和"预付账款"两个总账所属明细账户的余额方向，两个账户的借方余额本质上属于"预付账款"，贷方余额则本质上属于"应付账款"。因此，"预付款项"项目应根据"应付账款"和"预付账款"两个总账所属明细账户的借方余额合计数填列；而"应付账款"项目应根据"应付账款"和"预付账款"两个总账所属明细账户的贷方余额合计数填列。

（4）根据有关账户的余额分析填列。例如，"长期借款""1年内到期的非流动负债"项目就需要根据"长期借款"等账户的余额内容分析填列，将"长期借款"账户余额中将在1年内到期的部分剔除后的金额填列在"长期借款"项目中。对于将在1年内将要到期的部分，已不再属于长期负债，因而应填列在"一年内到期的非流动负债"项目中。

（5）根据若干总分类账户的余额合计数减去相应备抵账户后的金额填列。比如，"其他应收款"行项目，应根据"应收利息""应收股利"和"其他应收款"账户的期末余额合计数，减去"坏账准备"账户中相关坏账准备期末余额后的金额填列。"存货"项目，应根据"原材料""物资采购""库存商品""生产成本""周转材料"等若干总分类账户的余额合计数减去"存货跌值准备"账户余额后的金额填列。

（6）根据有关总分类账户的余额计算填列。例如，"未分配利润"项目，应根据"本年利润"和"利润分配"账户计算的差额填列。未弥补的亏损，在"未分配利润"项目内以"－"号填列。

三、资产负债表编制举例

【例14-1】 X公司各账户的期末余额如表14-1所示。

表 14-1 　　　　　　　　　　各账户的期末余额

2023 年 6 月 30 日　　　　　　　　　　单位：元

会计账户	期末借方余额	期末贷方余额
库存现金	10 000	
银行存款	604 400	
应收账款	310 000	
原材料	60 000	
库存商品	10 000	
固定资产	1 580 000	
累计折旧		326 400
短期借款		180 000
应付账款		113 200
预收账款		150 000
应交税费		38 800
应付利息		2 000
应付股利		24 300
实收资本		1 400 000
盈余公积		75 400
本年利润		454 000
利润分配	189 700	
合　计	2 764 100	2 764 100

根据各账户的期末余额可以计算出资产负债表中这几个项目的余额：

"货币资金"项目＝10 000＋604 400＝614 400(元)

"存货"项目＝60 000＋10 000＝70 000(元)

"固定资产"项目＝1 580 000－326 400＝1 253 600(元)

"其他应付款"＝2 000＋24 300＝26 300(元)

"未分配利润"项目＝454 000－189 700＝264 300(元)

根据表 14-1 资料所列各账户的余额,编制资产负债表,见表 14-2。

表 14-2 　　　　　　　　　　资产负债表　　　　　　　　　　会企 01 表

编制单位：X 公司　　　　　　　　　　2023 年 6 月 30 日　　　　　　　　　　单位：元

资　　产	期末余额	上年年末余额	负债和所有者权益(或股东权益)	期末余额	上年年末余额
流动资产：		(略)	流动负债：		(略)
货币资金	614 400		短期借款	180 000	
以公允价值计量且变动计入当期损益的金融资产			以公允价值计量且变动计入当期损益的金融负债		
衍生金融资产			衍生金融负债		

（续表）

资　产	期末余额	上年年末余额	负债和所有者权益（或股东权益）	期末余额	上年年末余额
应收票据			应付票据		
应收账款	310 000		应付账款	113 200	
预付款项			预收款项	150 000	
其他应收款			应付职工薪酬		
存货	70 000		应交税费	38 800	
持有待售资产			其他应付款	26 300	
一年内到期的非流动资产			持有待售负债		
其他流动资产			一年内到期的非流动负债		
流动资产合计	994 400		其他流动负债		
非流动资产：			流动负债合计	508 300	
可供出售金融资产			非流动负债：		
持有至到期投资			长期借款		
长期应收款			应付债券		
长期股权投资			其中：优先股		
			永续债		
投资性房地产			长期应付款		
固定资产	1 253 600		预计负债		
在建工程			递延收益		
生产性生物资产			递延所得税负债		
油气资产			其他非流动负债		
无形资产			非流动负债合计	508 300	
开发支出			负债合计		
商誉			所有者权益（或股东权益）：	1 400 000	
长期待摊费用			实收资本（或股本）		
递延所得税资产			其他权益工具		
其他非流动资产			其中：优先股		
非流动资产合计	1 253 600		永续债		
			资本公积		
			减：库存股		
			其他综合收益		
			盈余公积	75 400	
			未分配利润	264 300	
			所有者权益（或股东权益）合计	1 739 700	
资产总计	2 248 000		负债和所有者权益（或股东权益）总计	2 248 000	

第三节　利　润　表

一、利润表的概念及其结构

利润表是反映企业在一定会计期间的经营成果的动态会计报表。它是根据"收入一费用＝利润"的原理,依照一定的标准和次序,把企业一定时期内的收入、费用和利润项目予以适当排列编制而成的。

利润表反映了某一会计期间企业经营成果的来源和构成。利润表可以帮助投资者在资产负债表的基础上,全面了解企业的经营成果,分析企业的获利能力、盈利质量和经营风险,预测盈利能力的未来增长趋势,从而为其作出经济决策提供依据。

利润表把利润形成分为几个层次,采用多步骤计算利润。这种方法揭示了企业利润的各种来源和构成,便于会计信息使用者理解企业经营成果。其计算步骤如下:

第一步,计算营业利润。

营业利润＝营业收入一营业成本一税金及附加一销售费用一管理费用一财务费用＋其他收益＋投资收益(损失为"一"号)＋公允价值变动收益(损失为"一"号)＋信用减值损失(损失为"一"号)＋资产减值损失(损失为"一"号)＋资产处置收益(损失为"一"号)

其中：营业收入＝主营业务收入＋其他业务收入

　　　　营业成本＝主营业务成本＋其他业务成本

第二步,计算利润总额。

利润总额＝营业利润＋营业外收入一营业外支出

第三步,计算净利润。

净利润＝利润总额一所得税费用

多步式利润表不仅可以反映利润的实现情况,而且可以反映利润的构成情况,因而其对加强企业的经营管理具有重要意义。

我国企业会计准则规定,我国企业采用多步式利润表,其格式见表14-3。

表 14-3　　　　　　　　　　　　　利润表　　　　　　　　　　　　　会企 02 表

编制单位：　　　　　　　　　　　　　年　　月　　　　　　　　　　　　单位：元

项　目	本期金额	上期金额
一、营业收入		
减：营业成本		
税金及附加		
销售费用		
管理费用		

（续表）

项　目	本期金额	上期金额
研发费用		
财务费用		
其中：利息费用		
利息收入		
加：其他收益		
投资收益（损失以"－"号填列）		
其中：对联营企业和合营企业的投资收益		
公允价值变动收益（损失以"－"号填列）		
信用减值损失（损失以"－"号填列）		
资产减值损失（损失以"－"号填列）		
资产处置收益（损失以"－"号填列）		
二、营业利润		
加：营业外收入		
减：营业外支出		
三、利润总额（亏损总额以"－"号填列）		
减：所得税费用		
四、净利润（净亏损以"－"号填列）		
（一）持续经营净利润（净亏损以"－"号填列）		
（二）终止经营净利润（净亏损以"－"号填列）		
五、其他综合收益的税后净额		
（一）不能重分类进损益的其他综合收益		
1. 重新计量设定受益计划变动额		
2. 权益法下不能转损益的其他综合收益		
……		
（二）将重分类进损益的其他综合收益		
1. 权益法下可转损益的其他综合收益		
2. 可供出售金融资产公允价值变动损益		
3. 持有至到期投资重分类为可供出售金融资产损益		
4. 现金流量套期损益的有效部分		
5. 外币财务报表折算差额		
……		
六、综合收益总额		
七、每股收益：		
（一）基本每股收益		
（二）稀释每股收益		

二、利润表的编制方法

利润表"上期金额"栏各项目应根据上期利润表的"本期金额"栏的金额填列。

利润表"本期金额"栏的填列方法如下：

（1）根据有关账户本期发生额的合计数计算填列。例如，"营业收入"项目应根据"主营业务收入"与"其他业务收入"账户本期发生额的合计金额填列；"营业成本"项目应根据"主营业务成本"与"其他业务成本"账户本期发生额的合计金额填列。

（2）根据各账户的本期发生额直接填列。利润表的多数项目，例如，"税金及附加""销售费用""其他收益""资产减值损失""投资收益""营业外收入""营业外支出""所得税费用"等项目，均可直接根据各账户的本期发生额填列。

（3）根据有关账户明细账户的发生额分析填列。例如，"研发费用"项目应根据"管理费用"账户下的"研发费用"明细账户的发生额分析填列。相应地，"管理费用"项目应根据"管理费用"账户的本期发生额减去"研发费用"明细账户发生额后的金额填列。"利息费用"与"利息收入"项目应根据"财务费用"账户的相关明细账户的发生额分析填列。

（4）根据表内项目计算填列。利润表的有些项目可根据表内项目计算填列。例如，"营业利润""利润总额""净利润"等项目，需要根据表内项目计算填列。

三、利润表编制实例

【例 14-2】 资料：X 公司 2024 年 3 月份各账户的本期发生额资料见表 14-4。

表 14-4 　　　　　　　　　　　各账户本期发生额

2024 年 3 月

会计账户	借方发生额	贷方发生额
主营业务收入		500 000
其他业务收入		120 000
营业外收入		2 000
投资收益		10 000
主营业务成本	380 000	
税金及附加	2 400	
其他业务成本	90 000	
销售费用	36 000	
管理费用	44 000	
其中：研发费用	4 000	
财务费用	6 000	
其中：利息费用	6 100	
利息收入	100	
营业外支出	13 600	
所得税费用	15 000	

根据以上资料,编制利润表(见表 14-5)。表 14-5 中,有关项目的计算如下:

"营业收入"项目＝500 000＋120 000＝620 000(元)

"营业成本"项目＝380 000＋90 000＝470 000(元)

"管理费用"项目＝44 000－4 000＝40 000(元)

"财务费用"项目＝6 100－100＝6 000(元)

表 14-5　　　　　　　　　　　　　**利润表**　　　　　　　　　　　　会企 02 表

编制单位:X 公司　　　　　　　　　　　2024 年 3 月　　　　　　　　　　　　单位:元

项　目	本期金额	上期金额
一、营业收入	620 000	(略)
减:营业成本	470 000	
税金及附加	2 400	
销售费用	36 000	
管理费用	40 000	
研发费用	4 000	
财务费用	6 000	
其中:利息费用	6 100	
利息收入	100	
加:其他收益		
投资收益(损失以"－"号填列)	10 000	
其中:对联营企业和合营企业的投资收益		
公允价值变动收益(损失以"－"号填列)		
信用减值损失(损失以"－"号填列)		
资产减值损失(损失以"－"号填列)		
资产处置收益(损失以"－"号填列)		
二、营业利润	71 600	
加:营业外收入	2 000	
减:营业外支出	13 600	
三、利润总额(亏损总额以"－"号填列)	60 000	
减:所得税费用	15 000	
四、净利润(净亏损以"－"号填列)	45 000	
(一)持续经营净利润(净亏损以"－"号填列)		
(二)终止经营净利润(净亏损以"－"号填列)		
五、其他综合收益的税后净额		
(一)不能重分类进损益的其他综合收益		

(续表)

项　目	本期金额	上期金额
1. 重新计量设定受益计划变动额		
2. 权益法下不能转损益的其他综合收益		
……		
（二）将重分类进损益的其他综合收益		
1. 权益法下可转损益的其他综合收益		
2. 可供出售金融资产公允价值变动损益		
3. 持有至到期投资重分类为可供出售金融资产损益		
4. 现金流量套期损益的有效部分		
5. 外币财务报表折算差额		
……		
六、综合收益总额		
七、每股收益：		
（一）基本每股收益		
（二）稀释每股收益		

第四节　现金流量表

一、现金流量表概述

为弥补权责发生制的不足,更好地了解企业资金流动的情况,企业还需对外提供现金流量表。现金流量表是总括反映企业一定会计期间现金和现金等价物流入和流出的会计报表,是企业的主要会计报表之一。

现金流量表可以反映企业一定会计期间内现金和现金等价物流入和流出的信息、现金流入的主要来源及构成、现金流出的去向,便于投资者评价企业获取现金和现金等价物的能力,并据以预测企业未来的现金流量。

现金流量表中的现金是广义的现金,是指企业的库存现金,以及随时可用于支付的存款,包括库存现金、银行存款和其他货币资金等。不能随时用于支付的存款不属于现金。现金等价物是指企业持有的期限短(一般指从购买日起 3 个月内到期)、流动性强、易于转换为已知金额现金、价值变动风险很小的投资。企业应当根据具体情况,确定现金等价物的范围,一经确定,不得随意变更。

现金流量分为三类:一是经营活动产生的现金流量;二是投资活动产生的现金流量;三是筹资活动产生的现金流量。

二、现金流量表的结构

我国现金流量表的基本格式见表 14-6。

表 14-6 　　　　　　　　　　　　　　　　**现金流量表** 　　　　　　　　　　　　　　会企 03 表
编制单位：　　　　　　　　　　　　　　　年　　月 　　　　　　　　　　　　　　　单位：元

项　目	本期金额	上期金额
一、经营活动产生的现金流量：		
销售商品、提供劳务收到的现金		
收到的税费返还		
收到其他与经营活动有关的现金		
经营活动现金流入小计		
购买商品、接受劳务支付的现金		
支付给职工以及为职工支付的现金		
支付的各项税费		
支付其他与经营活动有关的现金		
经营活动现金流出小计		
经营活动产生的现金流量净额		
二、投资活动产生的现金流量：		
收回投资收到的现金		
取得投资收益收到的现金		
处置固定资产、无形资产和其他长期资产收回的现金净额		
处置子公司及其他营业单位收到的现金净额		
收到其他与投资活动有关的现金		
投资活动现金流入小计		
购建固定资产、无形资产和其他长期资产支付的现金		
投资支付的现金		
取得子公司及其他营业单位支付的现金净额		
支付其他与投资活动有关的现金		
投资活动现金流出小计		
投资活动产生的现金流量净额		
三、筹资活动产生的现金流量：		
吸收投资收到的现金		
取得借款收到的现金		
收到其他与筹资活动有关的现金		
筹资活动现金流入小计		
偿还债务支付的现金		
分配股利、利润或偿付利息支付的现金		

(续表)

项　目	本期金额	上期金额
支付其他与筹资活动有关的现金		
筹资活动现金流出小计		
筹资活动产生的现金流量净额		
四、汇率变动对现金及现金等价物的影响		
五、现金及现金等价物净增加额		
加：期初现金及现金等价物余额		
六、期末现金及现金等价物余额		

第五节　所有者权益变动表

一、所有者权益变动表的概念

所有者权益变动表是指一定会计期间所有者权益构成及增减变动情况的会计报表。

所有者权益变动表可以使报表使用者进一步了解企业在一定时期所有者权益总量的增减变动情况，以及企业在一定时期所有者权益增减变动的重要结构性信息（例如，提取盈余公积、直接计入所有者权益的利得和损失、利润分配情况等），更好地体现会计信息的决策有用性特征。

二、所有者权益变动表的内容及格式

我国企业所有者权益变动表的内容及格式见表 14-7。

表 14-7　　　　　　　所有者权益变动表（简表）　　　　　　会企 04 表

编制单位：　　　　　　　　　年　月　　　　　　　　　单位：元

项目	本年金额										上年金额									
	实收资本（或股本）	其他权益工具			资本公积	减：库存股	其他综合收益	盈余公积	未分配利润	所有者权益合计	实收资本（或股本）	其他权益工具			资本公积	减：库存股	其他综合收益	盈余公积	未分配利润	所有者权益合计
		优先股	永续债	其他								优先股	永续债	其他						
一、上年年末余额																				
加：会计政策变更																				
前期差错更正																				
其他																				

项目	本年金额										上年金额									
	实收资本(或股本)	其他权益工具			资本公积	减:库存股	其他综合收益	盈余公积	未分配利润	所有者权益合计	实收资本(或股本)	其他权益工具			资本公积	减:库存股	其他综合收益	盈余公积	未分配利润	所有者权益合计
		优先股	永续债	其他								优先股	永续债	其他						
二、本年年初余额																				
三、本年增减变动金额（减少以"－"号填列）																				
（一）综合收益总额																				
（二）所有者投入和减少资本																				
1. 所有者投入的普通股																				
2. 其他权益工具持有者投入资本																				
3. 股份支付计入所有者权益的金额																				
4. 其他																				
（三）利润分配																				
1. 提取盈余公积																				
2. 对所有者(或股东)的分配																				
3. 其他																				
（四）所有者权益内部结转																				
1. 资本公积转增资本（或股本）																				
2. 盈余公积转增资本（或股本）																				
3. 盈余公积弥补亏损																				
4. 设定受益计划变动额结转留存收益																				
5. 其他																				
四、本年年末余额																				

第六节　报表附注

一、报表附注概述

报表附注是对在资产负债表、利润表、现金流量表和所有者权益变动表等会计报表中列示项目的文字描述或明细资料，以及对未能在这些报表中列示项目的说明等。《企业会计准则第 30 号——财务报表列报》对附注的披露要求是对企业附注披露的最低要求，应当适用于所有类型的企业，企业还应当按照各项具体企业会计准则的规定在附注中披露相关信息。

二、报表附注披露的总体要求

报表附注相关信息应当与资产负债表、利润表、现金流量表和所有者权益变动表等会计报表中列示的项目相互参照，以有助于报表使用者联系相关联的信息，并由此从整体上更好地理解财务报表。

企业在披露附注信息时，应当将定量、定性信息相结合，按照一定的结构对附注信息进行系统合理的排列和分类，以便于报表使用者理解和掌握。

三、报表附注的主要内容

报表附注包括企业的基本情况、财务报表的编制基础、遵循企业会计准则的声明、重要会计政策和会计估计等内容。

本 章 习 题

一、思考题

1. 什么是财务报告？

2. 什么是中期报告？中期报告通常包括哪些内容？

3. 资产负债表的结构原理是什么？编制资产负债表有什么意义？

4. 利润表的结构原理是什么？编制利润表有什么意义？

二、选择题

1. 下列会计报表中，属于反映企业特定日期财务状况的会计报表是(　　　)。

A. 利润表　　　　B. 利润分配表　　　C. 资产负债表　　　D. 现金流量表

2. 下列资产负债表项目中，可根据相应总账账户期末余额直接填列的是(　　　)项目。

A. "固定资产"　　B. "在建工程"　　C. "短期借款"　　D. "预付款项"

3. 应收账款明细账中若有贷方余额，应将其记入资产负债表中的(　　　)项目。

A. "应收账款"　　B. "预收款项"　　C. "应付账款"　　D. "其他应付款"

4. 预付账款明细账中若有贷方余额,应将其记入资产负债表中的( )项目。

A. "应收账款"   B. "预收款项"

C. "应付票据""应付账款"   D. "其他应付款"

5. 下列资产负债表项目中,应当根据若干个总分类账户的余额合计数填列的是( )项目。

A. "固定资产"   B. "货币资金"   C. "长期借款"   D. "应交税费"

6. 我国企业资产负债表格式采用的是( )。

A. 账户式   B. 单步式   C. 报告式   D. 多步式

7. 资产负债表中负债项目是依据( )来排列的。

A. 需要偿付的时间长短   B. 流动性的大小

C. 金额的大小   D. 重要性的大小

8. 资产负债表中资产项目的排列次序是依据( )。

A. 重要性的大小   B. 金额的大小

C. 损耗程度的大小   D. 流动性大小

9. 某企业"应付账款"总账账户月末贷方余额为 20 000 元,借方明细账户余额为 10 000 元;"预付账款"账户月末借方余额为 2 500 元,其中,"预付甲公司账款"明细账户借方余额为 15 000 元,"预付乙公司账款"明细账户贷方余额为 12 500 元。该企业月末资产负债表中"应付账款"项目的金额为( )元。

A. 25 000   B. 45 000   C. 22 500   D. 42 500

10. 资产负债表中的"未分配利润"项目应根据( )填列。

A. "利润分配"账户余额

B. "本年利润"账户余额

C. "本年利润"和"利润分配"账户余额计算后

D. "盈余公积"账户余额

三、思政园地

调研 查询两家行业一致或相近的上市公司的年度财务报告,并作比较。

分析 两者之间内容、形式及披露要求等方面的区别。

思考 企业应如何不断完善信息披露制度,提高信息披露的质量和水平。

主要参考文献

［1］财政部会计财务评价中心.初级会计实务[M].北京:经济科学出版社,2023.

［2］中国注册会计师协会.会计[M].北京:中国财政经济出版社,2023.